应用统计与SPSS实战

主　　编◎胡雯莉　张颜江　肖志源

副 主 编◎李小金　胡丽霞

企业指导◎傅仕伟

北京师范大学出版集团

BEIJING NORMAL UNIVERSITY PUBLISHING GROUP

北京师范大学出版社

图书在版编目(CIP)数据

应用统计与 SPSS 实战 / 胡雯莉，张颜江，肖志源主编． -- 北京：北京师范大学出版社，2025．1． -- ISBN 978-7-303-30650-3

Ⅰ．C819

中国国家版本馆 CIP 数据核字第 2025PZ4523 号

出版发行：北京师范大学出版社 https://www.bnupg.com
　　　　　北京市西城区新街口外大街 12-3 号
　　　　　邮政编码：100088
印　　刷：北京盛通数码印刷有限公司
经　　销：全国新华书店
开　　本：889 mm×1194 mm　1/16
印　　张：11.75
字　　数：340 千字
版　　次：2025 年 1 月第 1 版
印　　次：2025 年 1 月第 1 次印刷
定　　价：46.80 元

策划编辑：包　彤　柴　荻　　　　责任编辑：包　彤　柴　荻
美术编辑：焦　丽　　　　　　　　装帧设计：焦　丽
责任校对：包冀萌　　　　　　　　责任印制：赵　龙

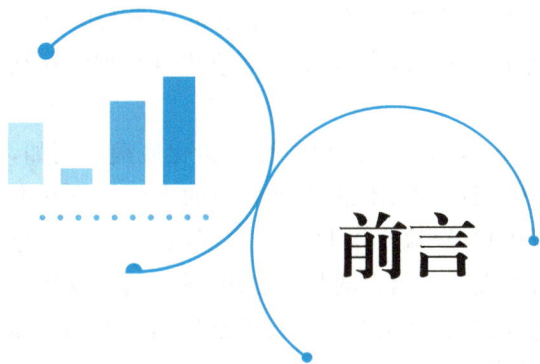

前言

在当今数字化进程飞速发展和信息爆炸的时代，数据已经成为一种极具价值的资产。无论是商业决策、科学研究，还是社会政策的制定，都离不开对数据的深入分析和解读。而将统计方法与专业的统计分析软件相结合并加以利用，是挖掘数据价值、获取有效信息的关键途径。本书正是为了满足这样的需求而编写的。

一、本书的目的与意义

本书旨在为读者提供一套系统的应用统计知识体系，并通过 SPSS 软件的实战操作，将理论知识转化为实际解决问题的能力。无论是统计学专业的学生，还是需要在工作中运用统计分析的从业者，都能从本书中受益。

对于学生而言，本书是连接课堂统计理论与实际操作的桥梁。传统的统计学教学往往侧重于理论的讲解，学生虽然掌握了各种统计概念、公式，但在面对实际数据时，却不知如何下手。本书以项目为导向，从数据准备开始，逐步引导学生进行描述统计、统计检验、回归分析、聚类分析和因子分析等操作，让学生在实践中真正理解统计方法的内涵和用途。

对于从业者来说，无论是从事金融、经济、市场调研还是从事其他领域的工作，数据的分析能力都是至关重要的。SPSS 作为一款广泛应用于社会科学、商业等领域的统计分析软件，其功能强大且操作相对简便。本书详细介绍了 SPSS 在不同统计分析任务中的应用，能够帮助从业者快速掌握相关技能，从而在工作中作出更加科学、准确的决策。

二、本书的结构与内容特色

1. 结构清晰，内容丰富且实用

校企双元基于真实统计工作场景开发的 6 个项目、12 个任务。具体行文，采用"教学前哨""任务驱动""与时俱进""学以致用"的清晰架构，内容实用且全面。

教学前哨：通过学习目标、导学地图，使读者在学习伊始便明晰项目的内容与学习方向。

任务驱动：通过 12 个理论与实际紧密结合的任务，让读者在做中学、学中做，逐步掌握知识与技能。

"项目 1 应用统计与 SPSS 准备"，引领读者踏入统计分析的世界。读者将学习数据的分类与测量尺度、概率基础等理论知识，掌握 SPSS 软件的数据获取、清洗与整理等基本操作，为后续分析筑牢根基。

"项目 2 描述统计与 SPSS 制图"，通过对机构数量、指数收益率、涨跌幅等数据进行分析，教会读者运用描述性统计量与各类图形展示数据特征，帮助其在接触数据时快速把握整体情况，发现规律与异常值。

"项目 3 统计检验与 SPSS 实战"，深入探讨参数检验和方差分析。通过对投资交易计划可行性、基金业绩差异、不同行业企业资产负债率等实际案例进行分析，读者将学会运用统计检验方法验证假设、比较差异，为决策提供有力支撑。

"项目 4 回归分析与 SPSS 实战"，包含线性回归和二元 Logistic 回归，对预测变量间线性关系、分析二分类因变量与自变量关系进行详细讲解与实战指导，对预测建模与变量关系提供方法论支持。

"项目 5　聚类分析与 SPSS 实战"和"项目 6　因子分析与 SPSS 实战",分别介绍数据分类与降维方法。通过对上市公司、个人信用贷款客户数据及地区综合发展情况进行分析,读者将学会发现数据潜在结构,为市场细分、综合评价等工作提供支持。

与时俱进:通过介绍与统计相关的历史人物、哲学思想和中国故事,增添趣味性与文化底蕴。例如,在统计基础中说明"信息安全有保障、数据使用须合法",在描述统计中介绍"世界坐标中的中国经济基本面",在统计检验中介绍"戈塞特与 t 检验"的渊源,在回归分析中提及"高斯与最小二乘回归",在聚类分析中讲述"中国经济区划"的演变,在因子分析中探讨"因子分析的发展及蕴含的哲学思想"等。这不仅增加了本书的趣味性、思想性,还让读者了解到统计知识在不同历史时期和社会背景下的发展脉络。本书增加"AI 田地"特色内容,精选 6 个主流 AI 平台,针对每个项目设计专门的提示词,示范如何有效利用 AI 工具辅助学习。

学以致用:通过客观题测试和综合实训检验学习成果。客观题测试有助于读者巩固所学的理论知识,而综合实训则要求读者综合运用整个项目所学的知识和技能解决实际问题,这有助于提高读者的实际操作技能和解决问题的能力。

2. 校企合编,配套资源丰富、齐全

本书是校企合作的结晶,与行业龙头企业金蝶软件(中国)有限公司合作编写。企业人员拥有丰富的业务经验、敏锐的市场洞察力,提供了大量真实工作场景的数据案例;学校方贡献扎实理论基础、系统教学方法与严谨学术态度。双方优势互补,使本书理论严谨系统,实践应用针对性与实用性强。本书由胡雯莉博士、张颜江博士、肖志源博士 3 位一线教师,以及金蝶软件产品总监傅仕伟博士,联合李小金、胡丽霞 2 位国家级精品课程主持人共同打造,确保教材既有学术高度,又具有实践价值。具体编写分工为:胡雯莉和李小金撰写项目 3、项目 4,张颜江和傅仕伟撰写项目 1、项目 5,肖志源和胡丽霞撰写项目 2、项目 6,编写人员同时负责制作各项目的实战视频和实战素材。

思政引领:基于党的二十大精神和教育部《高等学校课程思政建设指导纲要》,对书中内容进行了中国化创新。一是补充了大量中国案例、提供真实财务数据,体现改革开放的成就,增强学生的国家自豪感。书中除特定模拟数据外,95%以上案例、数据源自中国上市公司的真实数据,可信度与实际应用价值高。这些案例和数据反映了中国经济运行状况,涵盖不同行业、不同规模的企业。基于真实数据的案例让读者接触实际业务数据处理与分析情境,提升其解决实际业务问题的能力。同时,培养诚实守信、严谨细致的工作态度和遵守数据伦理、承担社会责任的职业操守。二是为了辅助读者学习,本书构建了"纸质书+二维码资源+MOOC"的三维立体资源体系。扫描书中二维码可查看 44 个理论与实战微课、使用 34 个 SPSS 实战素材,微课平均时长约 11 分钟。同步 MOOC 在国家智慧教育公共服务平台免费向社会开放,除了提供书中二维码链接的微课和素材外,还提供了有 300 余道习题的全题型题库。这一资源体系如同与教师面对面,为读者提供大量实践机会,帮助其巩固知识,熟练掌握 SPSS 软件功能,提升数据分析能力。

三、对读者的期望

希望读者在阅读本书时,能够按照项目的顺序逐步学习,先掌握理论知识,再通过实战操作加深对理论知识的理解。在操作 SPSS 软件的过程中,不要害怕犯错,因为错误往往是学习的好机会。同时,鼓励读者将书中所学的方法应用到自己的实际工作或研究中,不断探索和创新。

本书是一本融合了校企合作优势、基于真实数据案例、配备丰富数字化资源的实用教材。无论是统计学专业的学生,还是从事数据分析相关工作的专业人士,都能从本书中获得极大的收益,开启在应用统计与 SPSS 实战领域的探索之旅。

尽管编者在本书特色内容建设方面作出了许多努力,但由于经验和水平有限,书中存在的疏漏之处,敬请相关院校师生和广大读者不吝批评指正,以便进一步修订和完善。

胡雯莉

2024 年 6 月

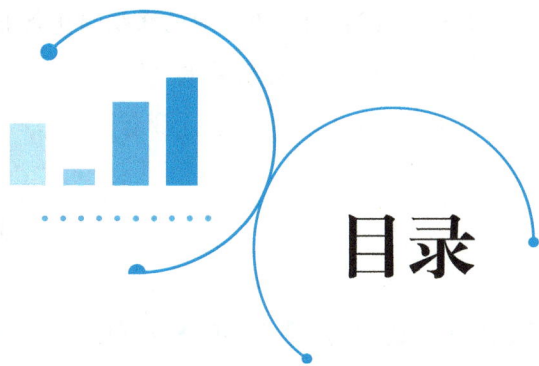

目录

中篇·析规律

下篇·找原因

上篇·列信息

项目 1   应用统计与 SPSS 准备

教学前哨：导学地图、教学目标

导学地图

任务 1 应用统计 与 SPSS 初识	1.1 理论：数据的分类与测量尺度 1. 总体、个体、样本、变量与数据 2. 数据的类型与测量尺度	关键术语： 总体、个体、样本、变量、数据
	1.2 理论：概率基础 1. 随机变量与概率分布基本认知 2. 随机变量的数字特征 3. 常见概率分布	关键术语： 随机变量、概率、期望、中位数、众数、全距、方差、标准差、协方差、相关系数、正态分布、t 分布
	1.3 理论：SPSS 简介与界面初识 1. SPSS 简介 2. SPSS 界面初识	关键术语： 数据编辑窗口、数据视图、变量视图、结果输出窗口
任务 2 数据获取 与 SPSS 预处理	2.1 理论：常用财经数据的获取	关键术语： 免费公开数据、收费数据、保密数据
	2.2 实战：数据下载与保存	关键技能： ①通过证券行情软件下载数据 ②通过 Tushare 数据库下载数据 ③将数据文件导入 SPSS 并保存
	2.3 实战：数据清洗与整理	关键技能： ①删除多余变量 ②对数据按一定规则排序 ③删除缺失个案 ④标识重复个案并删除 ⑤生成新变量并设置标签 ⑥生成时间变量 ⑦文件合并 ⑧重新编码 ⑨可视分箱 ⑩个案排秩

教学目标

1. 知识目标

(1)掌握总体、个体、样本、变量与数据的含义与关系。

(2)掌握总体、样本期望、方差的含义与计算。

(3)了解数据的测量尺度、正态分布、二项分布与卡方分布的特征。

(4)了解变异系数、协方差、相关系数的含义与计算。

(5)熟悉 SPSS 界面的数据编辑窗口和结果输出窗口。

2. 能力目标

(1)通过证券行情软件、Tushare 数据库下载金融数据和财务数据。

(2)利用 SPSS 导入、打开和保存数据。

(3)利用 SPSS 进行变量删除、个案删除、数据排序、标识重复个案等数据清洗。

(4)利用 SPSS 进行生成变量、合并文件、重新编码、可视分箱等数据整理。

3. 素质目标

(1)能够快速识别、发现和解决数据中存在的问题,确保数据的质量。

(2)树立用数据说话、实事求是的工作态度。

▶▶ 任务驱动：任务 1、任务 2

任务 1　应用统计与 SPSS 初识

1.1　理论：数据的分类与测量尺度

建立数据分析思维，必须先了解数据的分类与测量尺度，才能对不同类型的数据采用不同的分析方法。

1.1.1　总体、个体、样本、变量与数据

个体又称个案（case）或事项，是指代表数据来源的每个对象；变量是关于数据来源对象的某一特征的指标；数据则是指标的具体数值。表 1-1 是包含 4 只股票相关信息的一个数据集，这 4 只股票就是研究的个体或个案，是表中数据来源的对象；"代码""名称""最新价格"等则为表示个案某一方面特征的变量，又称标志；这些变量的取值则为表格中的数据。

在一个统计问题中，研究对象的全体称为总体；而构成总体的每个组成部分称为个体；将部分个体构成的集合称为样本；每个个体有很多特征属性，称为标志；标志常用变量表示。比如，在表 1-1 中，如果研究的对象仅仅包含这 4 只股票，那么这 4 只股票构成的集合就是总体；每只股票是个体；而每个个体又有"代码""名称""最新价格"等 8 个标志，这 8 个标志同时也是变量；每个变量的取值称为标志值；每个个体有与变量相对应的 8 个标志，共 32 个数据。但是，如果研究的只有 1 个变量，如"最新价格"，那么在应用中常常也会直接把所有股票的"最新价格"组成的集合称为总体，而将每只股票的最新价格称为个体。

表 1-1　4 只股票某日交易及财务信息

代码	名称	最新价格/元	总手	金额/元	市盈率	所属行业	评级
000002	万科 A	33.87	9.93 万	3.42 亿	25.28	房地产	买入
300104	乐视网	5.14	140.00 万	7.16 亿	−9.31	文化传媒	增持
600000	浦发银行	12.71	9.95 万	1.27 亿	6.68	银行	卖出
300059	东方财富	13.49	27.10 万	3.66 亿	94.83	电子信息	中性

1.1.2　数据的类型与测量尺度

1. 数据的类型

数据依其存储或者表现形式，可以大致分为数量型数据与非数量型数据。顾名思义，数量型数据以数值形式出现，如表 1-1 中的"最新价格""总手""金额""市盈率"这 4 个变量。非数量型数据则以文字等非数值形式出现，如表 1-1 中的"代码""名称""所属行业""评级"这 4 个变量（"代码"为字符型，并非数值）。

数据根据所处的时间特征不同，可以分为截面数据与时间序列数据。截面数据

都处于同一个时间点，而时间序列数据则处于不同的时间点。时间序列数据在相邻的时间点上常体现出更强的相关性，而截面数据则更多地体现出不同的异方差性（即不同的变异性）。这些不同的特征在统计分析上会引发不同的问题，需要不同的统计技术来处理。因此，区分截面数据与时间序列数据对于统计分析来说是很有意义的。

2. 数据的测量尺度

在表 1-1 中，对于"金额""市盈率"这 2 个变量来说，"金额"不可能出现负数，"市盈率"可以有负数。在这种情况下，我们说"金额"与"市盈率"这 2 个变量具有不同的测量尺度。

另一个更加贴近现实的例子是"重量"与"温度"这 2 个变量。"重量"不可能为负数，而"温度"可以为负数。"重量"为 0 意味着没有重量；"温度"为 0 并不意味着没有温度，仅仅意味着温度等于 0。因此，"温度"与"重量"也具有不同的测量尺度。

总结一下，"金额"与"重量"这 2 个变量都存在一个固定的、绝对的零点，没有比这个零点更少的；而"市盈率"与"温度"却不具备这样的特点。仅凭以上对数据类型的划分，依然不能全面、准确地把握数据的特点，尤其是没有厘清数据的度量或测量特征。

美国社会学家、统计学家斯蒂文斯在 1968 年按照统计数据的性质和数学运算的功能特点，将变量的测量尺度划分为 4 个类型。

（1）定类尺度

定类尺度又称名义尺度，其数据通常以字符格式储存，不同的取值代表不同的类别，如表 1-1 中的"代码""名称""所属行业"这 3 个变量。这种尺度的数据仅代表各类差异，并不能比较数据的大小、优劣等，统计分析中只能计算频数或频率。

（2）定序尺度

定序尺度又称有序尺度，其数据不仅具备定类尺度数据的类别特征，还具备按等级、次序排列的特征。因此，对定序尺度的数据，不仅可以进行分类，还可以进行排序，如表 1-1 中的变量"评级"。"评级"分为 5 个等级，分别为"卖出""减持""中性""增持""买入"，这 5 个等级显然有顺序之分。"卖出"评级最低，而"买入"评级最高。统计分析中常用"1""2""3""4""5"来表示这 5 个等级，从而便于排序。此外，"最新价格""总手""金额""市盈率"同样是定序尺度的变量；而"代码"也可以当作定序尺度变量，因为其可以按照数值大小进行排序。

（3）定距尺度

定距尺度数据除可以计数、排序之外，还可以进行加减运算，但不能进行乘除计算。比如，表 1-1 中的"市盈率"变量，可以通过计算得出"万科 A"与"乐视网"之间"市盈率"的差，但不能进行相除的计算。因为"乐视网"的"市盈率"为负数，这样二者的比值为负数，没有实际意义。

（4）定比尺度

定比尺度数据不但可以进行计数、排序及加减运算，还可以进行乘除计算。与定距尺度数据相比，定比尺度数据有一个固定的、绝对的零点，不可能出现比这一零点更低的数值。比如，表 1-1 中的"最新价格""总手""金额"这 3 个变量，其数据就属于定比尺度数据。很多经济数据都属于定比尺度数据，如国内生产总值、存款余额等。

以上 4 种测量尺度的特征，如表 1-2 所示。

表 1-2　4 种测量尺度的特征

测量尺度	运算功能	特征	举例
定类尺度	计数	分类	股票名称，代码，行业，上市地点
定序尺度	计数，排序	分类，排序，无绝对零点	股票评级，贷款评级
定距尺度	计数，排序，加减	分类，排序，无绝对零点	收益率，市盈率，实际利率
定比尺度	计数，排序，加减，乘除	分类，排序，有绝对零点	交易额，交易量，总股本

1.2　理论：概率基础

金融数据、财务数据常常具有随机性，分析这类随机数据需要掌握概率论与数理统计方面相关的知识。

1.2.1　随机变量与概率分布基本认知

1. 随机变量基本认知

随机就是不确定的意思，随机变量就是取值不确定的变量。比如，上证指数下个月的简单收益率，在下个月结束之前都是不确定的，那么对于今天来说，上证指数下个月的简单收益率就是随机变量。

随机变量可以分为离散型随机变量和连续型随机变量。如果随机变量的取值是有限的、可数的，那么这个随机变量就是离散型随机变量；如果随机变量的可能取值充满数轴上的一个区间，那么这个随机变量就是连续型随机变量。

例如：

(1)当前股票市场态势是随机变量，只有{牛市，熊市}2 个可能的取值。因此，股票市场态势是个离散型随机变量。

(2)上证指数下个月的简单收益率是随机变量，可能取[-100%，+∞)这个连续区间内的任意值。因此，这是个连续型随机变量。

虽然事前不知道随机变量最终到底取什么值，但可以知道它取值的范围。比如，上证指数下个月的简单收益率肯定在-100%到正无穷这个范围内，将所有可能取值构成的集合[-100%，+∞)称作上证指数下个月的简单收益率可能取值的总体，而将其中的任意可能取值称作总体中的 1 个个体。

2. 概率分布基本认知

仅仅知道随机变量能取哪些值还不够，如果还想知道随机变量取这些数值的概率，就要用到概率分布这一概念。对于离散型随机变量而言，概率分布就是随机变量取每个可能数值的概率。例如，下一年的利率水平有 3 种可能性，分别是 6%、5%和 4%，每种可能性对应的概率分别是 20%、30%和 50%。

对于连续型随机变量来说，概率分布可以用分布函数和概率密度函数来表示。分布函数是一个函数，通常表示为 $y=F(x)$。分布函数的自变量 x 是随机变量的任意取值，因变量 y 是随机变量取值不超过该数值 x 的概率。例如，$F(0.2)=0.5$，意味着该随机变量取值不超过 0.2 的概率是 0.5。分布函数 $F(x)$ 对 x 求导数所得的结果 $f(x)$ 称作概率密度函数。

1.2.2 随机变量的数字特征

随机变量的数字特征是由随机变量的概率分布决定的一些常数，反映了随机变量在某些方面的性质。

比较重要的数字特征有三类：第一类是反映随机变量取值集中趋势的数字特征，如期望、中位数、众数等；第二类是反映随机变量取值离散程度的数字特征，如全距、方差、标准差、变异系数等；第三类是反映随机变量分布形态的数字特征，如偏度、峰度等。此外，对于多个随机变量，还有一类比较重要的数字特征，能够反映多个随机变量之间的相关程度，如协方差、相关系数等。

1. 刻画集中趋势的数字特征

（1）期望

随机变量的取值是不确定的，每个可能的取值对应 1 个概率，那么如果以概率作为权重来求所有可能取值的加权平均值，所得到的结果就是随机变量的期望，或者称为均值。比如，在表 1-3 中，A 股票资产收益率的期望值为 $20\%\times0.3+10\%\times0.5-30\%\times0.2=5\%$，B 股票资产收益率的期望值为 $9\%\times0.3+5\%\times0.5-1\%\times0.2=5\%$。

表 1-3　A 股票和 B 股票的资产收益率

经济环境	发生概率	A 股票简单收益率	B 股票简单收益率
好	0.3	20%	9%
中	0.5	10%	5%
差	0.2	−30%	−1%

随机变量的期望反映了取值的平均水平，数学上用 EX 或 $\overline{X}$ 来表示随机变量 X 的期望。

$$EX=\sum_{i=1}^{N}(X_i \cdot P_i) \tag{1-1}$$

式中：X_i 表示第 i 种可能的取值，P_i 表示第 i 种可能取值出现的概率，N 表示所有可能取值的数量。

（2）中位数

中位数是将总体单位某一变量的各个变量值按大小顺序排列后，处在数列中间位置的那个变量值。

在资料未分组的情况下，将各变量值按大小顺序排列，确定中位数的位置，可用公式 $\dfrac{N+1}{2}$ 确定，N 代表总体单位的项数。当 N 为奇数项时，中位数是居于中间位置的那个变量值；当 N 为偶数项时，中位数是位于中间位置的 2 个变量值的算术平均值。

（3）众数

众数是总体中出现次数最多的标志值。众数只有在总体单位较多而又有明确的集中趋势的资料中才有意义。在单项数列中，出现最多的那个组的标志值就是众数。若在数列中有 2 组的次数相同且最多，就是双众数或复众数。

2. 刻画离散程度的数字特征

（1）全距

全距（range）也称极差，是数据的最大值与最小值之间的绝对差。全距是刻画变量所有取值离散程度的统计量。样本量相同的 2 组数据，全距大的数据比全距小的数据分散。全距非常小，意味着数据取值基本都集中在一起。

（2）方差

随机变量的期望值仅代表随机变量可能取值的平均水平。在金融投资中，收益率的期望值直接影响投资者的投资意愿，期望收益率越高，投资者的购买意愿越高。但是，如果 2 种资产的期望收益率相同，投资者该如何选择呢？表 1-3 中 A 股票和 B 股票的期望资产收益率是相同的，都是 5%，但投资者的购买意愿显然是不同的。有人愿意投资 A 股票，有人则更喜欢 B 股票。原因在于这 2 只股票的收益率虽然期望相同，但是风险不同。A 股票的波动范围大，而 B 股票的波动范围却很小，A 股票的风险明显高于 B 股票。因此，风险规避型的投资者更倾向于投资 B 股票，而非 A 股票。

在统计学中，衡量风险的一个重要指标是方差。随机变量 X 的方差记作 $\text{Var}(X)$ 或 σ_X^2。方差用来衡量随机变量取值相对于均值的平均偏离程度。

$$\sigma_X^2 = E(X_i - \overline{X})^2 = \sum_{i=1}^{N}\left[(X_i - \overline{X})^2 \cdot P_i\right] \tag{1-2}$$

式中：$\overline{X}$ 表示随机变量 X 的期望值，相当于 EX；X_i 表示第 i 种可能的取值；P_i 表示第 i 种可能取值出现的概率；N 表示所有可能取值的数目。

（3）标准差

由方差的计算公式可知，计算方差运用了平方项。对于资产收益率这种小于 1 的数据而言，求平方之后会更小，虽然也可以反映随机变量取值相对于均值的偏离程度，但没有太多的经济意义。因此，统计学家们在方差的基础上，提出了标准差这一概念。随机变量 X 的标准差记为 σ_X，同样用来反映随机变量取值相对于均值的偏离程度。它的计算很简单，只需对方差求算术平方根就可以了。

$$\sigma_X = \sqrt{\sigma_X^2} \tag{1-3}$$

比如，在表 1-3 中，A 股票资产收益率的方差经式（1-2）计算为 3.25%，标准差经式（1-3）计算约为 18.03%，意味着 A 股票资产收益率相对于均值平均的偏离程度是 18.03%，而不能说偏离程度是 3.25%。

（4）变异系数

标准差是以均值为中心计算出来的，受均值单位大小的影响，因此有时直接比较标准差是不恰当的，需要剔除均值单位的影响。为了解决这个问题，统计学家引入了变异系数这个概念。变异系数是标准差与均值的比。

$$变异系数 = \frac{标准差}{均值} \tag{1-4}$$

资产收益率的变异系数经常用来进行资产风险程度的比较。比如，在表 1-3 中，A 股票资产收益率的变异系数经式（1-4）计算后等于 3.606。

3. 刻画随机变量分布形态的数字特征

（1）偏度

偏度又称偏度系数，是衡量随机变量的概率分布是否对称的随机特征。随机变量 X 的偏度计算方式如下：

$$偏度 = \frac{E(X-\mu)^3}{\sigma^3} \tag{1-5}$$

式中：μ 是 X 的期望，σ 是 X 的标准差。$E(X-\mu)^3$ 又称随机变量 X 的 3 阶中心距。

以随机变量的取值为横轴，以取值对应的概率或概率密度为纵轴，可以画出随机变量的概率分布图。

①当偏度为 0 时，概率分布围绕均值呈对称形态分布。如图 1-1 中的随机变量概率分布，是均值为 2、方差为 3 的正态分布。正态分布的偏度为 0，分布曲线以均值 2 为中心左右对称。

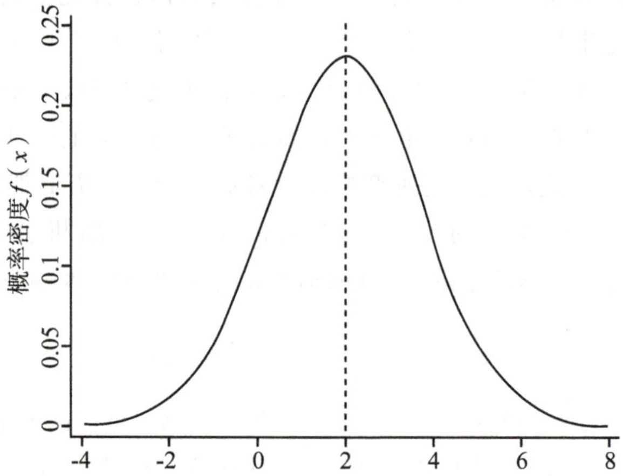

图 1-1 对称形态分布曲线

②如果偏度为正数，表示数据分布向右偏斜（正偏斜），数据的尾部在均值的右侧，右侧尾部较长。右偏斜表示数据集中较大数值的频数较多，而较小数值的频数较少。这意味着数据集中有一些极大的大数值，导致整个分布向右倾斜。

③如果偏度为负数，表示数据分布向左偏斜（负偏斜），数据的尾部在均值的左侧，左侧尾部较长。左偏斜表示数据集中较小数值的频数较多，而较大数值的频数较少。这意味着数据集中有一些极端的小数值，导致整个分布向左倾斜。

④如果偏度接近 0，表示数据相对对称，分布相对均匀。

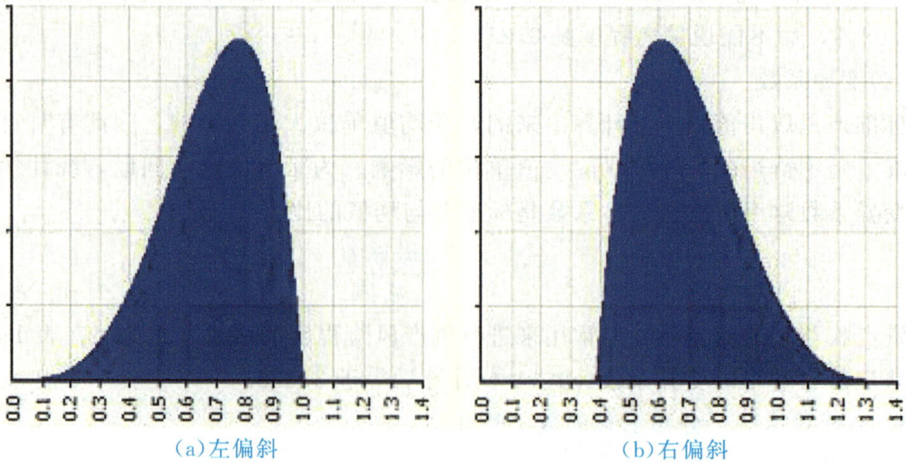

(a)左偏斜   (b)右偏斜

图 1-2 左偏斜和右偏斜

在图 1-2 中，2 个概率分布图都是 $\mu=0.6923$，$\sigma=0.1685$，但形状不一样。图(a)偏度＝−0.537，形状左偏；图(b)偏度＝0.537，形状右偏。

图 1-3 是偏度不同情况下均值、中位数和众数的关系图。

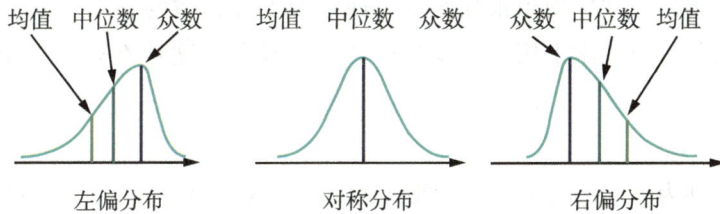

图 1-3　不同偏度的均值、中位数、众数的位置

（2）峰度

峰度又称峰度系数，是衡量随机变量的概率分布在均值附近的陡峭程度的随机特征。随机变量的峰度计算方式如下：

$$峰度=\frac{E(X-\mu)^4}{\sigma^4} \tag{1-6}$$

式中：μ 是 X 的期望，σ 是 X 的标准差。$E(X-\mu)^4$ 又称随机变量 X 的 4 阶中心距。

峰度的取值范围为 $[1,+\infty)$。完全服从正态分布的数据的峰度值为 3。峰度值越大，表示数据的分布比标准正态分布越陡峭，称为尖峰分布；峰度值越小，表示数据的分布比标准正态分布越平缓，称为平峰分布。峰度越大，说明数据在靠近均值的部分分布越多，在距离均值较远部分分布越少。在金融数据分析中，峰度可以用来衡量风险。在方差相同的情况下，峰度越大，则越容易取极端值。例如，某一金融产品收益率的峰度越大，说明该金融产品的风险系数越大。

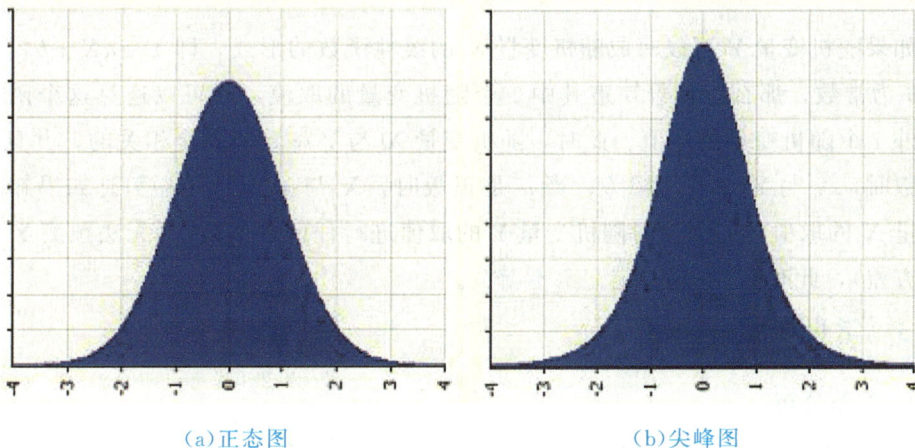

(a)正态图　　　　　　　(b)尖峰图

图 1-4　正态图和尖峰图

在图 1-4 中，图(a)的峰度为 3，图(b)的峰度为 4，可以看到图(b)比图(a)更高、更尖。

将峰度值减去 3 得到的数值称为超值峰度（excess kurtosis）。当峰度值＞0 时，表示该数据分布与正态分布相比较为高尖；当峰度值＜0 时，则表示该数据分布与正态分布相比较为扁平；当峰度值＝0 时，表示峰部的分布形态与正态分布相似。

在金融领域，偏度和峰度常用于评估资产价格和投资组合的风险与收益特征；

在人口统计学中，偏度和峰度可用于描述人口年龄分布的形态与特征；在产品销售方面，偏度和峰度可以用于评估销售数据的非对称性与尖峰性。

4. 刻画随机变量之间相关性的数字特征

很多金融指标之间体现出很强的相关性，如上证指数与很多股票之间经常出现同涨同跌的现象。统计学上用协方差与相关系数来衡量这种不同随机变量之间的相关性。

（1）协方差

期望值分别为 $E[X]$ 与 $E[Y]$ 的两个随机变量 X 与 Y 之间的协方差 $\text{Cov}(X，Y)$ 定义为：

$$\text{Cov}(X，Y)=E[(X-E[X])(Y-E[Y])]=E[XY]-E[X]E[Y] \quad (1\text{-}7)$$

协方差是对 2 个变量相对于各自均值的误差乘积的期望。如果 2 个变量的变化趋势一致，也就是说如果其中 1 个大于自身的期望值，另外 1 个也大于自身的期望值，那么 2 个变量之间的协方差就是正值；如果 2 个变量的变化趋势相反，即其中 1 个大于自身的期望值，另外 1 个却小于自身的期望值，那么 2 个变量之间的协方差就是负值。

（2）相关系数

随机变量 X 与 Y 的相关系数记为 ρ_{XY}，定义为 $\dfrac{\text{Cov}(X，Y)}{\sigma_X \sigma_Y}$。$\rho_{XY}$ 取值最大为 1，最小为 −1。

表 1-4 　随机变量 X 与 Y 相关系数含义

相关系数	$r_{XY}>0$	$r_{XY}<0$	$r_{XY}=0$	$r_{XY}=1$	$r_{XY}=-1$
相关性	正相关	负相关	完全不相关	完全正相关	完全负相关

如果随机变量 Y 可以写成随机变量 X 的线性函数的形式，即 $Y=aX+b$，其中 a 和 b 为常数，那么意味着知道其中 1 个随机变量的取值，就可以通过这个函数求出另外 1 个随机变量的取值。此时，随机变量 X 与 Y 一定是完全相关的，并且当 a 是负数时，X 与 Y 完全负相关；当 a 是正数时，X 与 Y 完全正相关。如果知道随机变量 X 的取值，但无法对随机变量 Y 的取值进行任何预测（包括无法预测 Y 的均值和方差），此时 X 和 Y 一定完全不相关。

1.2.3　常见概率分布

1. 正态分布

金融分析中常用的假定是简单收益率服从正态分布。正态分布的概率密度函数曲线，如图 1-5 所示。其中，在 $\pm\sigma$ 之间的概率约为 68.27%，在 $\pm 2\sigma$ 之间的概率约为 95%。正态分布的偏度是 0，峰度是 3。

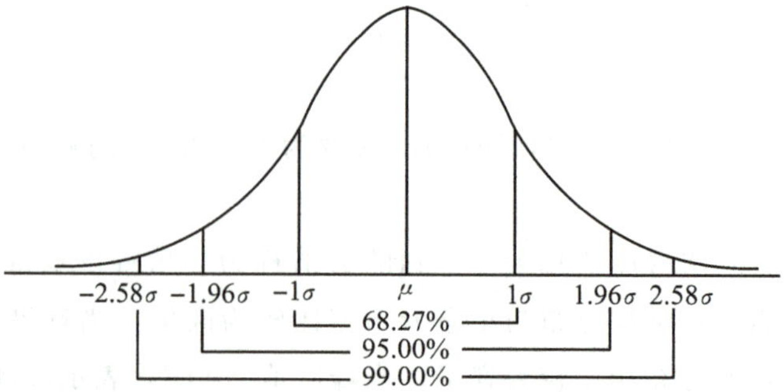

随机变量 X 服从均值为

图 1-5　正态分布密度函数曲线

μ，方差为 σ^2 的正态分布，一般表示为 $X \sim N(\mu, \sigma^2)$。均值为 0，方差为 1 的正态分布，通常又称为标准正态分布。

2. 二项分布

若在一次随机试验中，某事件发生的概率是 p，不发生的概率是 $1-p$，那么在 n 次独立的随机试验中，记该事件发生的次数为 X，则该事件发生次数等于 k 的概率为 $p\{X=k\}=C_n^k p^k (1-p)^{n-k}$。此时 X 服从二项分布。二项分布的均值为 np，方差为 $np(1-p)$。

当试验次数 n 逐渐增加时，二项分布逐渐逼近正态分布。因此，当 $n \geqslant 30$ 时，二项分布趋近于正态分布。

3. 卡方分布

若随机变量 X 服从卡方分布，记为 $X \sim \chi^2(n)$。其中，n 为自由度，是卡方分布的参数。卡方分布概率密度，如图 1-6 所示。当 n 逐渐增加时，卡方分布趋近于正态分布。

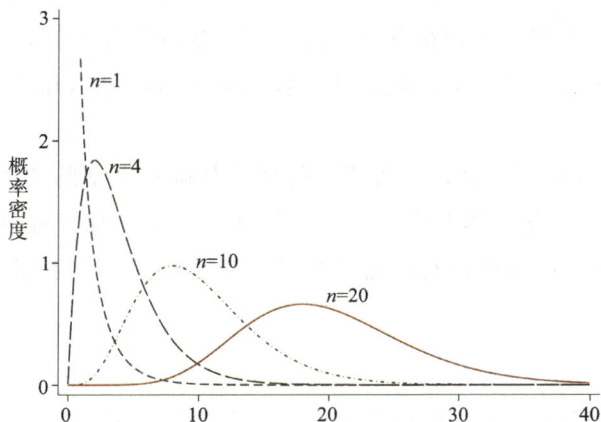

图 1-6 卡方分布概率密度曲线

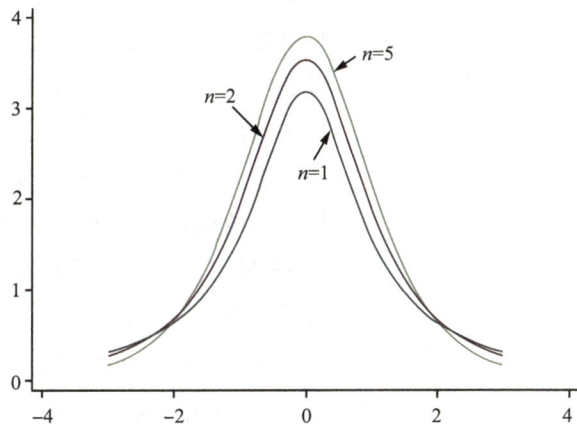

图 1-7 t 分布概率密度曲线

4. t 分布

若随机变量 X 服从 t 分布，记为 $X \sim t(n)$。其中，n 为自由度，是 t 分布的参数。t 分布概率密度曲线，如图 1-7 所示。当 n 逐渐增加时，t 分布趋近于标准正态分布。

t 分布、卡方分布和正态分布是常用的概率分布，在统计推断与假设检验中起着重要作用。t 分布适用于小样本情况下对总体均值的推断与检验，卡方分布适用于频数数据的推断与检验，正态分布则适用于大样本情况下对总体均值的推断与检验。这些分布的选择与应用，能够帮助研究人员进行合理的统计推断与假设检验，并为作出决策提供科学依据。

1.3 理论：SPSS 简介与界面初识

1.3.1 SPSS 简介

SPSS 是 statistical package for the social science 的英文缩写，译为社会科学统计软件包。SPSS 在大型计算机上开发并推出了 SPSSx 版本，随着微型计算机的普及，又推出了适用于微型计算机的 SPSS/PC+ x.x 版本，从而占领了微型计算机市场并扩大了用户群体。

到 20 世纪 80 年代末，微软公司发布了 Windows 操作系统，SPSS 也紧随其后将软件移植到 Windows 平台。1993 年 6 月，SPSS 正式发布了适用于 Windows 操作系统的 6.0 版，从而进一步提高了用户体验。为了满足用户对 Windows 95 操作系统和互联网的需求，SPSS 陆续推出了第 7 版到第 17 版，统称为 SPSS for Windows。随着时间的推移，SPSS for Windows 不断进行改进和升级。2009 年 7 月，IBM 以 12 亿美元的价格收购了 SPSS 软件公司，并将第 18 版和第 19 版重新命名为 PASW（predictive analytics software）statistics，第 20 版到第 28 版被命名为 IBM SPSS Statistics。

相较于过去的 SPSS for DOS 版本，SPSS for Windows 具备更直观、更易用的特点。首先，它采用了流行的电子表格形式作为数据管理器，使用户能够轻松完成变量命名、定义数据格式、数据输入和修改等任务，摆脱了原始 DOS 版本在文本界面下进行数据录入的诸多不便。其次，它采用菜单方式选择统计分析命令，以对话框形式选择子命令，操作简单、快捷，无须熟记大量的语法语句。最后，它采用了对象连接和嵌入技术，使计算结果能够方便地被其他软件调用，实现数据共享，提高工作效率。从第 18 版起，SPSS 增加了多语言版，其中包括中文窗口显示和中文结果输出。

综上所述，SPSS 作为一款统计分析工具，具备严谨的理论基础和丰富的功能。其涵盖数据管理、统计分析、趋势研究、制表绘图、文字处理等多个方面。此外，SPSS 最突出的特点是其友好的操作界面和精确的输出结果，成为很多非专业统计人员首选的统计软件。

1.3.2　SPSS 界面初识

SPSS 基本界面包括：数据编辑窗口、结果输出窗口、对象编辑窗口、语法编辑窗口和脚本编写窗口。现对最常用的数据编辑窗口和结果输出窗口进行介绍。

1. 数据编辑窗口（如图 1-8 所示）

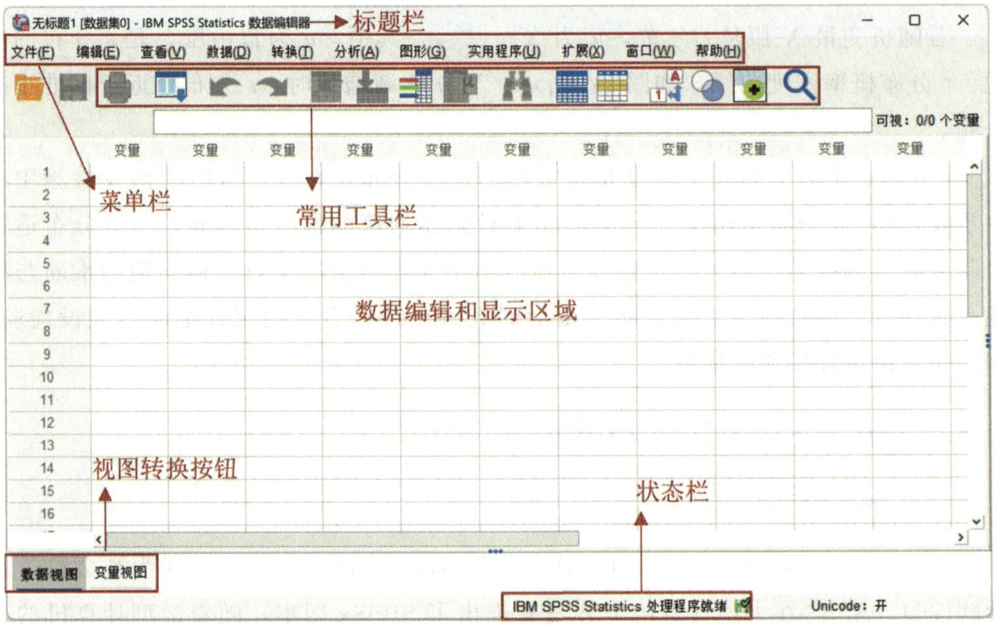

图 1-8　数据编辑窗口

标题栏：用于定义文件/数据处理的标题内容。

菜单栏：重要的功能按钮，SPSS 数据分析的核心。

常用工具栏：快捷方式。

数据编辑和显示区域：可以对单元格中的内容进行输入和编辑，是数据编辑和文件导入后显示的区域。

视图转换按钮：可以在数据和变量之间进行自由切换。

状态栏：显示数据处理的状态。

菜单栏下的每个按钮控件的具体功能，如表 1-5 所示。

表 1-5 数据编辑窗口菜单及其功能

菜单名	功 能
文件(F)	新建各种类型的文件。打开一个已存在的文件，从文本文件或其他数据源读入数据
编辑(E)	撤销、剪切、复制、粘贴、查找、改变 SPSS 默认设置等
查看(V)	显示或隐藏状态栏、工具栏、网格线、值标签和改变字体
数据(D)	对数据编辑窗口中的数据进行加工整理(如数据的排序、转置、分类汇总等)
转换(T)	对数据编辑窗口中的数据进行基本处理(如计算生成新变量、分组、个案排秩、提取时间变量部分内容等)
分析(A)	对数据编辑窗口中的数据进行各种统计分析(如假设检验、相关分析、回归分析、因子分析等)，提供商业营销分析的专用方法
图形(G)	将数据编辑窗口中的数据生成各种统计图形(如折线图、散点图、直方图、箱图等)
实用程序(U)	显示数据文件和变量的信息、定义子集、运行脚本程序、自定义 SPSS 菜单等
扩展(X)	扩展 SPSS 统计分析功能
窗口(W)	多个窗口的排列、选择、最小化窗口等
帮助(H)	帮助文件的调用、查询、显示等

SPSS 数据编辑窗口有数据视图和变量视图。

(1)数据视图

数据视图，顾名思义，就是指可以直观地看到要处理的数据，可以对单元格的数据进行编辑。数据视图形如 Excel，界面很美观，如图 1-9 所示。

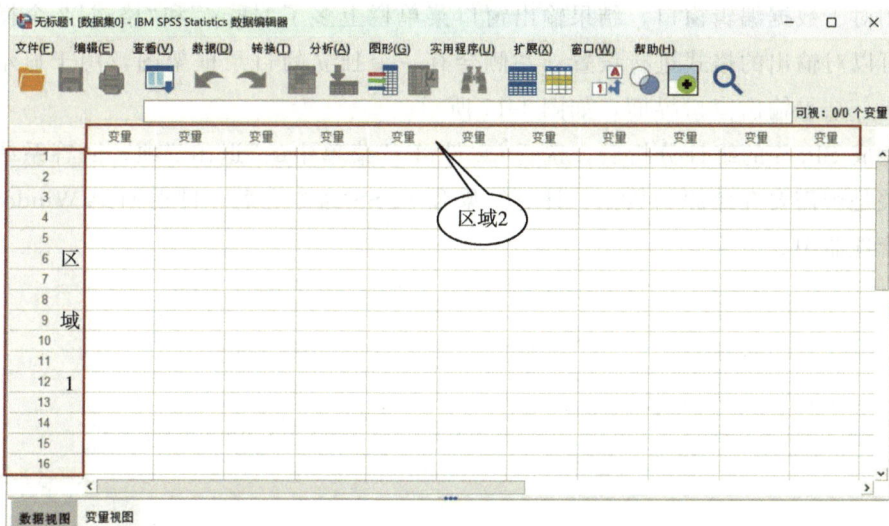

图 1-9 数据视图界面

区域 1：序列，如 Excel 中的行。

区域 2：变量列，如 Excel 中的列。

（2）变量视图

变量视图是对数据视图中的各个变量数据的属性进行定义，主要包括名称、类型、宽度、小数位数、标签、值、是否缺失值、列宽、对齐方式、测量尺度、角色定义等。变量视图界面，如图 1-10 所示。

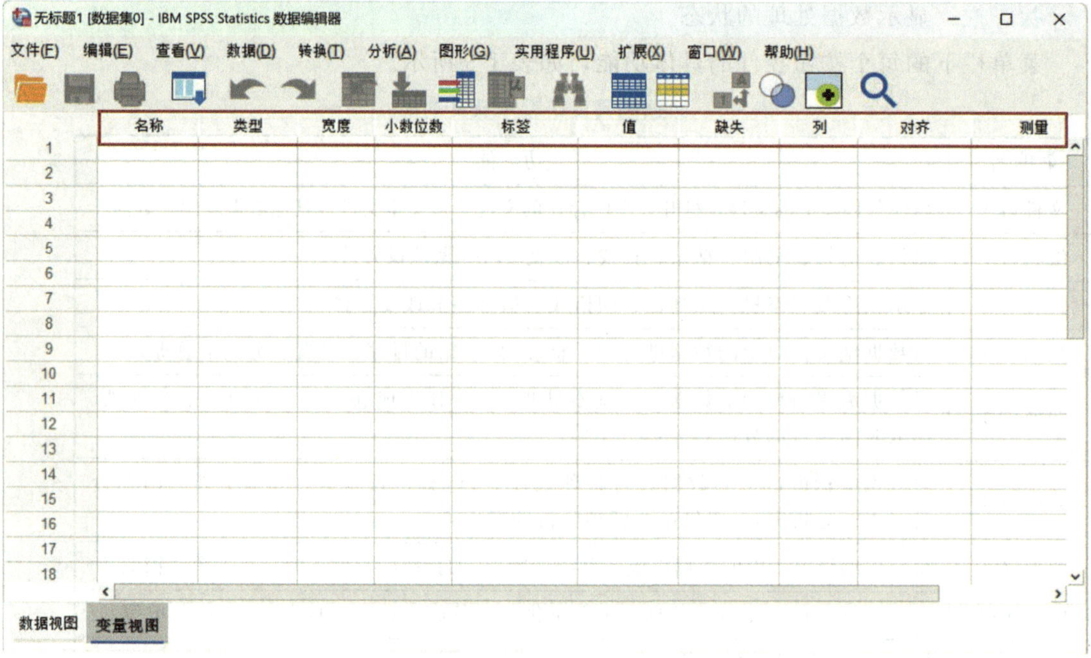

图 1-10　变量视图界面

用户可在变量视图中通过定义变量名、格式化数据类型后，在数据视图中输入原始数值，并可根据需要对数据进行增删、剪贴、修改、存储等操作。

2. 结果输出窗口

结果输出窗口显示对数据执行操作后的结果、表格、图形、报告、出错提示等。结果输出窗口的内容可直接进行复制、粘贴到 Excel 或者 Word 文档中，保存的格式是"＊.spv"。

相对于数据编辑窗口，结果输出窗口菜单栏上多了"插入"和"格式"2 个操作控件，可以对输出的格式进行设置；左侧会有一个独立的目录框架图，用于显示运行的功能。结果输出窗口界面，如图 1-11 所示。

完成 SPSS 的统计分析后，选择"文件（F）"菜单中的"退出"项，回答系统提出的有关是否需要存储原始数据、计算结果和 SPSS 命令之后，即退回到 Windows 的程序管理器中。

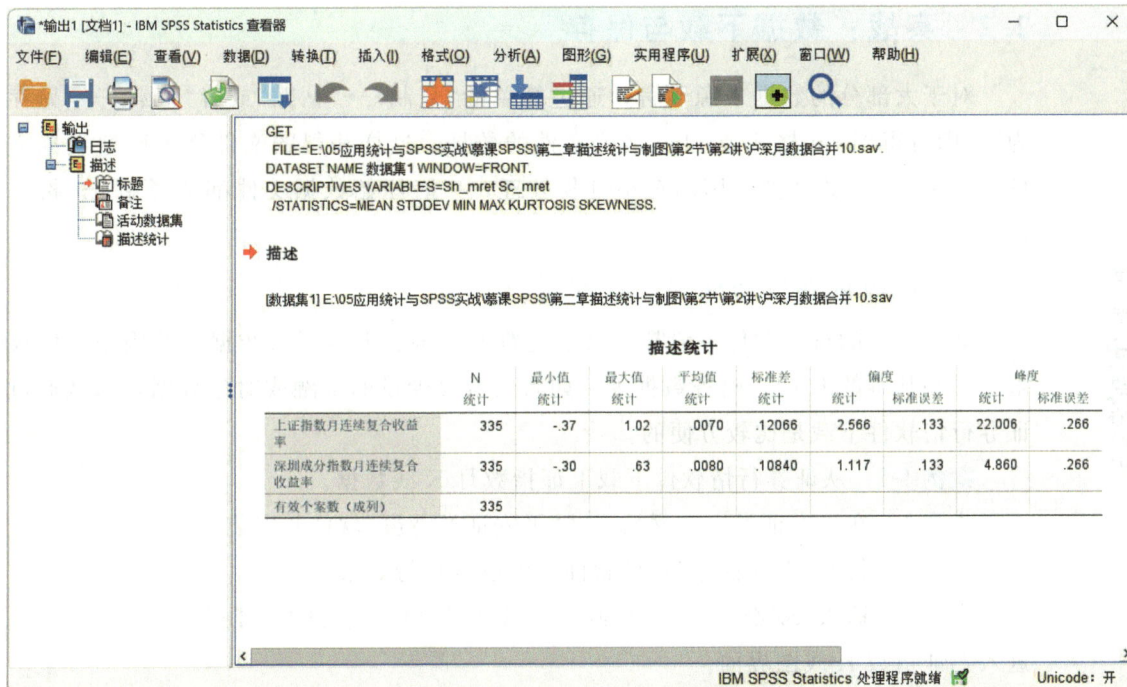

图 1-11 结果输出窗口界面

任务 2 数据获取与 SPSS 预处理

数据的获取、预处理是数据分析工作的第一步。数据预处理是指在进行数据分析前对原始数据进行处理和准备的过程，包括数据下载、数据存储、数据清洗、数据整理等步骤。通过数据预处理，可以确保数据的准确性。

2.1 理论：常用财经数据的获取

财经数据获取的来源很多，有免费的公开数据，有收费的数据，还有其他不公开的保密数据。常见数据的类型及来源，如表 1-6 所示。

表 1-6 常见数据的类型及来源

数据类型	数据来源
免费的公开数据	国家统计局等政府机构网站，证券交易所，同花顺、新浪财经等财经网站，证券公司行情软件，Tushare 数据库等
收费的数据	国泰安经济金融数据库，万得经济数据库等
不公开的保密数据	金融机构内部的客户信息、业务信息等

对于普通投资者而言，最常接触的数据是证券公司行情数据。

在大数据背景下，出现了新的数据获取方式——网络爬虫。过去，如果研究者想分析论坛上发言的投资者的情绪是乐观的还是悲观的，需要翻遍该论坛所有的网页来获得所有人的留言。采用普通的复制、粘贴或者下载等方法，工作量巨大。如今，研究者通过设计专门的网络爬虫程序，可以对大量网页进行自动查询、下载等操作。

2.2   实战：数据下载与保存

对于大部分的数据来源而言，通过简单的"复制"→"粘贴"或者"下载"→"另存为"，即可得到 txt 格式或 xlsx 格式文件的数据，这样获得的文件称为原始数据文件。鉴于 txt 格式文件占用内存小且易处理，一般原始数据文件都选择用 txt 格式保存。

2.2.1   通过证券行情软件下载数据

通过证券行情软件下载数据

实战视频

证券公司的行情软件一般都提供了免费的金融、财务行情数据下载服务，但仅限于一些基本的 K 线、财务数据等。如果仅需要少量的金融或财务数据，那么通过证券行情软件下载是比较方便的。

案例 1-1：从证券行情软件下载上证指数月 K 线数据。

步骤 1：在平安证券官方网站下载"平安证券慧赢"软件并安装。

步骤 2：打开"平安证券慧赢"软件，以游客身份登录。

步骤 3：输入"SZZS"，会自动调出键盘精灵窗口，找到"上证指数"并双击鼠标，进入上证指数 K 线图界面。

步骤 4：在 K 线图上单击鼠标右键，"分析周期"选择为"月线"。

步骤 5：用鼠标左键单击 K 线图，然后按住键盘上的向下箭头"↓"不松手，直至所有月份的 K 线均显示在屏幕上。

步骤 6：单击右上角齿轮状设置按钮 ⚙，再单击"数据导出"。在"数据导出"窗口，单击上方"格式文本文件"按钮，然后在"存盘文件名"栏内将文件名修改为"案例 1-1 上证指数月 K 线"，再单击"导出"按钮，将文件存入电脑硬盘。"数据导出"对话窗口，如图 1-12 所示。

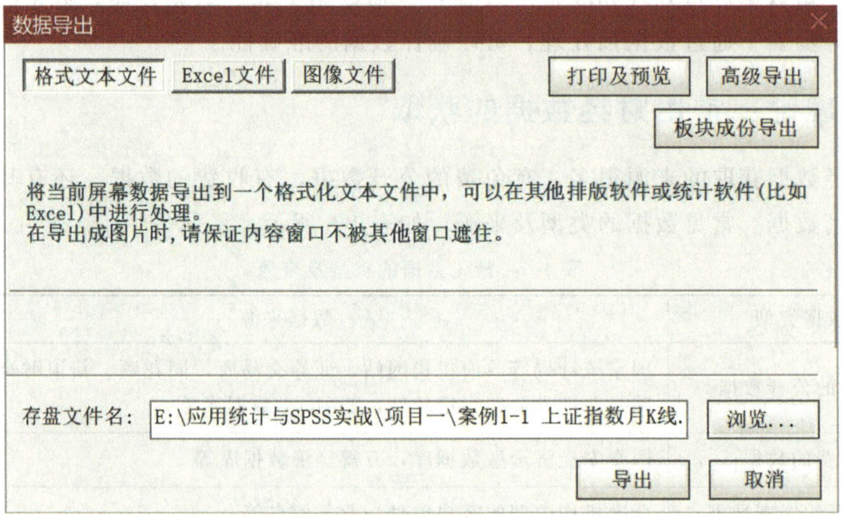

图 1-12   "数据导出"对话窗口

注意：如果下载个股行情数据用于计算收益率，那么下载之前需要对价格进行后复权（指数数据不需要进行复权）。后复权的方法是在 K 线图上单击鼠标右键，选择"复权处理"→"后复权"。

实战笔记：

_____

_____

_____

_____

2.2.2　通过 Tushare 数据库下载公司财务数据

　　Tushare 数据库是个开放的、免费的数据平台，查找和下载数据非常方便。在使用 Tushare 数据库之前，需要在网站上完成注册。学生用户可以通过教师向 Tushare 网站申请获得更高级的下载权限。当需要的数据量较大时，如需要多家公司的历年财务报表数据，那么通过 Tushare 这样的数据库下载是比较方便的。

　　案例 1-2：通过 Tushare 数据库下载平安银行历年资产负债表数据。

　　步骤 1：从首页进入"数据接口"栏目，在搜索框中输入"资产负债表"进行搜索。

　　步骤 2：在搜索结果页面，用鼠标单击"资产负债表"，进入新的页面，如图 1-13 所示。可以看到，"资产负债表"在"沪深股票—财务数据"下。该页面详细列示了通过 Python 程序获取资产负债表时输入和输出参数的含义。

通过 Tushare
数据库下载
公司财务数据

实战视频

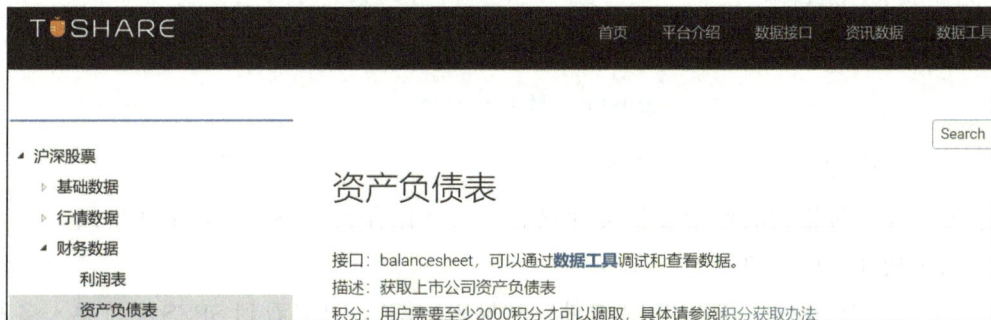

图 1-13　单击"资产负债表"进入新的页面

　　步骤 3：单击"数据工具"。在"数据工具"页面，按照步骤 2 中查询得到的数据位置，依次单击"沪深股票"→"财务数据"→"资产负债表"，在输入参数"ts_code"旁边的输入框中填入"000001.SZ"，然后单击"运行调试"，即可输出平安银行历年的一季报、中报、三季报及年度合并财务报表。"数据工具"对话窗口，如图 1-14 所示。各个输入参数的含义可以查看步骤 1 页面中对输入参数的解释，也可以单击下方的"详细文档"按钮。可以根据需要填入参数，查询目标数据。

　　步骤 4：在步骤 3 中查询得到的数据表右上方单击"导出 CSV"，选择文件存放位置，并修改文件名为"案例 1-2 平安银行资产负债表.csv"，保存文件。

将数据文件
导入 SPSS

实战视频

实战素材

实战笔记：

_____

_____

_____

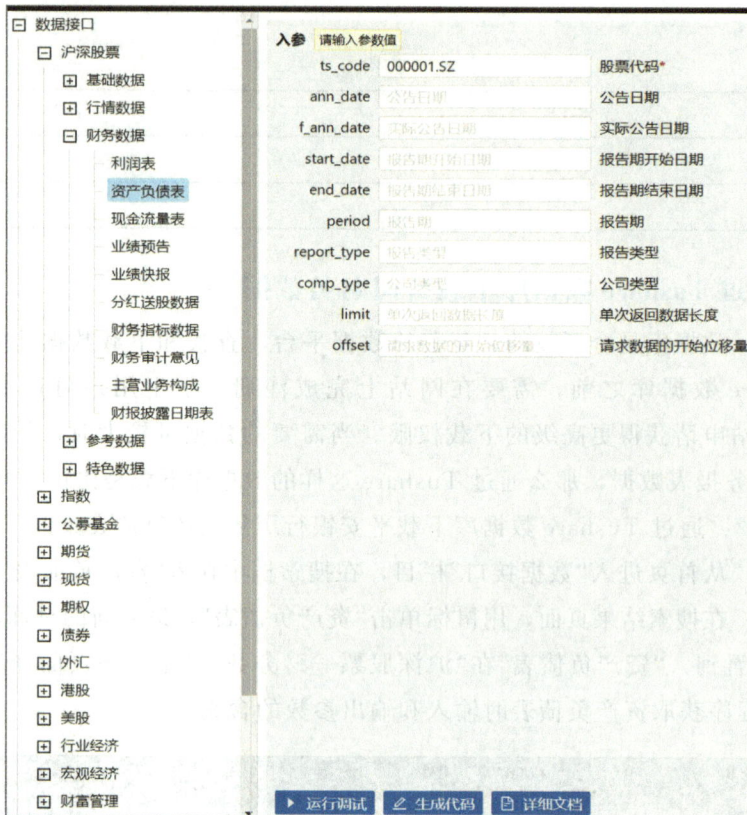

图 1-14 "数据工具"对话窗口

2.2.3 将数据文件导入 SPSS 并保存

txt、csv 等格式的原始数据文件只有导入并保存为 SPSS 数据文件格式，才能被 SPSS 软件直接处理。

打开 SPSS 软件，依次单击"文件"→"导入数据"，可以看到 SPSS 支持导入多种格式的原始数据，其中就有常见的 txt 格式与 xlsx 格式等。将数据导入 SPSS 后，会弹出数据视图窗口和输出窗口。数据视图窗口保存时默认保存为后缀是 sav 格式的文件，输出窗口保存时默认保存为后缀是 spv 格式的文件。SPSS 可以直接打开这 2 种格式的文件，无须导入。

关闭 SPSS 窗口会自动退出 SPSS 软件。下次重新打开 SPSS 软件时，如果想操作之前保存过的 sav 格式文件，可以依次单击"文件"→"打开"→"数据"，找到希望操作的 sav 格式文件，然后再打开。

案例 1-3：将数据文件导入 SPSS。

步骤 1：打开 SPSS 软件，依次单击"文件"→"导入数据"→"文本数据"，选择"案例 1-1 上证指数月 K 线.txt"文件，编码选择"Unicode(UTF-16)"，最后单击"打开"按钮，如图 1-15 所示。本例中如果采用默认的"Unicode(UTF-8)"编码，打开文件时会出现乱码，这主要是由于文件的编码与读取时的编码不匹配。如果读取文件时出现乱码，可以尝试一下不同的编码格式，以便能正确读取文件。

步骤 2：在"第 1/6 步"对话窗口，单击"下一步"按钮。

步骤 3：在"第 2/6 步"对话窗口，在"文件开头是否包括变量名？"选项框中勾选"是"，"包含变量名称的行号"按照本案例数据的实际情况应选择"3"，最后单击"下一步"按钮，如图 1-16 所示。

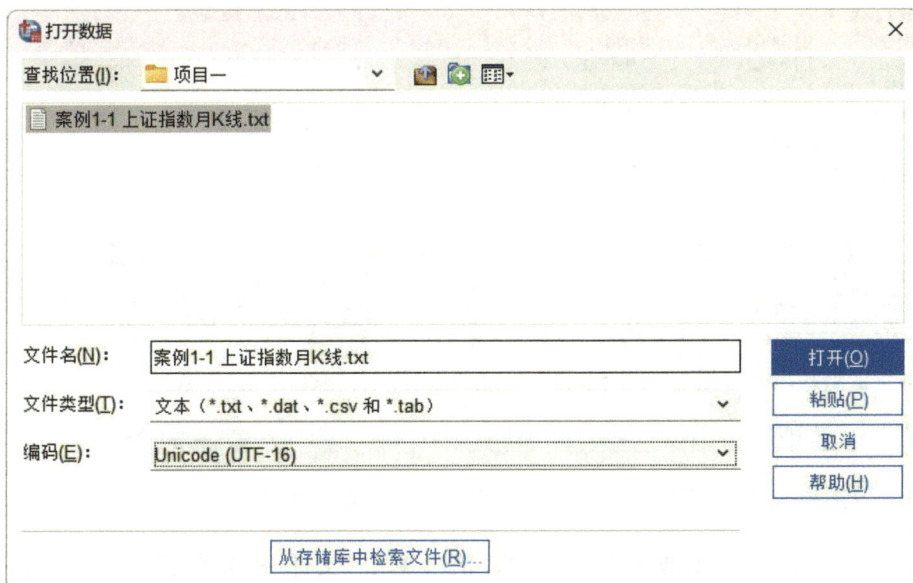

图 1-15 "打开数据"对话窗口

步骤 4：在"第 3/6 步"对话窗口，在"第一行数据个案从哪个行号开始?"选项框中按照实际情况选择"5"，单击"下一步"按钮，如图 1-17 所示。

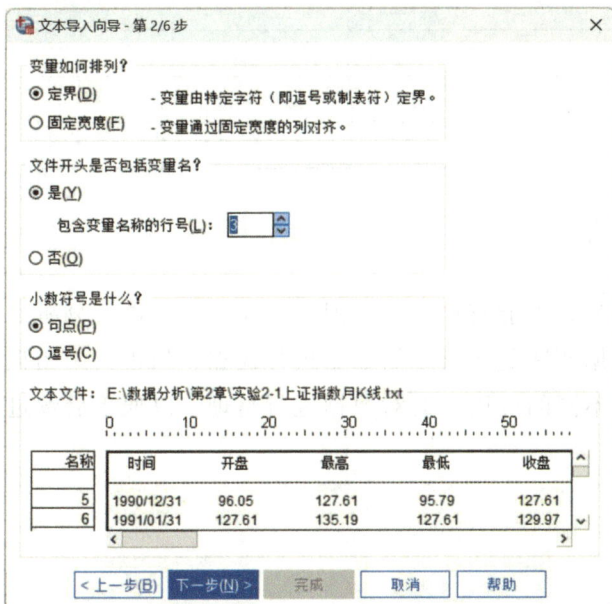

图 1-16 "文本导入向导一第 2/6 步"对话窗口

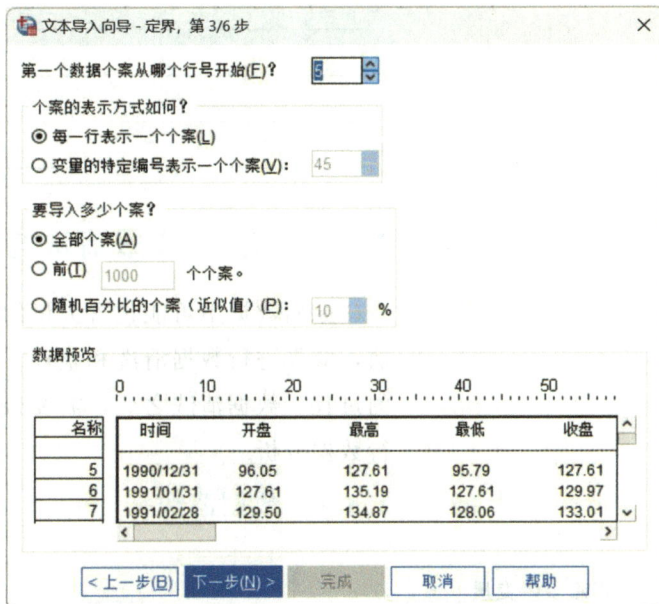

图 1-17 "文本导入向导一定界，第 3/6 步"对话窗口

步骤 5：在"第 4/6 步"对话窗口，在"前导空格和尾部空格"栏下，勾选"从字符串值中移除前导空格"与"从字符串值中移除尾部空格"，最后单击"下一步"按钮，如图 1-18 所示。

步骤 6：在"第 5/6 步"对话窗口，跳出提示框："找到对此应用程序无效的变量名，已进行更改。"的原因是部分原始数据的变量名不符合 SPSS 的变量命名规则，直接单击"确定"，单击"下一步"按钮，如图 1-19 所示。

步骤 7：在"第 6/6 步"对话窗口，单击"完成"按钮。

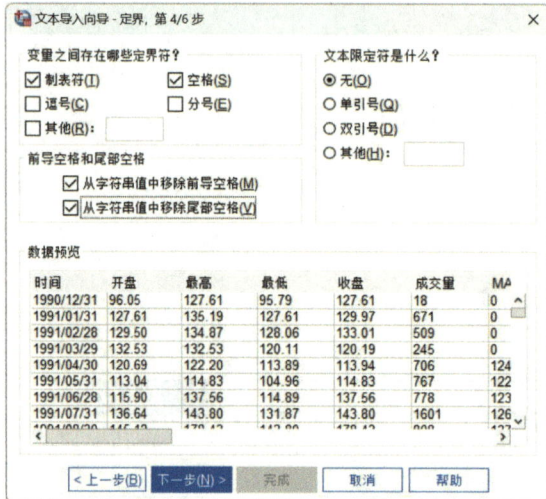

图 1-18 "文本导入向导一定界，第 4/6 步"对话窗口

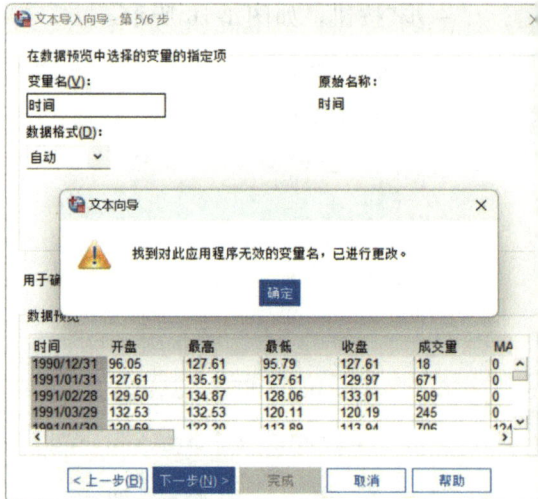

图 1-19 "文本导入向导一第 5/6 步"对话窗口

步骤 8：在 SPSS 数据视图窗口中，依次单击"文件→另存为"，选择目标文件夹，文件名修改为"案例 1-3 上证指数月度原始数据"，单击"保存"按钮。

实战笔记：

_____

_____

_____

_____

2.3 实战：数据清洗与整理

原始数据中可能包含大量的错误，不能直接使用。因此，在对数据进行分析之前，应先进行数据清洗和整理。数据清洗是指对原始数据进行检查，纠正其中错误的过程。数据清洗之后，需要根据不同的应用目的对数据进行整理，以便于后续进行数据分析。

2.3.1 数据清洗

1. 删除变量

删除变量既可以在数据视图中，也可以在变量视图中操作。单击鼠标左键，选中变量，然后单击鼠标右键选择"清除"，或者按 Delete 键来逐个删除，也可以利用 Shift 键一次性选择多个变量来进行批量删除。

案例 1-4：删除多余变量。

步骤 1：打开 SPSS 软件，依次选择"文件"→"打开"→"数据"→"案例 1-3 上证指数月度原始数据.sav"，然后单击"打开"按钮。

步骤 2：删除对于后续数据分析无用的技术指标变量。先切换到变量视图，单击第一个技术指标变量"MA.MA1"所在的行号"7"，然后按住 Shift 键，再单击最后一个技术指标变量"MACD.MACD"所在的行号"22"，选中所有技术指标变量，最后按下 Delete 键，或者单击鼠标右键，选择"清除"按钮，最后将文件另存为"案

删除多余变量

实战视频

实战素材

例 1-4 上证指数月数据_删除多余变量.sav"。

在数据视图中也可以进行变量删除操作,方法与在变量视图中相似,此处不再介绍。

实战笔记:

_____

_____

_____

_____

2. 数据排序

有些数据的排序比较混乱,需要对其按照一定的规则进行排序。

案例 1-5:按照时间来排序。

步骤 1:打开"案例 1-4 上证指数月数据_删除多余变量.sav"文件,单击"变量视图",检查原始时间变量的类型是否正确。如果错误,就要进行修改。在本例中,原始时间变量的类型是正确的,无须修改。如果原始时间变量的类型并非日期,那么需要对类型进行修改。其方法是用鼠标单击变量视图中时间变量的类型框,然后再单击按钮[…],在弹出的"变量类型"对话窗口中,左侧勾选"日期",右侧选择与实际数据匹配的日期类型格式,如图 1-20 所示。

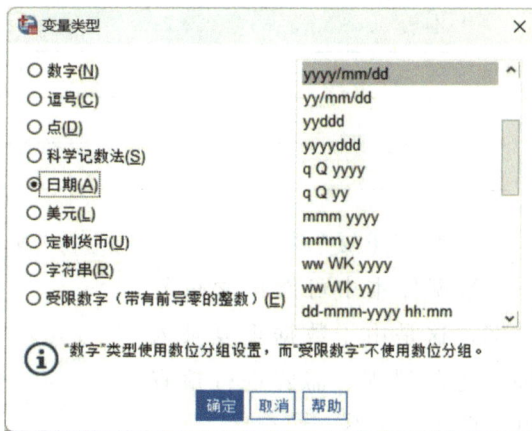

图 1-20 "变量类型"对话窗口

数据排序
实战视频

实战素材

步骤 2:返回数据视图,用鼠标右键单击变量"时间",在弹出的窗口中,单击"升序排序"。经过升序排列后,发现排到第一位的个案是缺失的。将文件另存为"案例 1-5 上证指数月数据_时间升序排列.sav"。

实战笔记:

_____

_____

_____

_____

3. 删除个案

数据样本中有些个案是缺失的或者是错误的,需要将其删除。

案例 1-6:删除个案。

打开"案例 1-5 上证指数月数据_时间升序排列.sav"文件,缺失个案在第一行。用鼠标右键单击序号为"1"的个案所在行的任意位置,然后在弹出的菜单栏中用鼠标左键单击"清除"按钮,从而删除掉该缺失个案,如图 1-21 所示。最后将文件另存为"案例 1-6 上证指数月数据_删除缺失个案.sav"。

删除个案
实战视频

实战素材

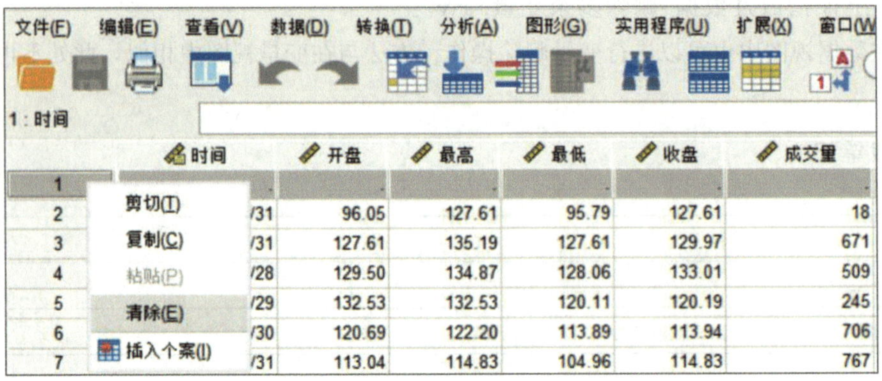

图 1-21　删除缺失个案

实战笔记：

_____

_____

_____

_____

标识重复个案
并删除

实战视频

实战素材

4. 标识重复个案并删除

数据样本中可能包含重复个案，这是由于数据重复录入而产生的错误，需要进行检查并删除重复个案。

案例 1-7：标识重复个案并删除。

步骤 1：打开"案例 1-6 上证指数月数据_删除缺失个案.sav"文件，依次单击菜单栏中的"数据"→"标识重复个案"。

步骤 2：在"定义匹配个案的依据"空白框内选择"时间"，其他不作改动，单击"确定"按钮，如图 1-22 所示。

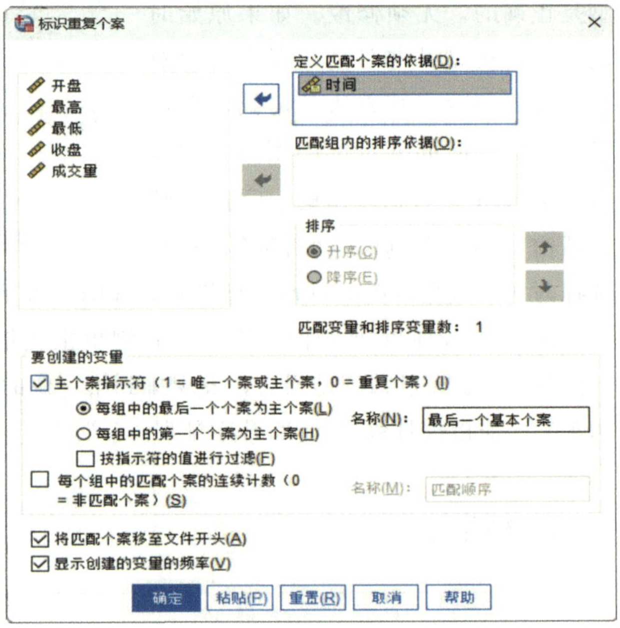

图 1-22　"标识重复个案"对话窗口

SPSS 会生成新的变量，名称为最后一个基本个案的名称。如果有重复的个案，该变量在最后一个重复个案处取值为"1"，其他重复个案处取值为"0"；如果某个案没有重复，该变量在此个案处取值为"1"。此外，该程序会自动将所有的重复个案放置在数据文件的开头，以便使用者查看。

"标识重复个案"对话窗口名词释义如下。

(1)定义匹配个案的依据：以哪个变量作为是否重复的判断依据。在本例中，以"时间"变量来作为判断依据，即如果有 2 个个案对应的时间相同，那么就判断为重复。

(2)主个案：对于发生重复的个案，SPSS 会将第一次出现或者最后一次出现时对应的个案称为主个案或基本个案，其他称为重复个案。默认最后一个个案为主个案，新生成的作为主个案指示符的变量名称默认为"最后一个基本个案"。该变量如取值为"0"，为重复个案，需删除；如取值为"1"，则表示唯一个案或者主个案，无须删除。

步骤 3：数据视图中，在文件的开头部分，"变量最后一个基本个案"全部取值为"1"，没有取值为"0"的个案，这说明文件中没有日期重复的个案。如果有日期重复的个案，那么就需要将"变量最后一个基本个案"按照升序排列，然后删除变量取值为"0"的个案。

步骤 4：删除"变量最后一个基本个案"，然后将数据按照"时间"变量升序排列。将数据文件另存为"案例 1-7 上证指数月数据_标识重复个案并删除.sav"。

实战笔记：

_____

_____

_____

_____

练习：按照案例 1-1 至案例 1-7 的操作程序，从证券行情软件下载深圳成分指数月数据，并对该原始数据进行清洗，将清洗完成后的文件另存为"练习 1-1 深圳成分指数月数据_清洗.sav"。

2.3.2　数据整理

数据清洗之后，数据中的错误已经基本去除，但此时的数据往往还不能直接用于分析。因为分析一般都是基于统计或计量模型，而不同的模型对数据的格式、类型及定义等都有各自的要求，为了使数据便于分析，还应对数据进行进一步的整理。

1. 生成变量

有时需要生成新的变量，如根据收盘价来生成收益率。SPSS 中生成新的变量一般都是通过转换菜单栏下的相应功能来实现的。

案例 1-8：计算生成连续复合月收益率变量并设置标签。

步骤 1：打开"案例 1-7 上证指数月数据_标识重复个案并删除.sav"文件，在菜单栏中依次单击"转换"→"计算变量"。

步骤 2：在"目标变量"中输入"Sh_mret"，这是新变量的名称。在"数字表达式"框内输入"ln(收盘/lag(收盘))"，其中"lag(变量)"是一个函数，表示括号内变量的当前个案的前一个个案取值，"lag(收盘)"表示上一个收盘。"计算变量"对话窗口，如图 1-23 所示。

计量变量

实战视频

实战素材

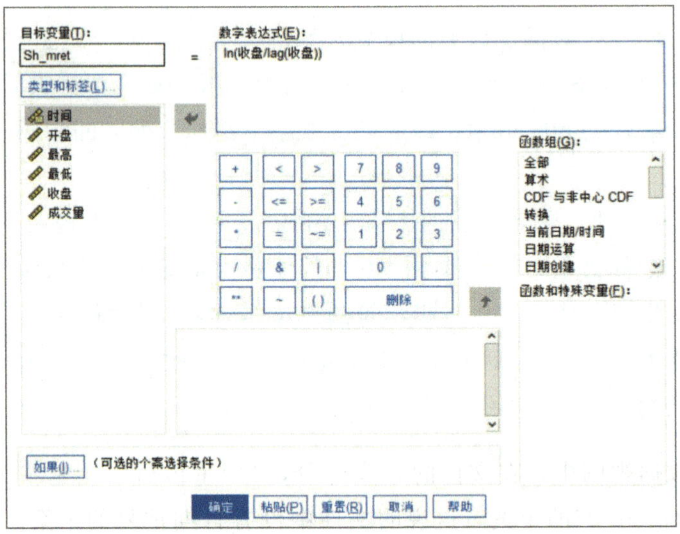

图 1-23 "计算变量"对话窗口

步骤 3：在"计算变量"对话窗口中单击"类型和标签"，在弹出框中的"标签"栏内填入"上证指数月连续复合收益率"。标签的作用相当于注释，是对变量含义的说明，最后单击"继续"按钮。

步骤 4：在"计算变量"对话窗口，单击"确定"按钮。查看数据视图，如图 1-24 所示。可见文件中已经新生成了 1 个变量"Sh_mret"，该变量的第 1 个值缺失，因为第 1 个个案无法计算连续复合收益率。将数据文件另存为"案例 1-8 上证指数月数据_计算收益率.sav"。

时间	开盘	最高	最低	收盘	成交量	Sh_mret
1990/12/31	96.05	127.61	95.79	127.61	18	
1991/01/31	127.61	135.19	127.61	129.97	671	.02
1991/02/28	129.50	134.87	128.06	133.01	509	.02

图 1-24 数据视图

注意：

(1)变量名一般以英文字母开头，不能以数字开头。

(2)SPSS 支持中文变量名，但为了减少在编程过程中中英文切换带来的不便，变量名采用英文更方便些。

(3)如果仅仅是想生成 1 个新变量，但暂不指定变量的内容，那么可以直接在变量视图中输入该变量的名称，输入完成后进入数据视图，会看到新变量的个案取值为缺失值。

(4)设置"类型和标签"也可以在变量视图中进行操作。在变量视图中不仅可以设置名称，还可以直接修改名称、类型、宽度、小数位数、值等（只需单击需要修改处，然后直接修改即可）。

实战笔记：

_____

_____

_____

_____

2. 生成新的时间变量

对于经济数据来说，时间是个很重要的变量，有时会根据需要生成多种类型的时间变量。

案例 1-9： 使用"日期和时间向导"生成年份变量。

步骤 1： 打开"案例 1-8 上证指数月数据_计算收益率. sav"文件，在菜单栏上依次单击"转换"→"日期和时间向导"，勾选"提取日期或时间变量的部分内容"，再单击"下一步"按钮。

步骤 2： 在弹出的"日期和时间向导—第 1/2 步"对话窗口的"日期或时间"选项框中选择"时间"，单击"下一步"按钮，如图 1-25 所示。

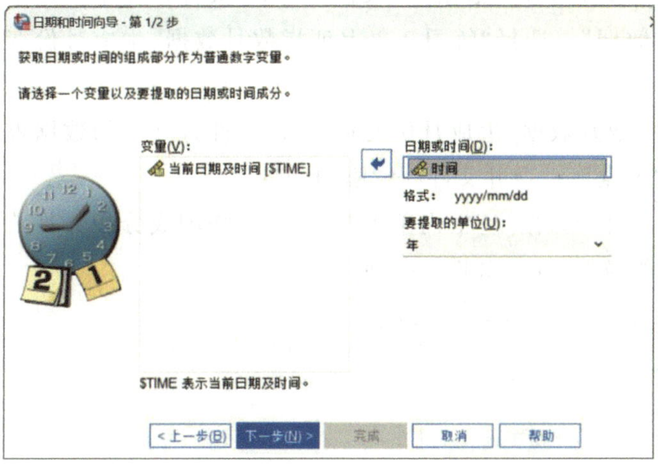

生成新的时间变量

实战视频

实战素材

图 1-25　"日期和时间向导—第 1/2 步"对话窗口

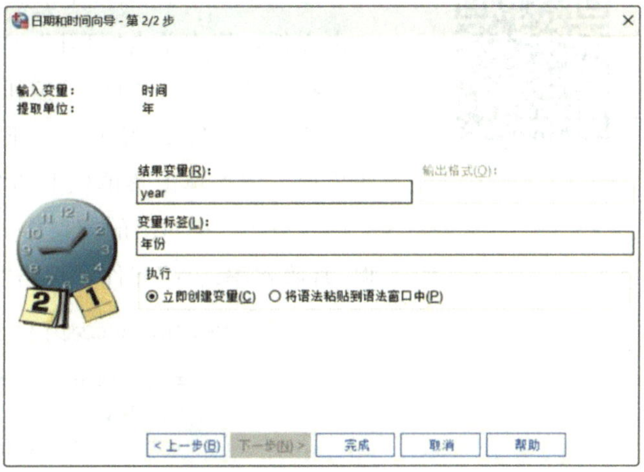

图 1-26　"日期和时间向导—第 2/2 步"对话窗口

步骤 3： 在弹出的"日期和时间向导—第 2/2 步"对话窗口的"结果变量"框内填入"year"，"变量标签"框内填入"年份"，最后单击"完成"按钮，如图 1-26 所示。将数据文件另存为"案例 1-9 上证指数月数据_生成年份变量. sav"。

实战笔记：

_____

_____

_____

_____

练习 1： 在"案例 1-9 上证指数月数据_生成年份变量. sav"文件中，自行生成表示月份的变量。

提示：

(1)基本操作与案例 1-9 相同，但在"日期和时间向导—第 1/2 步"对话窗口中要提取的单位系统默认是"年"，此时则需要在下拉菜单中选择"月"。

(2)在"日期和时间向导—第 2/2 步"对话窗口中，结果变量可以输入"month"，标签为"月份"。

(3)完成练习之后，将数据文件另存为"练习 1-2 上证指数月数据_生成月份变量. sav"。

练习 2：按照案例 1-8、案例 1-9 的操作程序，自行应用"练习 1-1 深圳成分指数月数据_清洗.sav"文件计算月连续复合收益率，变量名为"Sc_mret"，标签设置为"深圳成分指数月连续复合收益率"；生成年份变量"year"，月份变量"month"，最终文件另存为"练习 1-3 深圳成分指数月数据_月收益率.sav"。

3. 文件合并

有时需要将不同的数据文件合并成 1 个文件，以便分析。比如，希望比较深圳成分指数与上证指数的月收益率差异，那么就需要把 2 个指数的数据放在 1 个文件中。

案例 1-10：合并深圳成分指数月数据与上证指数月数据。

步骤 1：打开"练习 1-3 深圳成分指数月数据_月收益率.sav"文件，在菜单栏中单击文件，依次单击"打开"→"数据"，选择"练习 1-2 上证指数月数据_生成月份变量.sav"，最后单击"打开"按钮。

步骤 2：在"练习 1-2 上证指数月数据_生成月份变量.sav"文件打开后的数据视图界面，依次单击菜单栏上的"数据"→"合并文件"→"添加变量"。

步骤 3：在弹出的窗口中，"打开数据集"框内单击"练习 1-3 深圳成分指数月数据_月收益率.sav"文件，单击"继续"按钮，如图 1-27 所示。

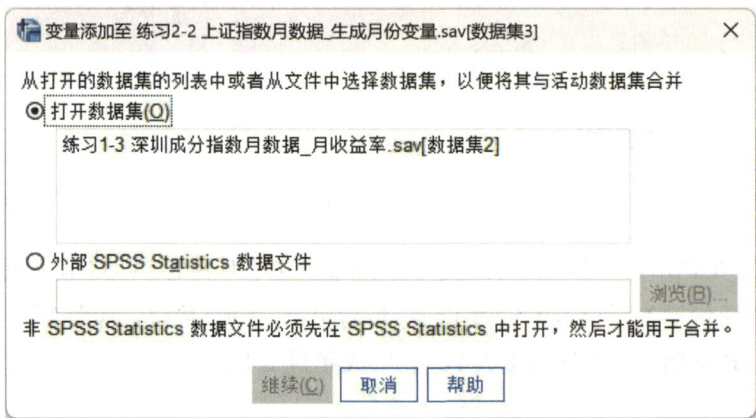

图 1-27 "变量添加"对话窗口

步骤 4：在"合并方法"选项卡中，默认"基于键值的一对一合并"，不作修改，如图 1-28 所示。

步骤 5：在"变量"选项卡中，"包含的变量"框内仅保留"Sh_mret（＊）"和"Sc_mret（＋）"，下方"键变量"框中仅保留"year"和"month"，最后单击"确定"按钮，如图 1-29 所示。

> 文件合并相关名词释义如下。
>
> （1）键变量：可以简单理解为"关键"的变量，是 2 个文件进行合并时匹配的依据。
>
> （2）键值：键变量的取值。基于键值进行文件合并时，键值不能有重复值。
>
> （3）活动的数据集：程序当前正在操作的文件对象，也是当前屏幕显示的数据集，可以通过切换不同的数据窗口来切换活动数据集。对应的非活动数据集就是虽然已经打开该数据文件，但并非当前操作的文件对象。

（4）符号：变量名称后括号中的"＊"表示该变量来自活动数据集，"＋"则表示该变量来自非活动数据集。某些变量在 2 个被合并的文件中有相同的变量名。如果希望同时保留这些变量，就需要对来自其中 1 个文件中的变量重新命名。

（5）基于键值的一对一合并：将 2 个文件中键变量取值相同的个案合并在一起，没有合并的个案也保留在最后的合并文件夹中。

（6）基于键值的一对多合并：①2 个将被合并的文件，其中一个被指定为查找表文件，另一个文件为了区别可称为普通数据文件。普通数据文件中键值可重复，但查找表文件中键值不能重复。②对普通数据文件中的每条个案，根据键值在查找表文件中查找具有相同键值的个案，找到之后，就将 2 个个案合并在一起。③普通数据文件中的所有个案都包含在最终的合并文件中。如果查找表文件中的个案在普通数据文件中没有对应的具有匹配键值的个案，则不包含此类个案。

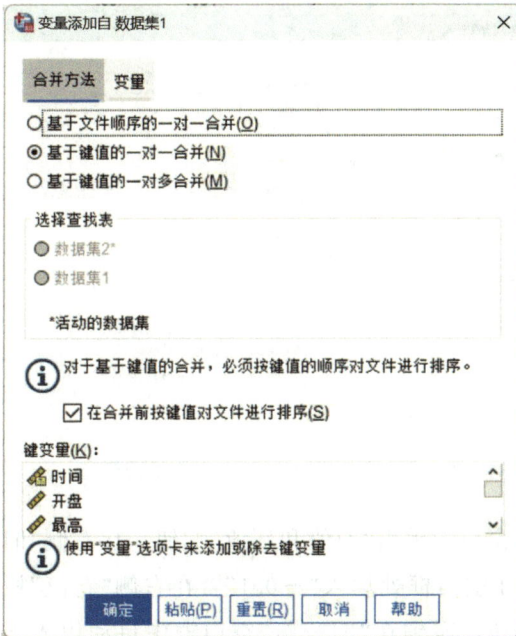

图 1-28 "合并方法"选项卡

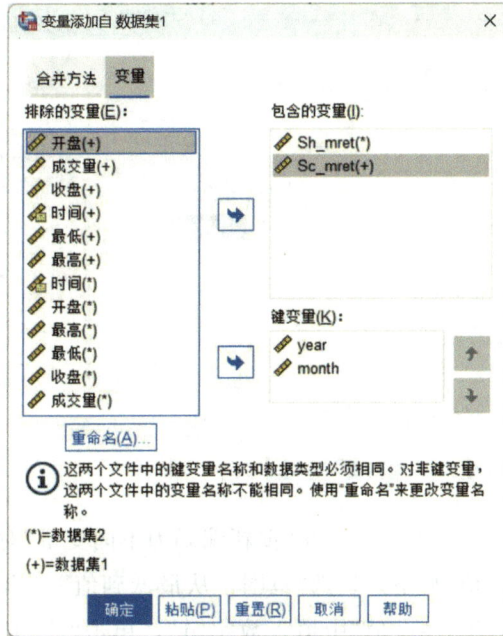

图 1-29 "变量"选项卡

步骤 6：合并后的文件发现深圳成分指数某些月份是缺失的，将缺失值所在个案删除。

步骤 7：删除 2023 年 12 月的个案（因为数据中 12 月的交易日并非当月最后一个交易日）。

步骤 8：将数据文件另存为"案例 1-10 沪深指数月数据合并.sav"。

实战笔记：

_____

_____

_____

_____

以上介绍的文件合并情形是"添加变量"方式，用于不同的样本总体；另一种合并情形是"添加个案"方式，主要用于同一总体，操作方式比较简单，不再介绍。

4. 重新编码

实战视频

实战素材

将数据进行分组是一种基础但重要的数据处理技术，往往看起来杂乱无章的数据经过分组之后，其中的规律就能很清楚地显现出来。

案例 1-11：重新编码为不同变量。根据基金年度增长率的大小，将数据从小到大分成 4 组，并用 1 个新的变量来指示每组。

步骤 1：打开"基金年度业绩表现.sav"文件，在菜单栏上依次单击"转换"→"重新编码为不同变量"。在"重新编码为不同变量"对话窗口中，在"数字变量→输出变量"栏的空白框内选择变量"g_rate"，右侧"输出变量"栏下名称空白框内填入自定义的分组变量名"group"，标签填入"年度净值增长率分组"，然后单击"变化量"按钮，如图 1-30 所示。这一步的操作目的是根据"年度净值增长率（g_rate）"这个变量来进行分组，同时生成 1 个新的变量"group"——分组变量。

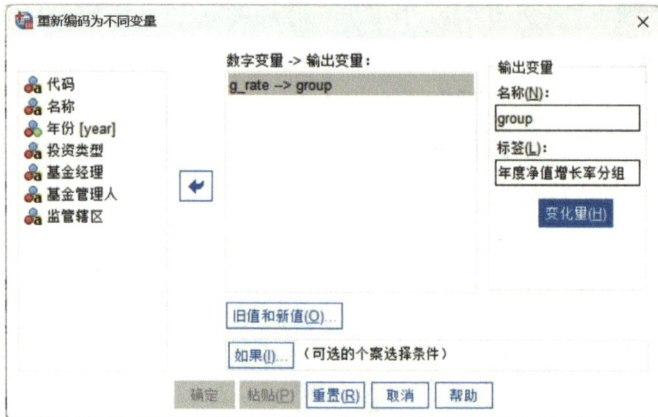

图 1-30 "重新编码为不同变量"对话窗口

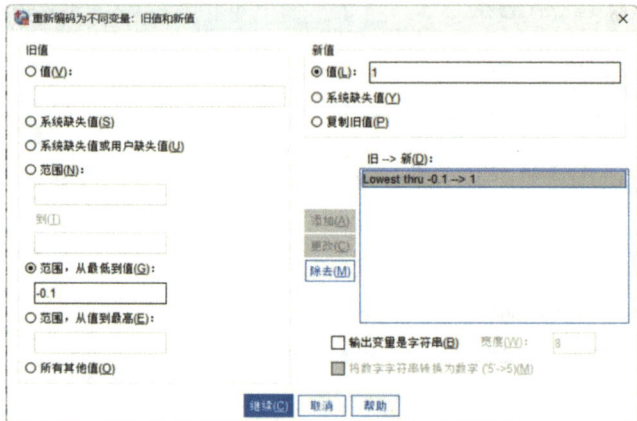

图 1-31 "旧值和新值"对话窗口：第 1 组设置

步骤 2：在"重新编码为不同变量"对话窗口中单击"旧值和新值"按钮。在左侧"旧值"栏下，勾选"范围，从最低到值"，然后在空白框处填入"−0.1"。在右侧"新值"栏下，在"值"中填入数字"1"，单击"添加"按钮，看到在"旧→新"空白框中自动填入了"Lowest thru −0.1→1"，如图 1-31 所示。其意思是从最小值到−0.1（包含−0.1）都归入第 1 组，也就是说变量"group"取"1"时对应的年度净值增长率最大值为−0.1。

步骤 3：在"旧值和新值"对话窗口左侧"旧值"栏下，选择"范围"，在第 1 个空白框中输入"−0.1"，第 2 个空白框中输入"0"。在右侧"新值"栏下，选择"值"，在空白框中填入数值"2"，单击"添加"按钮，此时右侧"旧→新"空白框中自动填入了"−0.1 thru 0→2"，如图 1-32 所示。然后以同样的方法设置第 3 组。

步骤 4：在"旧值和新值"对话窗口左侧"旧值"栏下选择"所有其他值"。在右侧"新值"栏下勾选"值"，填入数值"4"，再单击"添加"按钮，可以看到右侧"旧→新"空白框中自动填入了"ELSE→4"，如图 1-33 所示。至此，完成所有组的划分，单击下方"继续"按钮，回到"重新编码为不同变量"对话窗口，最后单击"确定"按钮。

从数据视图看到，此时生成了新的变量"group"，新变量的取值范围为 1～4，分别代表第 1 组至第 4 组，而分组的依据是"年度净值增长率"。

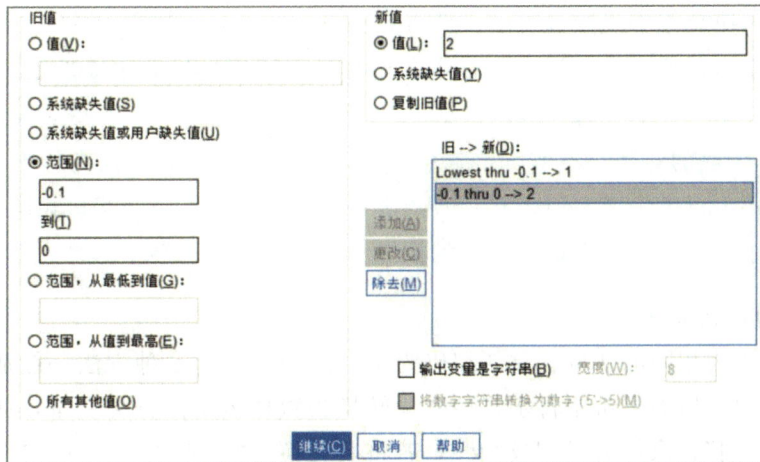

图 1-32　"旧值和新值"对话窗口：第 2 组设置

图 1-33　"旧值和新值"对话窗口

步骤 5：将文件另存为 1 个新的文件，命名为"案例 1-11 基金业务年度表现_重新编码为不同变量. sav"。

实战笔记：

_____

_____

_____

_____

　　"重新编码为不同变量"功能会生成 1 个新变量，这个新变量用来储存表示各组组名的数字。如果数据分析者希望把原来作为分组依据的连续型数值变量直接转换为分组变量，同时保留原连续型数值变量的名称，而不再另外生成新的变量，那么可以采用"转换"菜单栏下的"重新编码"为相同的变量功能。该操作与案例 1-11 相似，不再专门介绍。

> 重新编码分组中组数设置的一些规则如下。
>
> 美国学者斯特吉斯认为，当总体个案按某连续型变量分布接近正态分布时，可根据总体个案数 N 确定组数 K 及间距 d。公式为 $K = 1 + 3.322\lg N$，其中 $\lg$ 表示以 10 为底的对数。在实际工作中，分组的主观性较大，没有标准答案，斯特吉斯公式也仅供参考。但也有一些约定俗成的规则，如组距尽量相同，并且不要出现分组后某个组中个案数过少的情况。

自动重新编码

实战视频

实战素材

5. 自动重新编码

重新编码为相同的变量、重新编码为不同的变量，这 2 种方法一般适用于数值型变量的分组。但如果希望将字符型变量转换为数值表示的分类变量，如有个字符型变量是"性别"，取值为"男"或"女"，若将其转换为"1"或"2"，其中"1"代表"男"，"2"代表"女"，那么需要用到自动重新编码。

大多数的数据分析方法都基于数值类型的数据。因此，将字符型变量转换为数值型变量，就更加方便对其应用各种数据分析技巧和方法。掌握这种转换方法是数据处理的基本技能。

案例 1-12：自动重新编码。

在案例 1-12 中，字符型变量"投资类型"将被转换为以整数表示的数值型变量"基金类型"。

步骤 1：打开"基金年度业绩表现.sav"文件，依次单击"转换"→"自动重新编码"。

步骤 2：在弹出的"自动重新编码"对话窗口中，依次单击"变量"→"新名称"，空白框选择变量"投资类型"，然后在新名称空白框内填入新变量名称"基金类型"，再单击"添加新名称"按钮，最后单击"确定"按钮，如图 1-34 所示。

步骤 3：将数据保存为文件"案例 1-12 基金年度业绩表现_自动重新编码.sav"。

在案例 1-12 最后的数据文件中，在"数据视图"工具栏单击"值标签"的切换按钮 ，可以看到变量"基金类型"的取值所表示的具体投资类型；而在"变量"视图中，可以具体查看变量"基金类型"的值标签。

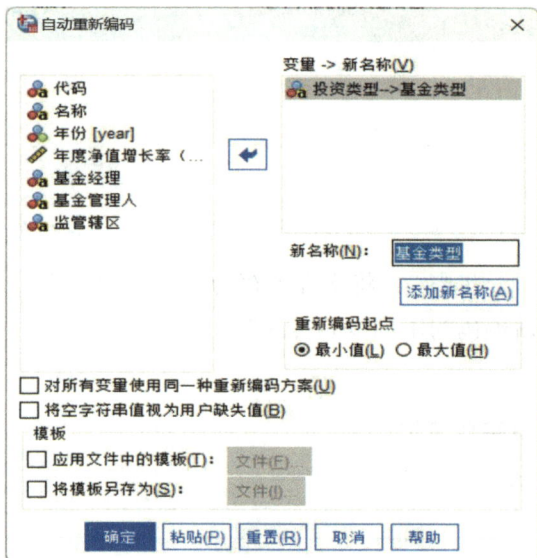

图 1-34 "自动重新编码"对话窗口

实战笔记：

_____

_____

_____

_____

6. 可视分箱

在对如何分组已有明确的设想时，可以采用重新编码方法。但在对分组还没有明确的设想，需要根据数据的分布进行探索性的分组尝试时，可以采用可视分箱功能。

可视分箱在 SPSS 中又分为等宽分箱与等比分箱。这 2 种方法在分组的同时，都提供了数据的分布图，便于对分组不断进行调整，以逐渐达到令人满意的分组结果。

(1) 等宽分箱

等宽分箱也称等距分箱、等距分组，要求每组的组距要相等。在 SPSS 中，只需给出首个分割位置、分割点数目、组距这 3 个数值中的任意 2 个，软件就会自动给出剩下的 1 个。其中，分割点数目＝组数－1。

案例 1-13：采用等宽分箱功能，根据上证指数月连续复合收益率将个案分成 10 组。

在案例 1-13 中，尝试根据上证指数月连续复合收益率的大小，采用等宽分箱方法，将个案分为 10 组。

步骤 1：打开"案例 1-9 上证指数月数据_生成年份变量.sav"文件，依次单击"转换"→"可视分箱"，在弹出的"可视分箱"对话窗口中的"要分箱的变量"空白框中选择"上证指数月连续复合收益率"，单击"继续"按钮，如图 1-35 所示。

步骤 2：在新弹出的"可视分箱"对话窗口中的"分箱化变量"空白输入框中填入命名的变量名"group1"，然后在"上端点"栏内选择"排除"，单击"生成分割点"按钮，如图 1-36 所示。在统计分组中，习惯不包含上端点，即上边界。

等宽分箱

实战视频

实战素材

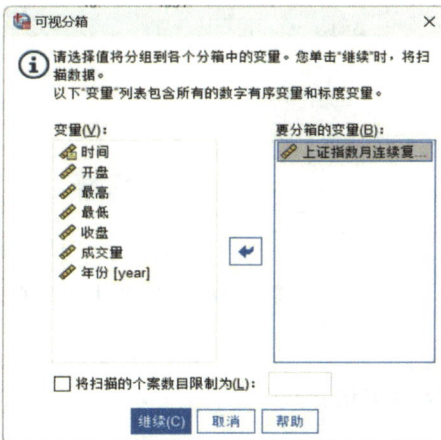

图 1-35　"可视分箱"对话窗口（要分箱的变量）

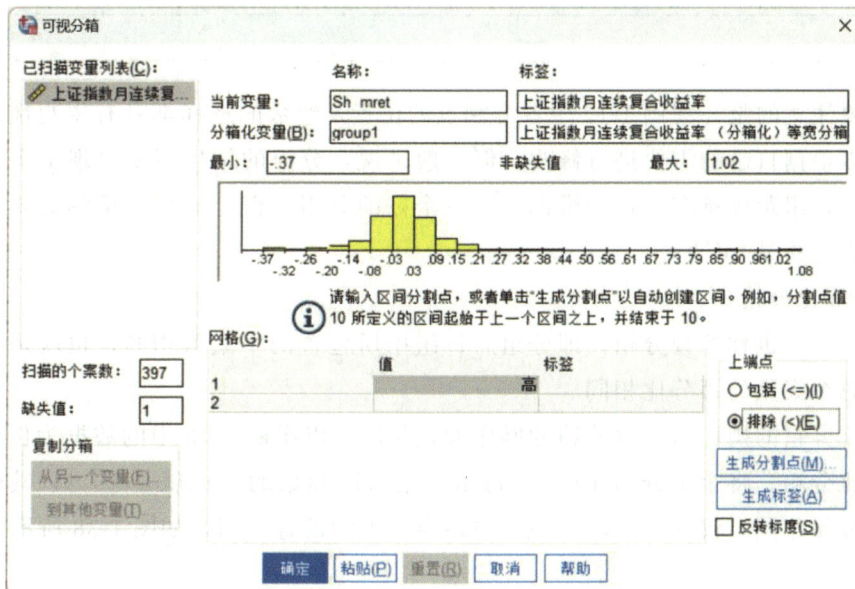

图 1-36　"可视分箱"对话窗口（已扫描变量列表）

步骤 3：在弹出的"生成分割点"对话窗口，在"等宽区间"框下的"第一个分割点位置"中填入"−0.20"，"分割点数"填入"9"，然后单击"宽度"空白框，可以看到 SPSS 会自动给出一个参考的宽度值"0.136"，为了使宽度更具辨识度，可将宽度修改为"0.1"，单击"应用"按钮。

步骤 4：在"可视分箱"对话窗口中，单击右下方的"生成标签"按钮，可以看到值和对应的标签，最后单击"确定"按钮，如图 1-37 所示。

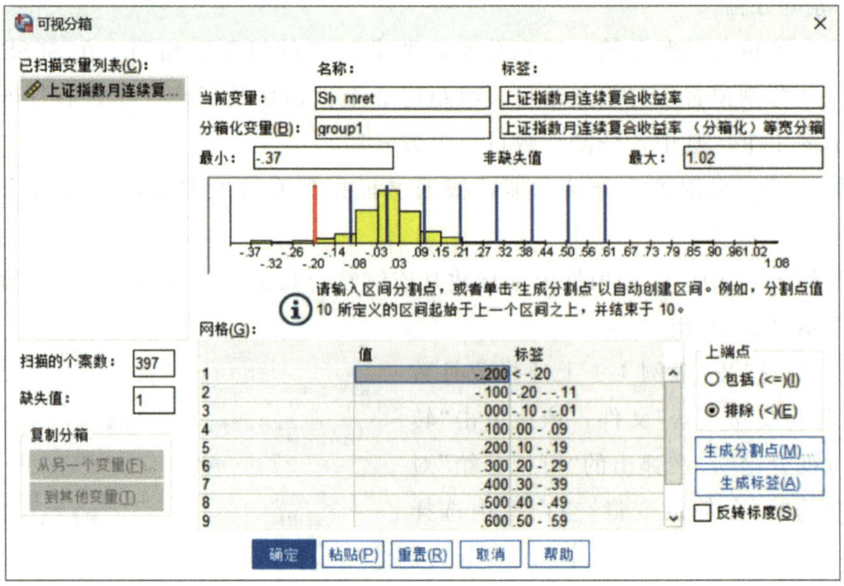

图 1-37 "可视分箱"对话窗口（生成标签）

步骤 5：将数据保存为文件"案例 1-13 上证指数月数据_等宽分箱.sav"。

实战笔记：

_____
_____
_____
_____

需要注意的是，案例 1-13 中首分割点的位置及组数的选择都具有主观性，分析人员可以根据自己的需要进行修改。但一般来说，分组的结果不要出现个案数相对过少的组，组距应具有一定的辨识度。一个好的分组不仅能满足分析的需要，而且看上去也应该是"美"的。

（2）等比分箱

等比分箱也称等频分箱，即分组后每组中所包含的个案数相同，也就是每组个案数占总个案数的百分比相同。

等比分箱的操作与等宽分箱的操作大致相同。以案例 1-13 中的数据为例，如果采用等比分箱，将个案分为 10 组，每组个案数即频数的占比就是 10%，其他操作与等宽分箱相同，仅在"生成分割点"对话窗口中的设置不同，如图 1-38 所示。

7. 个案排秩

"秩"有顺序、次序的含义。排秩的结果会生成新的变量，表示每个个案对应的"秩次"，也就是顺序号、名次。但此操作不会改变数据的顺序，这是个案排秩与个案排序的一个重要区别。

排秩的方法有很多，其中常用的包括：①按照大小顺序给出整数名次，即 1，2，3……；②按照百分位数给出百分比名次。前者是一种"绝对"名次，后者是一种"相对"名次。当比较来自不同数据总体中的个案时，采用相对名次更有说服力。例如，有 2 个班级，各有 10 名和 100 名同学。2 个班级使用不同试卷进行了一次考试。每个班级成绩最高的同学，按照绝对名次都是第一名，但显然这 2 个第一名的"含金量"是不同的。如果

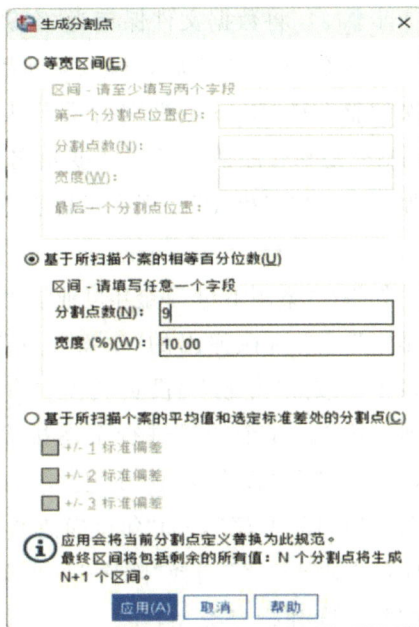

图 1-38　"生成分割点"对话窗口（等比分箱）

按照百分比排名，第一个班级的第一名的百分比排名是 10%，而第二个班级第一名的百分比排名是 1%。显然，成为第二个班级的第一名难度更大。因此，如果只是比较同一个班级内部学生的成绩高低，用绝对数名次就可以；但如果比较来自 2 个人数不同的（且采用不同试卷考试）班级的学生成绩高低，用百分比名次会更合适。

案例 1-14：个案排秩。

在案例 1-14 中，在各个年度和不同的基金类别内，将基金依据"年度净值增长率"进行排秩，排秩时采用绝对名次和百分比名次。通过排秩，将更容易对基金进行比较，发现优秀的基金。

步骤 1：打开"案例 1-12 基金年度业绩表现_自动重新编码.sav"文件，依次单击"转换"→"个案排秩"。在弹出的"个案排秩"对话窗口中，"变量"选择要排秩的变量"年度净值增长率"，"依据"依次选择"年份"和"基金类型"。此操作的目的是发现优秀的基金，左下角"将秩 1 赋予"框中选择"最大值"，意味着净值增长率最高的基金的名次将是"1"。"个案排秩"对话窗口，如图 1-39 所示。

步骤 2：在"个案排秩"对话窗口单击"类型排秩"，选择"秩"与"百分比分数秩"，单击"继续"按钮，如图 1-40 所示。回到"个案排秩"对话窗口，单击"确定"按钮。

个案排秩

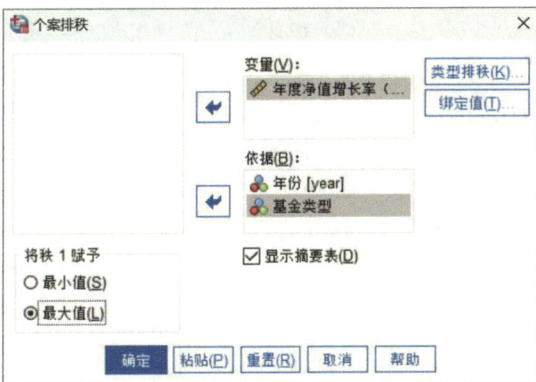

实战视频

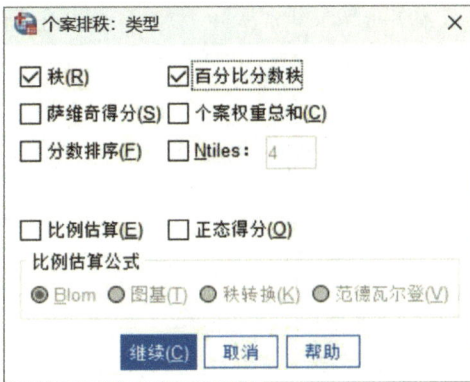

实战素材

图 1-39　"个案排秩"对话窗口

图 1-40　"个案排秩：类型"对话窗口

步骤 3：将数据文件保存为"案例 1-14 基金年度业绩表现_个案排秩.sav"。

完成案例 1-14 之后，可以看到数据文件中新生成了 2 个变量，1 个是代表绝对名次的整数秩"Rg_rate"，1 个是代表相对名次的百分比秩（单位％）"Pg_rate"。因为"g_rate"是基金净值增长率的变量名，因此整数秩和百分比秩的变量名只是在其前面加了字母"R"和"P"。现在可以看到各个年度内，每只基金在其所属投资类型中的名次。

如果在"案例 1-14 基金年度业绩表现_个案排秩.sav"文件中，依次单击"数据"→"个案排序"，然后在弹出的"个案排序"对话窗口中，按照"年份""投资类型""年度净值增长率"这 3 个变量进行个案排序。其中，"年份"和"投资类型"分组对应的"排列顺序"选择"升序"，而"年度净值增长率"对应的"排列顺序"选择"降序"，这样就可以按照年度和投资类型，将年度净值增长率最高的排到最前面，如图 1-41 所示。

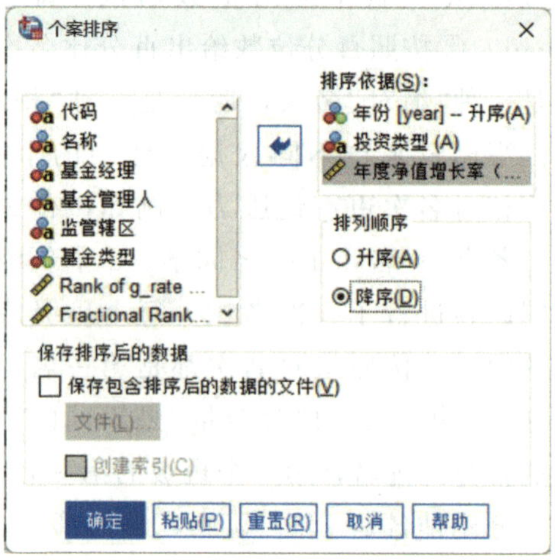

按照图 1-41 进行个案排序后再观察数据，会发现"年份"和"投资类型"分组中，"年度净值增长率"最高的排到了前面，并且与变量"Pg_rate"和"Rg_rate"所代表的

图 1-41　"个案排序"对话窗口（排序依据）

秩次完全一致。此时，可以更加直观地对基金进行比较。作进一步分析，可以对基金历年排名的平均名次及波动性进行计算，以便挑选长期表现优秀且更加稳定的基金。

实战笔记：

_____

_____

_____

_____

▶▶▶ 与时俱进：信息安全有保障，数据使用须合法

素养案例

2021 年 9 月 1 日施行的《中华人民共和国数据安全法》（以下简称《数据安全法》）作为我国第一部有关数据安全的专门法律，与 2017 年 6 月施行的《中华人民共和国网络安全法》、2021 年 11 月施行的《中华人民共和国个人信息保护法》一起，全面构筑中国信息安全领域的法律框架。

《数据安全法》中所称数据，是指任何以电子或者其他方式对信息的记录。数据处理包括数据的收集、存储、使用、加工、传输、提供、公开等。数据安全是指通过采取必要措施，确保数据处于有效保护和合法利用的状态，以及具备保障持续安全状态的能力。

根据《数据安全法》，国家保护个人、组织与数据有关的权益，鼓励数据依法合理有效利用，保障数据依法有序自由流动，促进以数据为关键要素的数字经济发展。开展数据处理活动，应当遵守法律、法规，尊重社会公德和伦理，遵守商业道德和职业道德，诚实守信，履行数据安全保护义务，承担社会责任，不得危害国家安全、公共利益，不得损害个人、组织的合法权益。

（资料来源：根据央广网、央视新闻客户端的相关报道整理）

解析：党的十八大以来，习近平主席始终高度重视数字经济发展，作出了一系列重大决策部署。从"互联网＋"行动、国家大数据战略、智慧城市等具体举措，到加快 5G、人工智能等新型基础设施建设，再到"'十四五'规划纲要"关于"加快推动数字产业化"的战略规划，数字经济在国民经济中的地位不断提升，成为经济增长的新引擎。数字经济的健康发展，离不开数据安全。《数据安全法》为数字经济的发展确立了规矩和原则。具备数据安全意识将是每个社会公民的一项基本素质。

素养训练

2020 年 9 月 17 日，习近平总书记在基层代表座谈会上的讲话中指出："我国已进入高质量发展阶段，经济发展前景向好，同时发展不平衡不充分问题仍然突出，实现高质量发展还有许多短板弱项。"

请在中国国家统计局网站查询并下载 2023 年我国（除港澳台外）各省、自治区、直辖市的地区生产总值数据，并完成以下任务。

（1）依据地区生产总值由大到小进行排序，生成表示绝对名次的变量，命名为"Rg_gdp"，标签设置为"××地区生产总值绝对名次"。

（2）依据人均国内生产总值由大到小进行排序，生成表示绝对名次的变量，命名为"Rg_gdp2"，标签设置为"××人均国内生产总值绝对名次"。

（3）尝试分别从"××地区生产总值"与"人均国内生产总值"2 个角度，对各地区的经济发展状况进行对比和评价。

AI 田地

仅以本项目的内容为例，学会向 AI 工具恰当地提问。扫描二维码，查看如何使用"DeepSeek"辅助学习本项目的重难点。

DeepSeek

▶▶ 学以致用：客观题测试、综合实训

1. 简述数据测量尺度的分类与特征。

2. 采用文件"上证指数月度数据1991—2023.xlsx"中的数据，用 SPSS 计算上证指数月度收益率的样本均值、样本方差及样本标准差。

3. 采用文件"上证指数月度数据1991—2023.xlsx"中的数据，画出月度收益率的直方图及正态分布曲线图。

4. 从通达信证券行情软件下载沪深300指数最近3年的月数据。

(1)计算每个月的简单收益率与连续复合收益率。

(2)计算年化简单收益率与年化连续复合收益率。

(3)对月简单收益率作直方图，并计算其均值与标准差、变异系数，观察其与正态分布的差异。

(4)对月连续复合收益率作直方图，并计算其均值与标准差、变异系数，观察其与正态分布的差异。

注：$月简单收益率 = \dfrac{当月收盘价 - 上月收盘价}{上月收盘价} \times 100\%$

$月连续复合收益率 = \ln\left(\dfrac{当月收盘价}{上月收盘价}\right)$

$年化简单收益率 = 月简单收益率 \times 12$

$年化连续复合收益率 = 月连续复合收益率 \times 12$

5. 打开数据文件"研究报告数量排名(202301—202312).sav"，对变量"机构家数""研究报告篇数"和"区间涨跌幅"进行分组，最后保存文件为"作业1研究报告数据分组.sav"。

6. 获取万科A(代码：000002)的月K线数据，进行清洗后，生成年份和月份变量，并计算月连续复合收益率，最后再将该文件与数据文件"练习1-3深圳成分指数月数据_月收益率.sav"合并，键变量为年和月变量，最后保存文件为"作业2万科与深圳成分指数月数据合并.sav"。

7. 打开数据文件"案例1-9上证指数月数据_生成年份变量.sav"，生成分组变量"group2"，将上证指数月连续复合收益率等比分为10组，最后另存文件为"作业3上证指数月连续复合收益率等比分箱.sav"。

8. 在数据文件"案例1-9上证指数月数据_生成年份变量.sav"中，仅保留每年最后1个月的个案，删除其他月份的个案，最后另存文件为"作业4上证指数年收盘数据.sav"。

提示：

(1)利用月数据生成年数据可以通过删除重复个案来实现。在第5题中，仅需将年份变量"year"设置为匹配个案的依据，以每组最后1个个案为主个案(默认)，然后删除掉最后1个基本个案为"0"的个案即可。

(2)删除所有重复个案之后，需要按照时间变量升序排列个案。因为在标识重复值过程中，个案顺序可能发生变动。

上篇·列信息

项目 2　描述统计与 SPSS 制图

教学前哨：导学地图、教学目标

导学地图

任务	小节	关键术语/技能
任务1 **频数与描述性统计**	1.1 理论：频数分析的目的和基本任务	关键术语： 频数、有效百分比、二分位数、四分位数
	1.2 实战：对机构数量进行频数分析	关键技能： ①频数分析的 SPSS 操作 ②频数分析结果解读
	1.3 理论：基本描述统计量	关键术语： 样本均值、样本方差、样本协方差、样本相关系数、样本偏度、样本峰度
	1.4 实战：对指数月连续复合收益率作描述统计分析	关键技能： ①描述统计分析的 SPSS 操作 ②描述统计分析结果解读
任务2 **SPSS 制图**	2.1 实战：对指数月连续复合收益率作直方图	关键技能： ①制作直方图的 SPSS 操作 ②直方图结果解读
	2.2 实战：对指数月连续复合收益率作箱型图	关键技能： ①制作箱型图的 SPSS 操作 ②箱型图结果解读
	2.3 实战：对上市企业的涨跌幅作条形图	关键技能： ①制作条形图的 SPSS 操作 ②条形图结果解读

教学目标

1. 知识目标

(1)理解基本描述统计量的含义。

(2)熟悉基本描述统计量的类别及其对数据的描述功能。

2. 能力目标

(1)运用 SPSS 进行频率分析。

(2)运用 SPSS 进行描述性统计分析。

(3)利用 SPSS 制作各种图形。

3. 素质目标

(1)善于运用数据、图表列示。

(2)培养运用基本描述统计量分析经济问题的能力。

任务驱动：任务 1、任务 2

任务 1 频数与描述性统计

1.1 理论：频数分析的目的和基本任务

1.1.1 频数分析的目的

基本统计分析往往是从频数分析开始的。频数也称频率，表示 1 个变量在不同取值下的个案数。频数分析是对 1 组数据的不同数值的频数，或者数据落入指定区域内的频数进行统计。

频数分析可以对数据的分布趋势进行初步分析，了解数据分布状况。通过频数分析，能在一定程度上反映出样本是否具有总体代表性，抽样是否存在系统偏差，并以此证明以后相关问题分析的代表性和可信性。频数分析适用的变量一般是离散型随机变量，尤其是分类变量，而非连续型随机变量。

例如，在问卷数据分析中，通常应先对此次调查的被调查者的状况，如被访者的总人数、年龄特点、职业特点、性别特征等进行分析和总结。通过这些分析，能够在一定程度上反映出样本是否具有总体代表性，抽样是否存在系统偏差等。这些可以通过频数分析来实现。

1.1.2 频数分析的基本任务

1. 编制频数分布表

频数分析的第一个基本任务是编制频数分布表。SPSS 中的频数分布表包括的内容有频数、百分比、有效百分比和累计百分比。

（1）频数

变量值落在某个区间（或某个类别）中的次数。

（2）百分比

各频数占总样本量的百分比。

（3）有效百分比

各频数占总有效样本量的百分比。

如果所分析的数据在频数分析变量上有缺失值，那么有效百分比能更加准确地反映变量的取值分布情况。有效百分比计算的是在不包含缺失值个案的所有个案中各变量取值频数的比例。

（4）累计百分比

各百分比逐级累加起来的结果，最终值为 100%。

2. 绘制统计图

频数分析的第二个基本任务是绘制统计图。统计图是一种最为直接的数据刻画方式，能够非常清晰、直观地展示变量的取值状况。

频数分析中常用的统计图包括直方图、箱型图、柱形图或条形图。

（1）直方图

直方图是用矩形的面积来表示频数分布变化的图形，适用于对数值型变量进行分析。在直方图上附加正态分布曲线，便于与正态分布比较。

（2）箱型图

箱型图又称**盒须图**、**盒式图**或**箱线图**，是用作显示 1 组数据分散情况资料的统计图。

（3）柱形图或条形图

柱形图或**条形图**是用宽度相同的条形的高度或长短来表示频数分布变化的图形，适用于对定序型和定类型变量进行分析。柱形图的纵坐标或条形图的横坐标可以表示频数，也可以表示百分比。

编制频数分析表和绘制统计图是频数分析的基本任务。除此之外，频数分析还可以计算其他重要的统计量，主要包括四分位数和其他基本描述统计量。

1.1.3 分位数

分位数（quantile）也称**分位点**，是指将 1 个随机变量的概率分布范围分为几个等份的数值点。分位数是变量在不同分位点上的取值，常用的有中位数（二分位数）、四分位数、百分位数等。SPSS 中提供了计算任意分位数的功能，用户可以指定将数据等分为 n 份。例如，如果 n 为 5，表示等分为 5 份，意味着要计算20％、40％、60％和80％分位点的分位数。用户还可以直接指定分位点。

1. 二分位数

二分位数是指将 1 个随机变量的概率分布范围分为 2 个等分的数值点。

对于有限的数集，可以通过把所有观察值高低排序，找出正中间的 1 个作为中位数。如果数据的个数是奇数，中位数＝$(n+1)/2$ 位置的个案取值，中间那个数据就是这个数集的中位数；如果数据的个数是偶数，中位数＝［位置在 $n/2$ 的个案取值＋位置在$(n/2+1)$的个案取值］/2，中间那 2 个数据的算术平均值就是这个数集的中位数。

举例1：6、3、2、4、5 这 5 个数，从小到大排列为 2、3、4、5、6。中间位置为$(5+1)/2＝3$，第三个数是 4，中位数就是 4，也正是处于正中间位置的个案取值。

举例2：3、4、5、6 这 4 个数，位置在 $4/2＝2$ 处个案的取值为 4，在 $4/2+1$ 处个案的取值为 5，二者的均值为$(4+5)/2＝4.5$，这就是新的中位数。

通过以上举例可以看出，对于 2、3、4、5、6，正中间位置恰是"4"所在的位置，因此中位数为"4"。对于 3、4、5、6，正中间的位置不是"4"和"5"所在的位置，而是在"4"和"5"位置的中间，用中位数左侧的个案取值"4"和右侧的个案取值"5"的均值来估算。这就是中位数的计算原理。

2. 四分位数

四分位数是统计学中分位数的一种，即把所有数值由小到大排列并分成 4 等份，处于 3 个分割点位置的数值就是四分位数。

第一个四分位数（Q_1）又称"较小四分位数"，等于该样本中所有数值由小到大排列后第 25％的数字；第二个四分位数（Q_2）又称"中位数"，等于该样本中所有数值由小到大排列后第 50％的数字；第三个四分位数（Q_3）又称"较大四分位数"，等于该样本中所有数值由小到大排列后第 75％的数字。

第三个四分位数与第一个四分位数的差距又称四分位距。

3. 百分位数

百分位数属于统计学术语。如果将 1 组数据从小到大排序，并计算相应的累计百分位，则某一百分位所对应数据的值就称为这一百分位的百分位数。

分位数从一个侧面清楚地刻画了变量的取值分布状态。分位数差（如四分位差等于上四分位数减去下四分位数）是一种描述数据离散程度的方式。分位数差越大，表示数据在相应分位段上的离散程度越大。

SPSS 频数分析还能够计算其他基本描述统计量，包括描述集中趋势的基本统计量、描述离散程度的基本统计量、描述分布形态的基本统计量等。

1.2　实战：对机构数量进行频数分析

1.2.1　机构数量频数分析

1. 案例介绍与分析

数据文件"研究报告数量排名"中包含了 2019 年 1 月至 10 月期间追踪 A 股上市公司的机构数量及其发布的研究报告数量的信息。利用该文件中的数据对机构数量进行分析。

分析：频数分析可以对数据的分布趋势进行初步分析，了解数据的分布情况。此案例的目的是对机构数量有一个初步分析，案例中的机构数量为离散型随机变量，适合采用频数分析。

频数分析

实战视频

实战素材

2. 操作步骤

SPSS 频数分析的基本操作步骤如下。

步骤 1：依次单击"分析"→"描述统计"→"频率"，选择"机构家数"到"变量"中，如图 2-1 所示。

步骤 2：单击"图表"按钮，选择"绘制统计图形"，出现如图 2-2 所示的窗口，选择"条形图"。

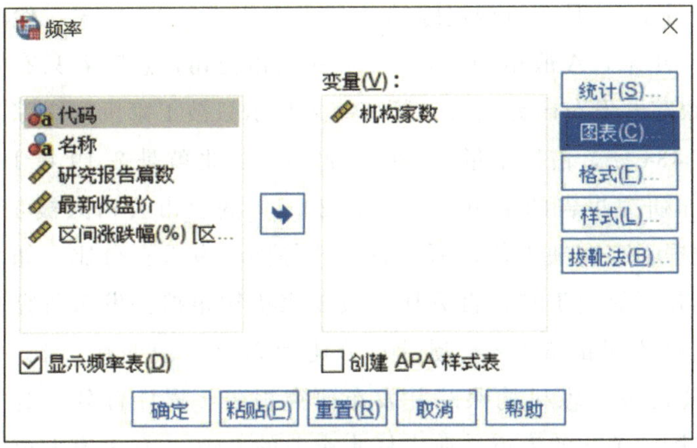

图 2-1　"频率"对话窗口

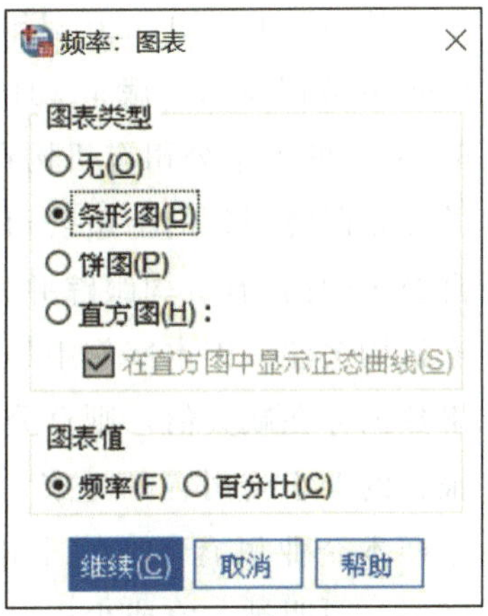

图 2-2　"频率：图表"对话窗口

3. 频数分析结果解读

SPSS 将自动编辑频数分布表并画图，结果将输出到"查看器"窗口中。分析结果如表 2-1 和图 2-3 所示。

表 2-1 机构数量频数分析表

机构数量	频率	百分比	有效百分比	累计百分比
1.000 0	434	20.4%	20.4%	20.4%
2.000 0	249	11.7%	11.7%	32.1%
...				
5.000 0	111	5.2%	5.2%	53.0%
...				
49.000 0	1	0.0%	0.0%	100.0%
总　计	2 130	100.0%	100.0%	

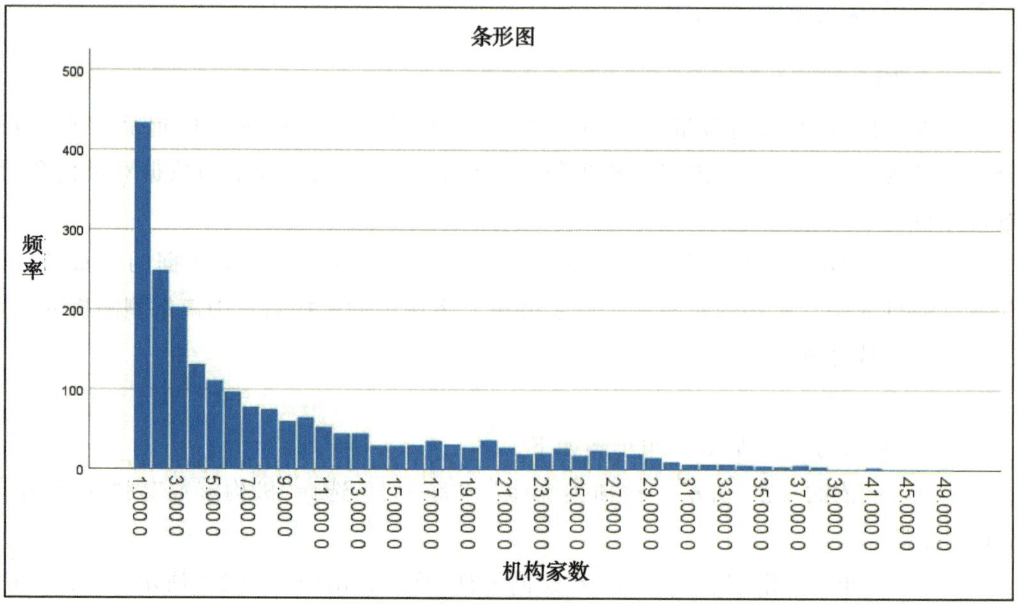

图 2-3 机构数量频数分析条形图

从表 2-1 可知，2019 年 1 月至 10 月有机构追踪的 A 股上市公司有 2 130 家。但 Choice 数据显示，截至 2019 年年末，A 股市场共有 3 760 家上市公司，意味着只有 56.65% 的上市公司有机构在跟踪并发布研究报告。频率结果显示只被 1 家机构跟踪并发布研究报告的上市公司有 434 家，占样本量 2 130 的 20.4%，也就是 2019 年 1 月至 10 月在有机构跟踪并发布研究报告的上市公司里有 20.4% 的上市公司只被 1 家机构关注。因本案例中的数据不存在缺失值，所以百分比等同于有效百分比；如果数据存在缺失值，则百分比并不等同于有效百分比。被 5 家机构跟踪并发布研究报告的上市公司有 111 家，占样本量的 5.2%，累计百分比为 53%。说明在 2 130 家样本企业里有 111 家上市公司被 5 家机构跟踪并发布研究报告。累计百分比为 53%，说明被 5 家或少于 5 家机构关注的上市企业占样本企业的 53%。有 1 家上市公司被 49 家机构关注，查看原始数据可知被 49 家机构跟踪并发布了研究报告的企业是贵州茅台，在此研究期间总共发布了 239 份研究报告。

频数分析结果呈现了"两多两少"的特点，即多数公司仅有很少的机构在关注，仅有 1 家研究机构关注的上市公司占比达到 20.4％，超过 50％的公司仅有不到 5 家研究机构关注，结果显示大部分上市公司吸引的研究机构的关注相对较少；同时只有极少的公司能引起众多研究机构的关注，有 40 家以上研究机构的公司占比仅 0.4％，而这些吸引了大部分机构关注的就是市场上的"明星股"，机构扎堆跟踪研究这些股票。此外，图 2-3 显示，随着研究机构数量的增多，上市公司数量呈现明显的下降趋势。

实战笔记：

_____

_____

_____

1.2.2　机构数量四分位数分析

1. 案例介绍与分析

分析：上一案例中已经对机构数量进行了频数分析，了解了机构数量的分布趋势。如果想对机构数量作进一步分析，可以选择对机构数量进行四分位数分析。

2. 操作步骤

SPSS 四分位数的基本操作步骤如下。

步骤 1：依次单击"分析"→"描述统计"→"频率"，选择"机构家数"到"变量"中。

步骤 2：在图 2-1 所示的窗口中单击"统计"按钮，选择"四分位数"，如图 2-4 所示。

四分位数分析

实战视频

实战素材

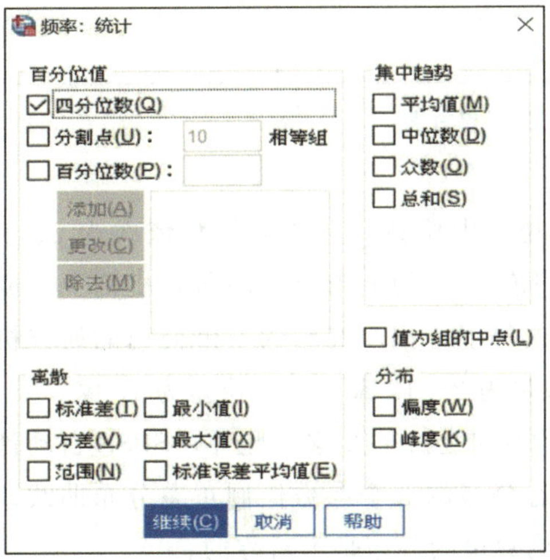

图 2-4　"频率：统计"对话窗口 　　　图 2-5　"频率：图表"对话窗口

步骤 3：在图 2-1 所示的窗口中单击"图表"按钮，选择"直方图"，如图 2-5 所示。

分析结果如表 2-2 和图 2-6 所示。

表 2-2　机构数量的四分位数

统计量	数值	
平均值	8.520 188	
中位数	5.000 000	
标准差	8.764 055	
百分位数	25	2.000 000
	50	5.000 000
	75	12.000 000

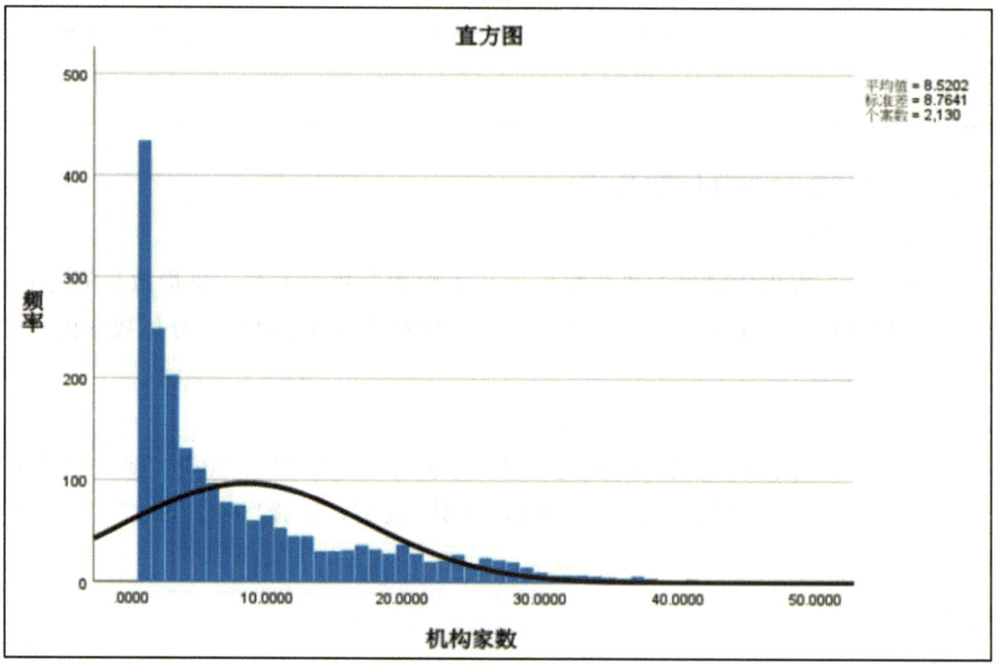

图 2-6　机构数量直方图

3. 四分位数分析结果解读

由表 2-2 可知，机构数量的下四分数位、中位数、上四分位数依次为 2、5 和 12，表明被机构追踪的 2 130 家上市公司里有 25％的上市公司的研究机构少于或等于 2 家，50％的上市公司的研究机构少于或等于 5 家，25％的上市公司的研究机构超过 12 家，50％的上市公司的研究机构数量为 2～12 家，四分位差为 10 家。

图 2-6 显示大部分上市公司的研究机构数量为 2～12 家。此外，SPSS 自动计算机构数量的均值和标准差，并将其作为正态分布的 2 个参数绘制正态分布曲线。通过与正态分布曲线进行对比，容易发现机构数量的分布是不对称的。

实战笔记：

_____

_____

_____

_____

1.3　理论：基本描述统计量

随机变量的均值、方差等数字特征，只有在掌握全部总体数据的情况下，才能计算。在实际操作中，总体数据的获得往往非常困难。比如，要知道资产的月收益率均值，就必须收集到过去、现在、未来该资产所有的月度收益率才能进行均值计算，这显然是不可能的。比较常见的情况是只能收集总体的部分样本，如可以收集某资产过去部分月份的月度收益率，这就构成了该资产月度收益率数据总体中的 1 个样本。为了能从样本中提取关于总体的数字特征信息，统计学家们引入"统计量"这一概念。统计量就是样本的函数，是根据样本数据计算得到的。

通过频数分析把握了样本数据的分布状况后，通常还需要对数值型数据的分布特征有更为精确的认识，这就需要通过计算基本描述统计量等途径实现。基本描述统计量就是可以反映或者描述数据分布特征的一些常用统计量。例如，对上证指数、深圳成分指数月连续复合收益率，可以计算样本均值、样本标准差、样本偏度、样本峰度等基本描述统计量，从而进一步准确把握样本数据的集中趋势、离散趋势和分布形态。

1.3.1　样本均值与样本方差

设 $\{X_1，X_2，X_3，\cdots，X_n\}$ 为随机变量 X 在 n 个样本单位上的取值。其算术平均值称为样本均值，一般用 $\overline{X}$ 表示，计算方法如下：

$$\overline{X}=\frac{X_1+X_2+\cdots+X_n}{n}=\frac{1}{n}\sum_{i=1}^{n}X_i \tag{2-1}$$

随机变量 X 的样本方差一般用 S^2 表示，计算方法如下：

$$S^2=\frac{\sum_{i=1}^{n}(X_i-\overline{X})^2}{n-1} \tag{2-2}$$

式中：n 是样本容量，表示样本中含多少个个体。

样本方差的算术平方根，称为样本标准差，记为 S。

$$S=\sqrt{S^2} \tag{2-3}$$

多数情况下，不能或者没有必要为了获得总体数据而大费周章，仅仅通过获得部分样本来计算样本均值和样本方差就足够了。当样本容量很大时，样本均值、样本方差同总体均值、总体方差将非常接近。

表 2-3 给出了 1～6 月 A 股票和 B 股票的月度收益率，这可以看作 A 股票和 B 股票月度收益的 1 个样本。采用 Excel 或者 SPSS 计算 A 股票和 B 股票的月度收益率的样本均值、样本方差及样本标准差。在 Excel 中，可以通过 var.p() 函数求总体方差，通过 average() 函数求样本均值，通过 var.s() 函数求样本方差，通过 stedv.s() 函数求样本标准差，或者通过"数据"→"数据分析"→"描述统计"来求样本均值与方差、标准差；而在 SPSS 中，通过"分析"→"描述统计"→"描述"来求以上数据。

表 2-3　1～6 月 A 股票和 B 股票的月度收益率

月份	1 月	2 月	3 月	4 月	5 月	6 月
A 股票月度收益率	5％	1％	−3％	20％	5％	−2％
B 股票月度收益率	10％	8％	15％	−6％	−5％	−10％

进一步地，可以通过样本标准差与样本均值之比 $\left(\dfrac{S}{\overline{X}}\right)$，得到随机变量 X 的样本变异系数。

1.3.2　样本协方差与样本相关系数

根据样本数据，可以计算 2 个随机变量之间的样本协方差与样本相关系数。假定 2 个随机变量分别为 X 与 Y，在 n 个样本单位上的取值分别是 $\{X_1, X_2, X_3, \cdots, X_n\}$ 与 $\{Y_1, Y_2, Y_3, \cdots, Y_n\}$，2 个随机变量之间的样本协方差用 S_{XY} 表示，样本相关系数用 r_{XY} 表示。样本协方差与样本相关系数的计算方法如下：

$$S_{XY} = \frac{\sum_{i=1}^{n}(X_i - \overline{X})(Y_i - \overline{Y})}{n-1} \tag{2-4}$$

$$r_{XY} = \frac{S_{XY}}{S_X S_Y} \tag{2-5}$$

式中：n 是样本容量，$\overline{X}$ 与 $\overline{Y}$ 分别是随机变量 X 与 Y 的样本均值，S_X 与 S_Y 分别是随机变量 X 与 Y 的样本标准差。

样本协方差与样本相关系数，可以反映样本数据中不同随机变量之间的相关程度，从而间接反映总体之间相关性。在 Excel 中，可以通过 covariance.s()函数求样本协方差，通过 corre()函数求 2 个随机变量的样本相关系数，或者通过"数据"→"数据分析"→"相关系数（协方差）"求相关系数和协方差；而在 SPSS 中，通过"分析"→"相关"→"双变量"来求以上统计量。

1.3.3　样本偏度与样本峰度

基于样本数据，可以计算总体分布的偏度与峰度在样本上的估计值，分别称为样本偏度（样本偏度系数）与样本峰度（样本峰度系数）。

样本偏度的计算方式为：

$$样本偏度 = \frac{\sum_{i=1}^{n}(X_i - \overline{X})^3}{S_X{}^3(n-1)} \tag{2-6}$$

样本峰度的计算方式为：

$$样本峰度 = \frac{\sum_{i=1}^{n}(X_i - \overline{X})^4}{S_X{}^4(n-1)} \tag{2-7}$$

式中：n 为样本容量，$\overline{X}$ 是随机变量 X 的样本均值，S_X 是随机变量 X 的样本标准差。$\dfrac{\sum_{i=1}^{n}(X_i - \overline{X})^3}{n-1}$ 与 $\dfrac{\sum_{i=1}^{n}(X_i - \overline{X})^4}{n-1}$ 又称随机变量 X 的样本 3 阶中心矩与样本 4 阶中心矩。将样本峰度减去 3，可以得到样本超值峰度。

根据样本偏度和样本峰度这 2 个指标，可以判断数据的分布是否满足正态性，进而评价平均数指标的使用价值。一般情况下，对于一个偏态分布、肥尾分布特征很明显的数据序列来说，平均数这个指标极易令人误解数据序列分布的集中位置及其集中程度，因此使用起来要极其谨慎。

除了以上常见的基本描述统计量外，样本中位数、样本众数、样本全距等也较为常用。其计算方式与对应的总体数字特征计算方式相同，仅需要把总体单位数替换为样本单位数即可。

基本描述统计量可以视为样本的函数，随着样本容量的增加，基本描述统计量将逐步趋近于总体相对应的数字特征。

在实际应用过程中，当使用样本的基本描述统计量时，出于方便考虑，经常会略掉"样本"二字。此时应当谨记，计算得到的均是样本统计量。

1.4　实战：对指数月连续复合收益率作描述统计分析

1.4.1　案例介绍与分析

利用"沪深月数据合并.sav"数据，了解上证指数、深圳成分指数月连续复合收益率的分布特点。

分析：对上证指数、深圳成分指数月连续复合收益率计算均值、标准差、偏度、峰度等数据，可以进一步准确把握数据的集中趋势、离散趋势和分布形态。因此，本案例选择对上证指数、深圳成分指数月连续复合收益率进行描述统计分析。

描述统计分析

实战视频

实战素材

1.4.2　操作步骤

SPSS 计算基本描述统计量的基本操作如下。

步骤 1：依次单击"分析"→"描述统计"→"描述"，选择需要计算的数值型变量到"变量"中。此案例选择变量"上证指数月连续复合收益率"和"深圳成分指数月连续复合收益率"，如图 2-7 所示。

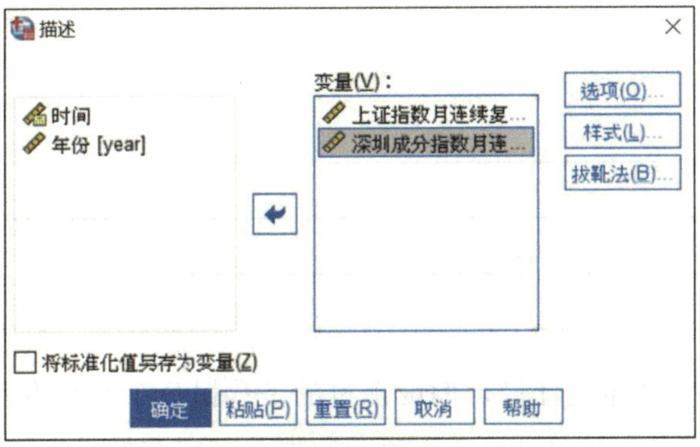

图 2-7　"描述"对话窗口 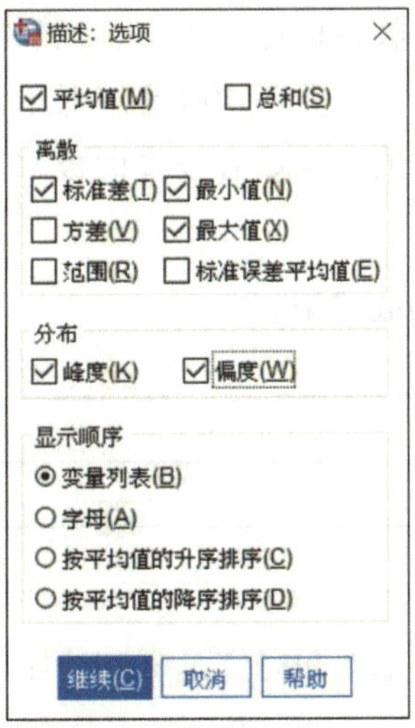　　　　图 2-8　"描述：选项"对话窗口

步骤 2：单击"选项"按钮，指定计算的基本描述统计量，选择"平均值""标准差""最小值""最大值""峰度"和"偏度"，如图 2-8 所示。

SPSS 自动计算所选变量的基本描述统计量并显示到"查看器"窗口中，分析结果如表 2-4 所示。

表 2-4　上证指数、深圳成分指数月连续复合收益率基本描述统计量

数据	个案数 统计	最小值 统计	最大值 统计	平均值 统计	标准差 统计	偏度		峰度	
						统计	标准误差	统计	标准误差
上证指数月 连续复合 收益率	335	−0.37	1.02	0.007	0.121	2.566	0.133	22.006	0.266

数据	个案数 统计	最小值 统计	最大值 统计	平均值 统计	标准差 统计	偏度		峰度	
						统计	标准误差	统计	标准误差
深圳成分指数 月连续复合 收益率	335	−0.30	0.63	0.008	0.108	1.117	0.133	4.860	0.266

1.4.3 描述性统计结果分析

由表 2-4 可知，从 1991 年 5 月到 2019 年 9 月上证指数月连续复合收益率的最大值为 1.02，最小值为−0.37；深圳成分指数月连续复合收益率的最大值为 0.63，最小值为−0.30。上证指数月连续复合收益率的全距为 1.39，深圳成分指数月连续复合收益率的全距为 0.93，可知上证指数的离散程度超过深圳成分指数。

上证指数的月连续复合收益率样本的平均值为 0.007，折合成年化收益率就是8.4%；而深圳成分指数月连续复合收益率的均值达到了 0.008，超过上证指数。

标准差衡量的是数据的离散程度，标准差越大，表明数据的波动越大。结果显示，上证指数的标准差是 0.121，深圳成分指数的标准差是 0.108，上证指数的月连续复合收益率的标准差大于深圳成分指数。在金融数据统计分析中经常用收益率的标准差来衡量风险，用连续收益的平均值来衡量期望的收益。通常认为，风险越大，期望收益也应该越高。但从样本的数据来看，上证指数的风险要大于深圳成分指数，上证指数的平均收益率低于深圳成分指数的平均收益率。这可能是由于样本量太小，或者上证指数有较多的极端值。

实战笔记：

_____

_____

_____

_____

偏度和峰度是刻画分布形态的描述统计量，偏度衡量的是数据分布的对称程度。偏度大于 0，表示数据分布向右偏斜；偏度小于 0，表示数据分布向左偏斜。在这个案例中，不管是上证指数还是深圳成分指数，月收益率都是明显右偏。右偏表示数据集中有一些极大的数值，导致整个分布向右倾斜，均值左边的个案数实际上要超过右边的个案数。峰度衡量的是数据分布的陡峭程度，上证指数月连续复合收益率峰度为 22.006，深圳成分指数月连续复合收益率的峰度为 4.860，可知上证指数和深圳成分指数月收益率数据的分布比正态分布更陡峭，为尖峰分布，意味着和正态分布相比，峰值更高、尾部更厚，即极端值更多。上证指数月连续收益率的峰度要大于深圳成分指数月连续收益率的峰度。

任务 2　SPSS 制图

为了更直观地理解描述统计分析结果，发现数据之间的关系、趋势和模式，SPSS 提供了多种制图工具，如气泡图、箱型图、饼图等，这些都是进行数据可视化的重要工具。

统计图形是用点的位置、线段的高低、直条的长短或面积的大小等描绘统计数据的一种形式。这些图形清晰明了、简单易懂，有利于用户分析统计问题。在 SPSS 中的"图形"菜单下，有"图表构建器""图形画板模板选择器""威布尔图""比较子组""回归变量图"及"旧对话框"（包括条形图、三维条形图等），用户可以直接选择其中的统计图形，根据对话框的提示进行操作，绘制图形。

2.1　实战：对指数月连续复合收益率作直方图

直方图（histogram）又称质量分布图，是一种统计报告图，也是数值数据分布的精确图形表示。直方图适用于连续型变量，x 轴为连续型变量，而 y 轴为相对变量取值的频数。

直方图分为简单直方图、堆积直方图及总体锥形直方图等。

2.1.1　制作简单直方图

1. 案例介绍与分析

简单直方图由一系列高度不等的纵向条纹或线段表示数据分布的情况，能直观地反映数据的分布情况。

利用"沪深月数据合并.sav"数据，对上证指数月连续复合收益率作图，以便直观了解上证指数月连续复合收益率的分布情况。

分析：本案例中对上证指数月连续复合收益率作简单直方图。

2. 操作步骤

SPSS 制作简单直方图的基本操作如下。

步骤 1：依次单击"图形"→"图表构建器"→"直方图"，再双击"简单直方图"，选择"上证指数月连续复合收益率"为 x 轴，默认频率为 y 轴，如图 2-9 所示。

制作简单直方图

实战视频

实战素材

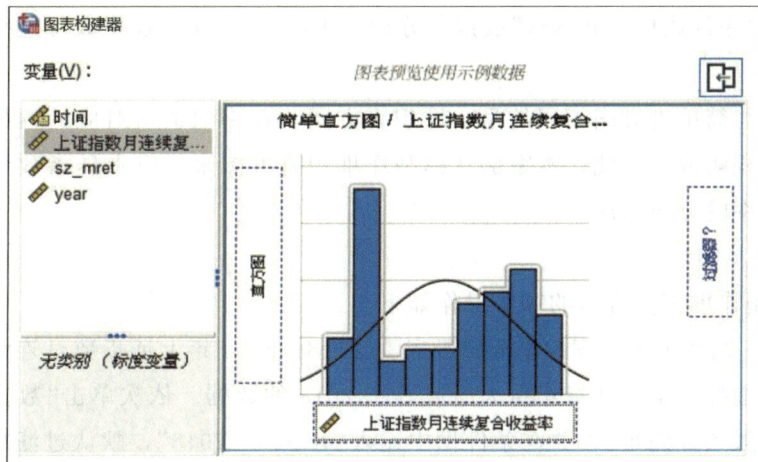

图 2-9　"图表构建器"的直方图窗口

步骤 2：如果需要添加正态曲线以帮助判断变量的正态性，则在"元素属性"里勾选"显示正态曲线"，如图 2-10 所示。最后单击"确定"按钮，就可以得到上证指数月连续复合收益率的简单直方图，如图 2-11 所示。

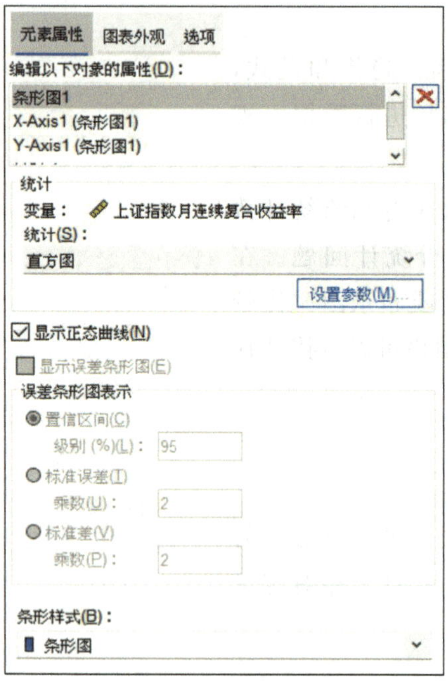

图 2-10 "元素属性"对话窗口

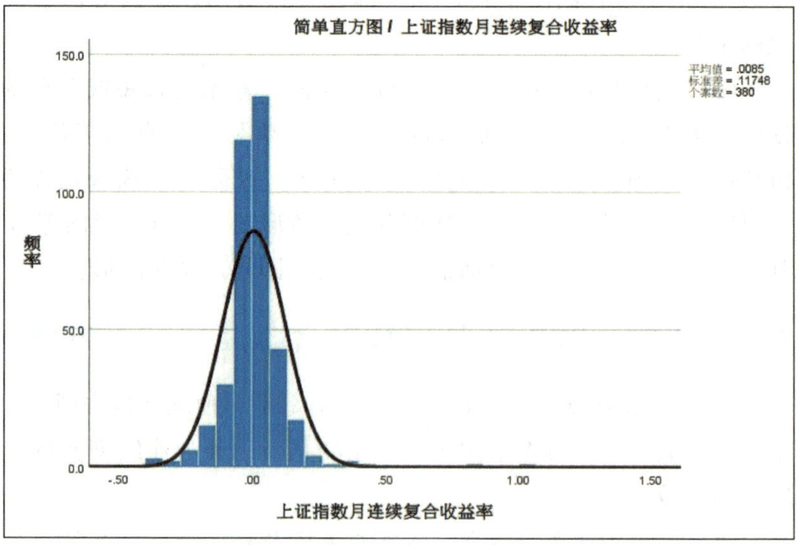

图 2-11 上证指数月连续复合收益率简单直方图

3. 简单直方图结果解读

图 2-11 结果显示，上证指数月连续复合收益率在 −0.5 左侧没有个案，在 0.5 的右侧还有个案取值，说明右侧的极大值多于左边的极小值，是右偏的。上一任务的描述性统计结果显示偏度的统计量为 2.566，也为右偏。在图 2-11 中，黑色的线为标准正态分布曲线。与正态曲线相比，上证指数月连续复合收益率直方图更陡峭，说明上证指数月连续复合收益率的极端值为尖峰分布。描述性统计结果中峰度的统计量为 22.006，证实了上证指数月连续复合收益率为尖峰分布。

2.1.2 制作堆积直方图

堆积直方图常用来展示无序或有序分类变量中连续变量的分布特征。

1. 案例介绍与分析

利用"沪深月数据合并.sav"数据，分析 2018—2022 年上证指数月连续复合收益率的分布情况。

分析：与简单直方图不同的是，堆积直方图收益率取值所对应的频数可以按不同的分类堆积频数。因此，本案例选择制作堆积直方图来了解上证指数近 5 年月连续复合收益率的分布情况。

2. 操作步骤

SPSS 制作堆积直方图的基本操作如下。

步骤 1：选择个案。案例里面需要的是 2018—2022 年上证指数月连续复合收益率，所以先选择个案，选择年份大于或等于 2018 的数据。依次单击"数据"→"选择个案"→"如果条件满足"，并在条件框中输入"year≥2018"，默认过滤掉未选定的个案即可。这样就选取了 2018—2022 年上证指数月连续复合收益率数据。

制作堆积直方图

实战视频

实战素材

步骤 2：制作堆积直方图。依次单击"图形"→"图表构建器"，再双击"堆积直方图"，选择"上证指数月连续复合收益率"为 x 轴，默认频率为 y 轴。与简单直方图相比，堆积直方图需要设置堆积颜色。本案例将"年份"这一变量拖入"变量"框，但应注意，"年份"这一变量需要设置成有序变量，因为标度变量是拖拽不过来的。在"元素属性"中勾选"显示正态曲线"，如图 2-12 所示。

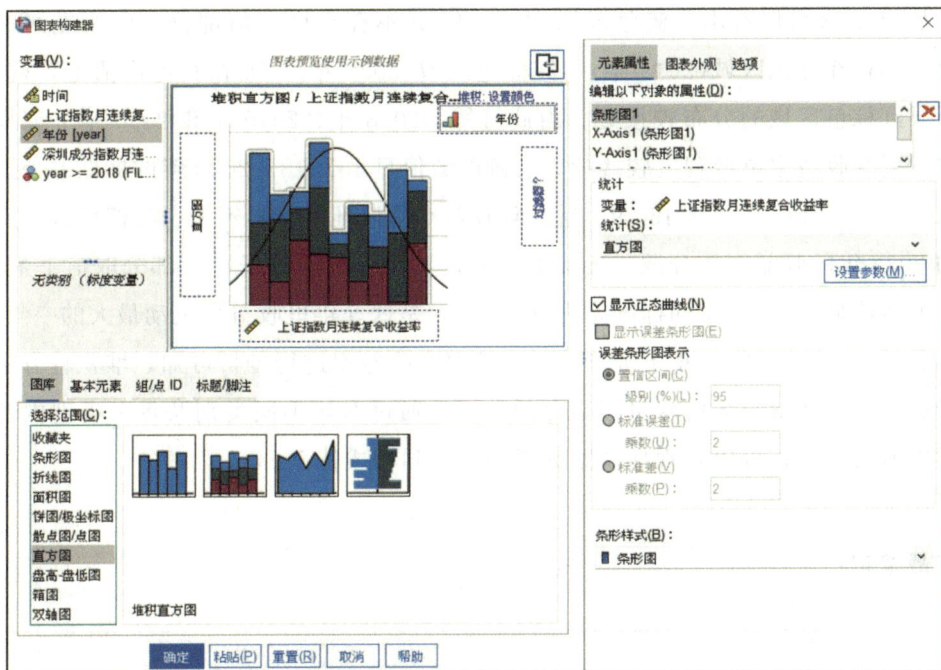

图 2-12　"图表构建器"的堆积直方图窗口

步骤 3：单击"确定"按钮，得到如图 2-13 的结果。

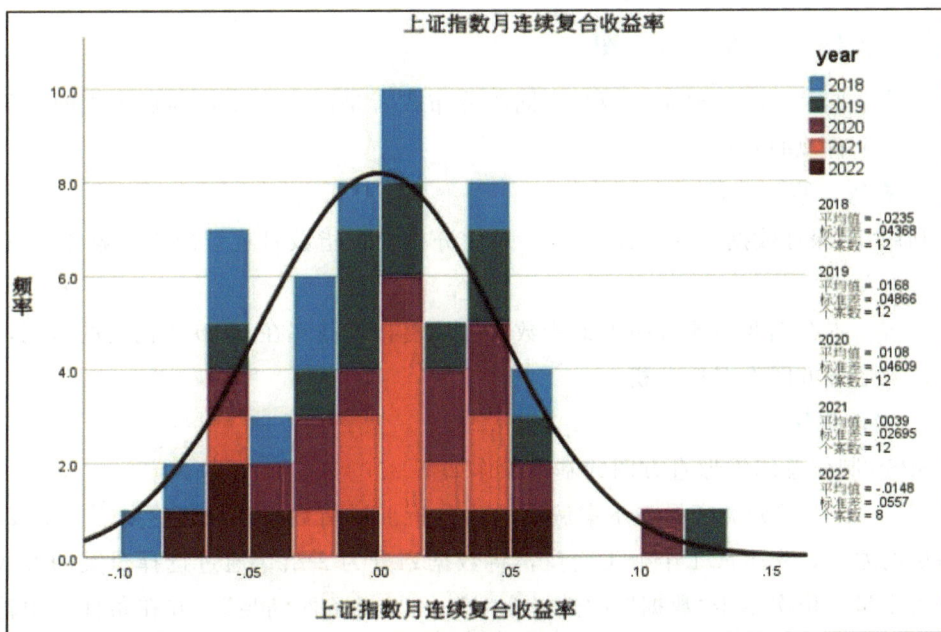

图 2-13　2018—2022 年上证指数月连续复合收益率堆积直方图

3. 堆积直方图结果解读

与上证指数月连续收益率的简单直方图相同，堆积直方图的横坐标为上证指数月连续复合收益率，纵坐标为收益率取值的频数。与简单直方图不同的是，堆积直方图收益率取值所对应的频数是按不同年份频数堆积的。在图 2-13 中，黑色曲线是标准正态分布曲线，橙色区域（2021 年）离均值更近，也更集中在均值附近。从右边的注释可以看出，2021 年的标准差为 0.026 95，是这 5 年里的最小值，说明 2021 年收益率的离散程度最小，更加集中在均值附近。

从图 2-13 可以看出，蓝色区域（2018 年）并不存在极大值部分，而在左侧的极小值中不存在绿色区域（2019 年）和红棕色区域（2020 年）。而在其他取值上，蓝色、绿色、红棕色区域的分布较接近。由此可知，2018 年、2019 年和 2020 年上证指数月连续复合收益率离散程度较接近，右侧的数值显示 2018—2020 年的标准差分别为 0.043 68、0.048 66 和 0.460 9。这 3 年收益率的标准差差异不大。深棕色区域所代表的 2022 年的收益率较分散，离均值较远，且深棕色的柱子在大部分取值下最短，右侧的数值显示 2022 年的标准差为 0.055 7，是这 5 年里收益率波动最大的一年。

通过对 2018—2022 年上证指数月连续复合收益率进行分析可知，堆积直方图适用于展示分类变量与数值变量相结合的数据，通过对比不同类别及每个类别内部各子类别所占比例，可以直观地观察数据的分布和构成特点。

实战笔记：

_____

_____

_____

_____

2.1.3　制作总体锥形直方图

制作总体
锥形直方图

实战视频

实战素材

总体锥形直方图主要是对两个不同的分布或者是同一个变量前后不同时间段的分布作一个直观的对比。

1. 案例介绍与分析

利用"沪深月数据合并.sav"数据，对比分析上证指数月连续复合收益率在 2010 年前后的差别。

分析：本案例要对比分析上证指数月连续复合收益率在 2010 年前后的差别，选择总体锥形直方图作对比分析。

2. 操作步骤

SPSS 制作总体锥形直方图的基本操作如下。

步骤 1：生成分类变量。本案例要对比分析上证指数月连续复合收益率在 2010 年前后的差别，先生成 1 个分类变量，将数据划分为 2 组。通过选择个案的方式生成分类变量，依次单击"数据"→"选择个案"→"如果条件满足"，并在条件框中输入"year≥2010"，默认过滤掉未选定的个案即可。通过此操作，筛选出了 2010 年及 2010 年之后的数据。添加标签值，让 2010 年之前的数据为"0"，2010 年及 2010 年之后的数据为"1"，并将变量命名为"group"。最后再选择所有个案，这样就得到了 1 个 2010 年为"0"，2010 年及 2010 年之后的数据为"1"的分组变量。

步骤 2：制作总体锥形直方图。依次单击"图形"→"图表构建器"，双击"总体锥形直方图"，将"上证指数月连续复合收益率"拖拽到"分布变量"框，将新生成的按年份分组的分类变量拖拽到"拆分变量"。在"元素属性"中勾选"显示正态曲线"，如图 2-14 所示。

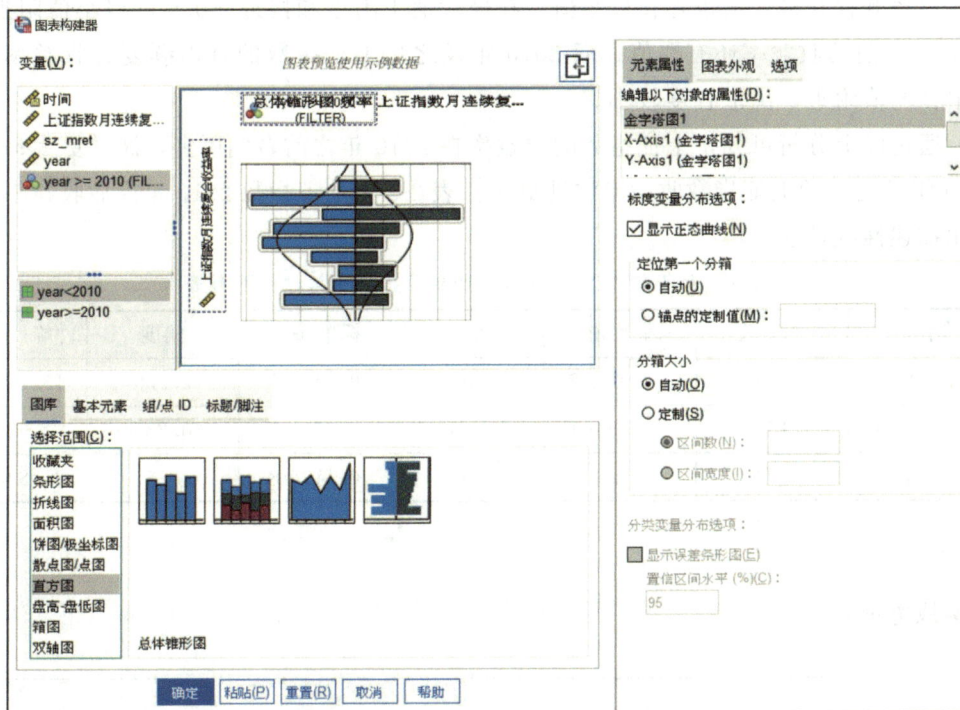

图 2-14　"图表构建器"的总体锥形直方图窗口

步骤 3：单击"确定"按钮，得到如图 2-15 所示的结果。

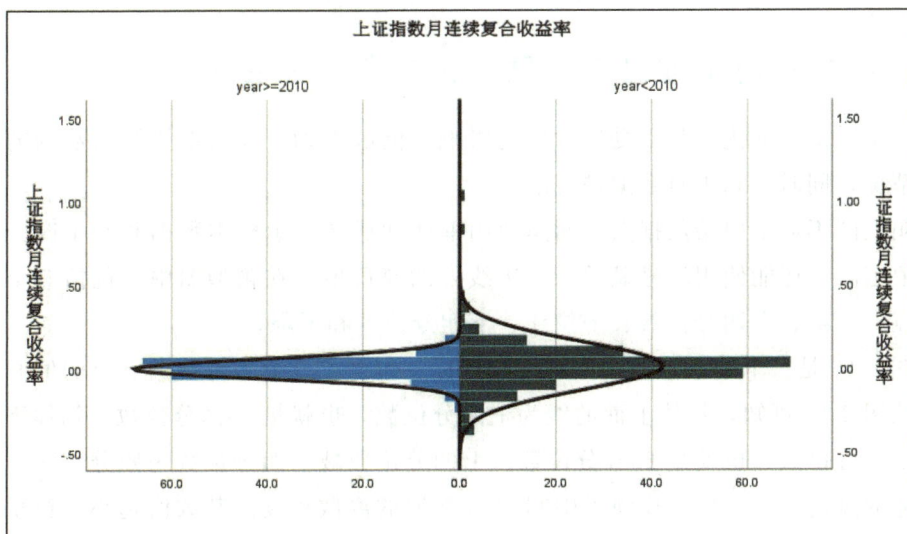

图 2-15　上证指数月连续复合收益率总体锥形直方图

3. 总体锥形直方图结果解读

在图 2-15 中，左侧是上证指数 2010 年及 2010 年之后的月连续复合收益率的直方图，右侧是上证指数 2010 年之前的月连续复合收益率的直方图，图中黑色的线是标准正态分布曲线。从均值来看，2010 年前后收益率的均值差异不大。通过比较均值可知，上证指数 2010 年之前的月连续复合收益率的均值为 0.014 2，2010 年及之

后的月连续复合收益率的均值为－0.000 1，差异不大。再来对比峰度，上证指数
2010 年之前收益率的分布比标准正态分布更陡峭，为尖峰分布；而 2010 年及之后
收益率的陡峭程度接近于正态分布。上证指数 2010 年之前的收益率峰度明显大于
2010 年及之后收益率的峰度，可知 2010 年之前的风险更大。2010 年之前上证指数
的收益率既存在极大值也存在极小值，在极大值 1 附近和接近－0.5 的极小值附近，
2010 年之前的收益率还有取值；而 2010 年及之后上证指数的月连续复合收益率更
集中在均值附近，离散程度较小。

通过以上分析可知，上证指数的收益率在 2010 年之前右偏更多，波动更大；而
2010 年及之后的上证指数收益率波动更小。表 2-5 为上证指数 2010 年前后收益率的
对比描述性统计表。

表 2-5　上证指数 2010 年前后收益率的对比描述性统计表

时间	个案数	平均值	方差	标准偏差	偏度	峰度
year＜2010	228	0.014 2	0.021	0.143 56	2.259	15.283
year≥2010	152	－0.000 1	0.004	0.059 45	－0.235	2.629
总计	380	0.008 5	0.014	0.117 48	2.557	21.840

实战笔记：

_____

_____

_____

_____

2.2　实战：对指数月连续复合收益率作箱型图

箱型图最大的优点是不受异常值的影响，能够准确、稳定地描绘出数据的离散
分布情况，同时也利于对数据进行清洗。

箱型图不显示原始数据点，而是使用框体和线条显示样本数据和基于四分位数
的数值范围，还能使用星号显示位于边线外的离群值。在箱型图中，包括 5 个关键
数据点：上限、上四分位数、中位线、下四分位数和下限。

图 2-16 是一个单系列的箱型图，数据标签包含了 5 个关键数据点位的值和平均
值。从图 2-16 可知，箱体上面的线为上四分位数，也就是 75％分位数。箱体下面的
线为下四分位数，也就是 25％分位数。上四分位数减下四分位数为四分位距，刚好
为箱体的宽度。四分位距反映了中间 50％数据的离散程度。其数值越小，箱子越扁
或越窄，说明数据分布越集中，波动性越小，越稳定；其数值越大，箱子越宽，说
明数据波动性越大，越不稳定。箱子延伸出去有 2 条竖线和 2 条横线。竖线也称触
须，一般不包括超过这个范围的数据点。如果数据分布比较集中，触须就会比较短，
反之会比较长。横线分为上限和下限，上限等于上四分位数加 1.5 倍四分位距，下
限等于下四分位数减 1.5 倍四分位距。

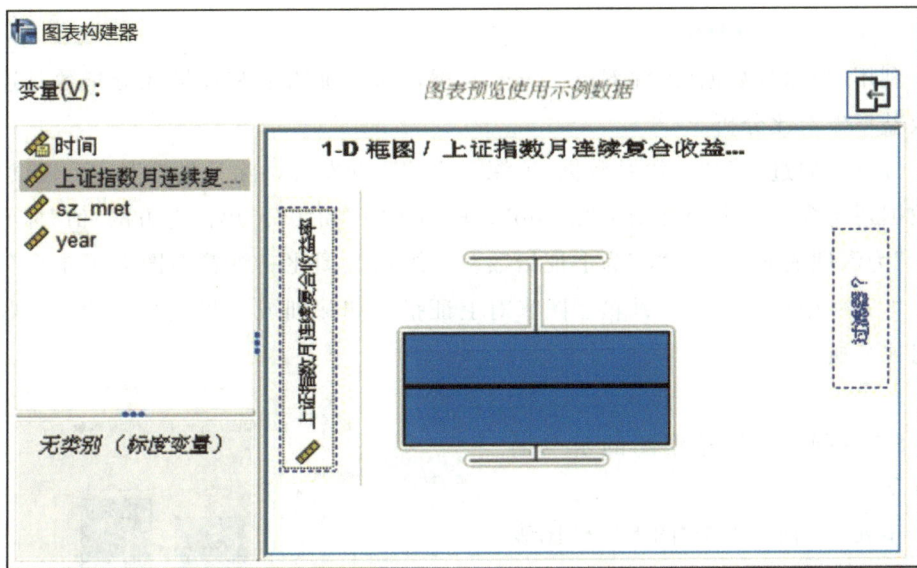

图 2-16　箱型图

箱型图分为一维箱型图、二维箱型图和群集箱图。

2.2.1　制作一维箱型图

1. 案例介绍与分析

利用"沪深月数据合并.sav"数据，直观地描绘出上证指数月连续复合收益率的离散分布情况。

分析：箱型图能够展示 1 组数据的最大值、最小值、中位数和上四分位数及下四分位数。本案例选择制作一维箱型图来描述上证指数月连续复合收益率的离散分布情况。

2. 操作步骤

SPSS 制作一维箱型图的基本操作如下。

步骤 1：依次单击"图形"→"图表构建器"，选择"箱图"，再双击"1-D 框图"，将"上证指数月连续复合收益率"拖拽到 x 轴，如图 2-17 所示。

制作一维箱型图

实战视频

实战素材

图 2-17　"图表构建器"的一维箱型图窗口

步骤2：单击"确定"按钮，得到如图 2-18 所示结果。

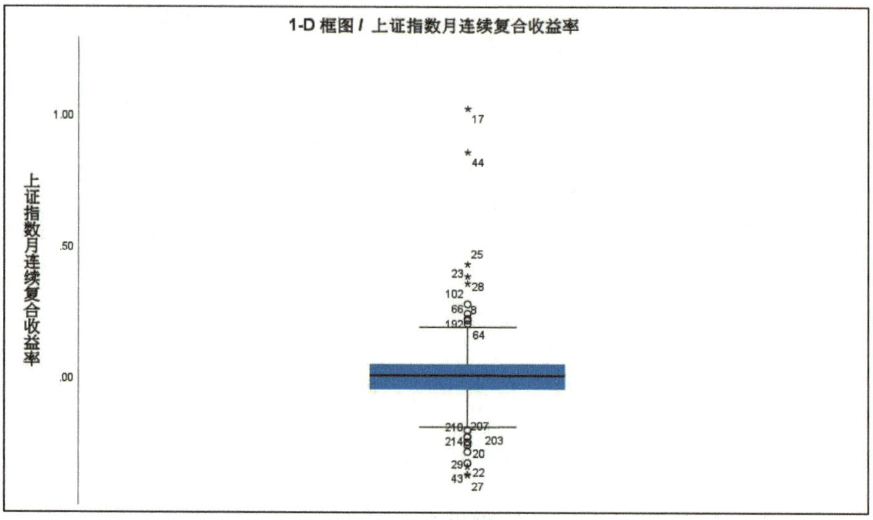

图 2-18   上证指数月连续复合收益率一维箱型图

3. 一维箱型图结果解读

在图 2-18 中，蓝色区域是箱体部分；中间黑色的粗线是中位数，数值接近 0，意味着大概有 50% 的个案是小于 0 的；箱子较窄，说明数据分布较集中，波动性小。

实战笔记：

_____

_____

_____

_____

制作二维箱型图

实战视频

实战素材

2.2.2   制作二维箱型图

1. 案例介绍与分析

利用"沪深月数据（沪深对比）.sav"数据，对上证指数和深圳成分指数月连续复合收益率作对比分析。

分析：通过观察"沪深月数据（沪深对比）"数据发现，除了收益率这个连续变量，该数据还包含了 1 个分类变量"group"，取值为"1"和"0"。单击上方的"值"标签，可知"1"为深圳成分指数，"0"为上证指数。二维箱型图比一维箱型图多了 1 个分类变量。本案例中选择制作二维箱型图来对上证指数和深圳成分指数月连续复合收益率作对比分析。

2. 操作步骤

SPSS 制作二维箱型图的基本操作如下。

步骤1：依次单击"图形"→"图表构建器"，选择"箱图"，再双击"简单框图"，将"月连续复合收益率"拖拽到 y 轴，分类变量"group"拖拽到 x 轴，如图 2-19 所示。

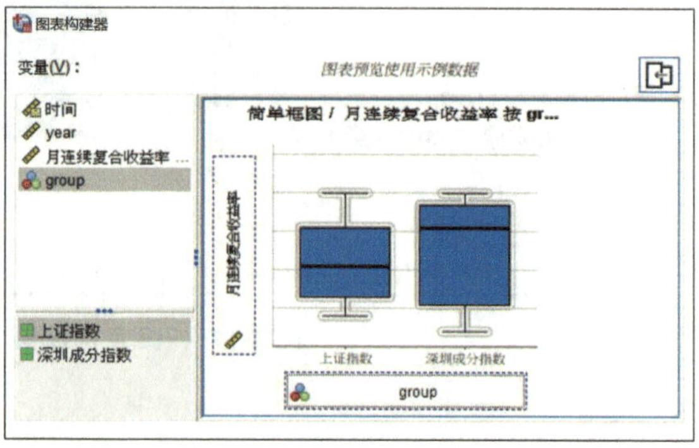

图 2-19   "图表构建器"的二维箱型图窗口

步骤 2：单击"确定"按钮，得到如图 2-20 所示结果。

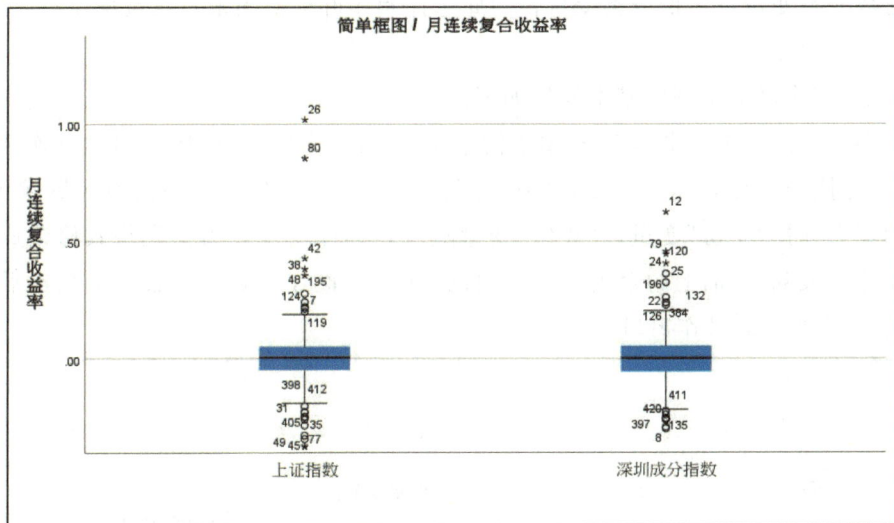

图 2-20　月连续复合收益率二维箱型图

3. 二维箱型图结果解读

在图 2-20 中，左侧为上证指数月连续复合收益率箱型图，右侧为深圳成分指数月连续复合收益率箱型图。对比 2 个箱体的均值（中位数），上证指数和深圳成分指数的均值差异不大，均在 0 左右。但仔细观察，还是可以看出上证指数月连续复合收益率的均值高于深圳成分指数月连续复合收益率的均值。再对比 2 个箱体的宽度，没有太明显的差异，但上证指数月连续复合收益率的箱体更窄一些，说明上证指数月连续复合收益率的四分位距更小。上证指数月连续复合收益率分布更集中、波动性更小，相较深圳成分指数月连续复合收益率而言更稳定。数据越集中，其峰度也应该越大，所以上证指数月连续复合收益率的峰度会大于深圳成分指数月连续复合收益率的峰度。

实战笔记：

_____

_____

_____

_____

在二维箱型图上限上方和下限下方的数值称为异常值或极端值，分为极大值和极小值。对比上证指数和深圳成分指数月连续复合收益率的极端值可以发现，上证指数的极端值更多且异常程度更大，说明上证指数收益率的极大值更大、极小值更小，偏离程度也更大，由此直观地判断出上证指数收益率的离散程度更大。

2.2.3　制作群集箱图

1. 案例介绍与分析

利用"沪深月数据（沪深对比）.sav"数据，对上证指数和深圳成分指数 2015 年及之后的月连续复合收益率作对比分析。

制作群集箱图

实战视频

实战素材

分析：本案例既涉及月连续复合收益率这一连续变量，也涉及上证指数和深圳成分指数分类变量及年份分类变量，因此选择制作群集箱图来对收益率作对比分析。

2. 操作步骤

SPSS 制作群集箱图的基本操作如下。

步骤 1：依次单击"图形"→"图表构建器"，再双击"群集框图"，将"月连续复合收益率"拖拽到 y 轴，将分类变量"group"拖拽到 x 轴。群集框图需要设置颜色。x 轴上的聚类选择"年份"变量，"年份"变量默认是标度变量，需要先将其修改成有序变量才能拖拽到"x 轴上的聚类：设置颜色"框。设置好 x 轴、y 轴上的聚类后，出现如图 2-21 所示的操作窗口。

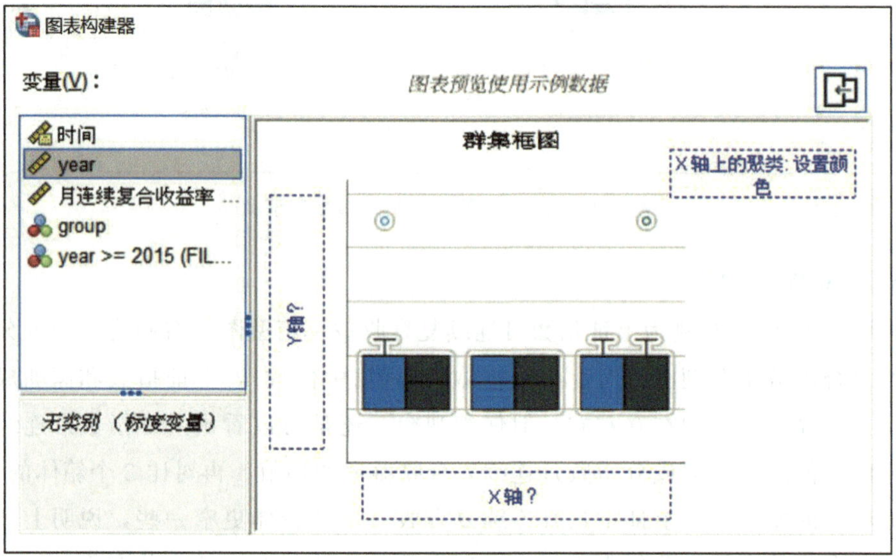

图 2-21 "图表构建器"的群集箱图窗口

步骤 2：单击"确定"按钮，得到图 2-22 所示结果。

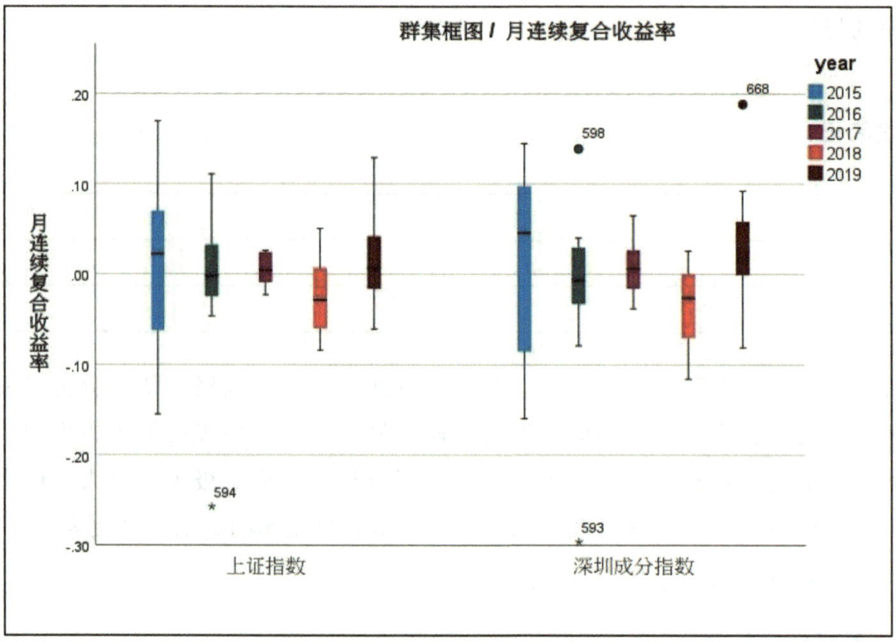

图 2-22 月连续复合收益率群集箱图

3. 群集箱图结果解读

在图 2-22 中，左侧是上证指数 2015—2019 年月连续复合收益率箱型图，右侧是深圳成分指数 2015—2019 年月连续复合收益率箱型图。以上证指数和深圳成分指数 2015 年收益率的箱型图为例，分析数据的离散程度。蓝色箱体的宽度为四分位距。由图 2-22 可知，上证指数收益率的箱体更窄，深圳成分指数收益率的箱体更宽，说明上证指数 2015 年月连续复合收益率在中位数附近更加集中，波动性更小，更稳定。

箱子延伸出去的竖线（触须）的长短反映了数据的离散程度。如果数据分布比较集中，触须就会比较短；反之会比较长，但并不是集中在均值附近。由图 2-22 可知，上证指数两端的值相对于深圳成分指数来说更多，上证指数均值附近的数据相对于深圳成分指数更集中，同时它两端的数据相对于深圳成分指数来说也更多、更分散。

实战笔记：

_____

_____

_____

2.3　实战：对上市企业的涨跌幅作条形图

条形图是用宽度相同的条形的高度或长短来表示数据多少的图形。条形图可以横置或纵置，纵置时称为柱形图。条形图有简单条形图和群集条形图等类型。

条形图和直方图都是用于表示数据分布情况的图形，但它们的绘制方式和用途有所不同。

条形图主要用于展示分类数据，通过条形的长度（或高度）来表示各类别的频数。条形图的宽度通常是固定的，可以多个类别同时显示。条形图的纵轴可以是分类变量，也可以是数值型的比例或百分比。条形图的优点是可以直接比较不同类别的频数，缺点是不易从图中看出具体数值的大小。

直方图主要用于展示数值型数据，通过面积（或高宽）来表示各组的频数分布。直方图的矩形高度表示每组的频数或频率，而宽度则表示各组的组距。直方图的优点是可以直观地看到数据的分布情况和数据的集中趋势，缺点是在某些情况下可能会出现断点或不连续的情况。

总体来说，条形图和直方图的主要区别在于它们如何表示数据的大小与分布，以及它们所适用的数据类型。条形图适用于分类数据，而直方图适用于数值型数据。二者都可以用来探索数据的分布情况，如中心位置、离散程度、偏态和峰度等。

2.3.1　制作简单条形图

1. 案例介绍与分析

利用"研究报告数量排名.sav"数据，分析上市企业在 2019 年 1 月至 10 月这段区间涨跌幅的情况。

制作简单条形图

实战视频

实战素材

分析：观察数据可知，在"研究报告数量排名.sav"数据中，区间涨跌幅变量为连续型变量。条形图适用于分类数据，因此先根据区间涨跌幅变量，重新编码为区间涨跌幅分类变量。新生成的区间涨跌幅分类变量取值分别为 1、2、3、4，涨跌幅少于－20％的数值赋值为"1"，涨跌幅在－20％和 0％之间的数值赋值为"2"，0％和20％之间的数值赋值为"3"，涨跌幅大于或等于 20％的数值赋值为"4"。

在定义分组区间时应遵循统计学上的"不重不漏"的原则。"不重"是指 1 个变量只能分在某个组中，不能在其他组中重复出现；"不漏"是指所有数据都应分配在某个组中，不能遗漏。本案例中确保"不重"的方法是采用"上限不在组内"。

2. 操作步骤

SPSS 制作简单条形图的基本操作如下。

步骤 1：依次单击"图形"→"图表构建器"，再双击"简单条形图"，将涨跌幅分类变量拖拽到 x 轴，y 轴默认是计数。简单条形图窗口，如图 2-23 所示。

步骤 2：单击"确定"按钮，得到如图 2-24 所示结果。

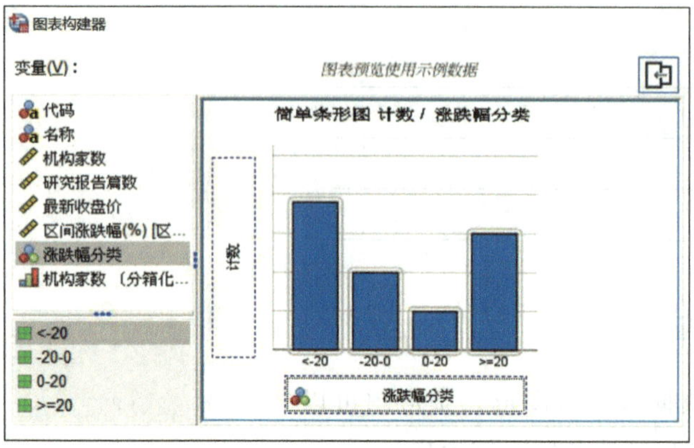

图 2-23　"图表构建器"的简单条形图窗口

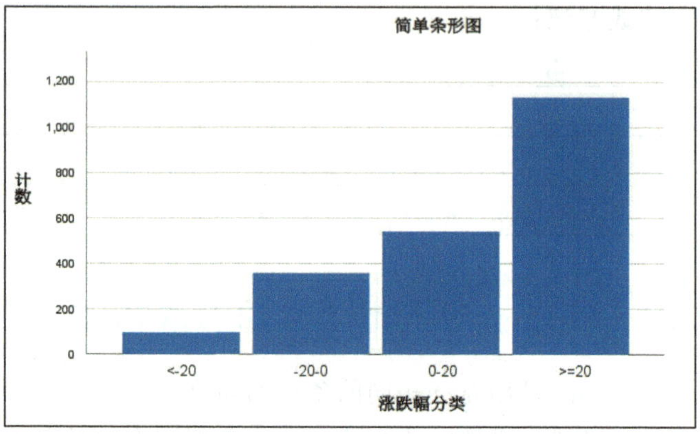

图 2-24　区间涨跌幅简单条形图

3. 简单条形图结果解读

图 2-24 显示，有机构关注的上市公司在 2019 年的前 10 个月里，跌幅在 20％以下的上市企业数量最少，大概只有不到 100 家上市企业；有近 400 家上市企业在2019 年的前 10 个月里跌幅为－20％～0％；涨幅在 0％～20％的企业数量在 550 家左右；有超过 1 100 家企业在这 10 个月里的涨幅超过了 20％。也就是说，被研究机构关注的上市企业中，有超过 50％的企业在 2019 年的前 10 个月里的涨幅超过了 20％。

实战笔记：

2.3.2　制作群集条形图

群集条形图可以显示在不同的分组下，或者说不同的样本空间下频数分布的特点。

1. 案例介绍与分析

利用"研究报告数量排名.sav"数据，对上市企业在 2019 年 1 月至 10 月的区间涨跌幅进行分析，探究较多研究机构关注的企业与较少研究机构关注的企业在这段区间涨跌幅有无差异。

分析：本案例中涉及"研究机构数量"和"区间涨跌幅"2 个变量。之前的操作中已经生成了"区间涨跌幅"分类变量。观察原始数据可知，"研究机构数量"为连续型变量。因此，先进行分组，生成"研究机构数量分类"变量。生成 2 个分类变量后就可以制作群集条形图。

2. 操作步骤

SPSS 制作群集条形图的基本操作如下。

步骤 1：依次单击"图形"→"图表构建器"，再双击"群集条形图"，将"涨跌幅分类"变量拖拽到 x 轴，y 轴默认是计数。与简单条形图相比，群集条形图还需设置 x 轴上的聚类颜色，此处选择"机构数量"分类变量。群集条形图窗口，如图 2-25 所示。

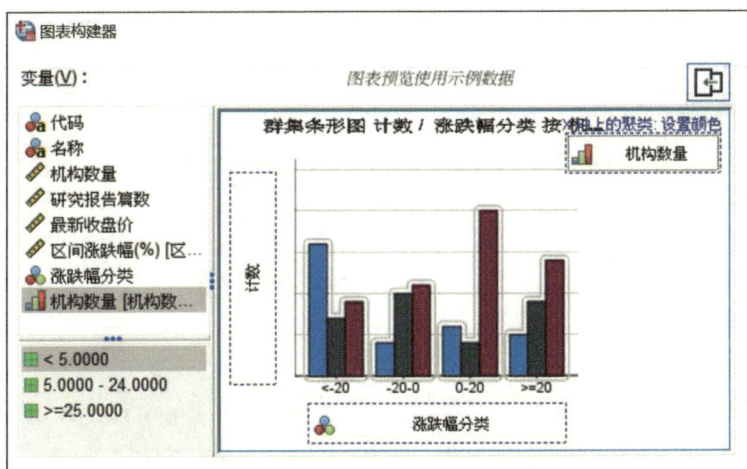

图 2-25　"图表构建器"的群集条形图窗口

步骤 2：单击"确定"按钮，得到如图 2-26 所示结果。

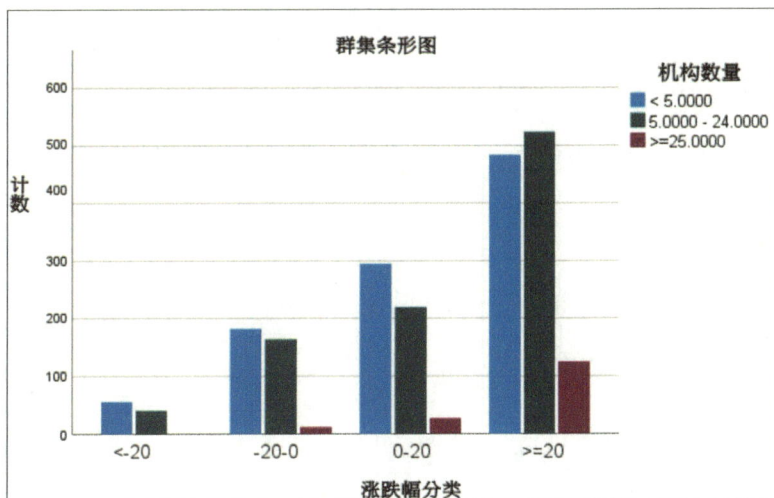

图 2-26　区间涨跌幅群集条形图

制作群集条形图
和堆积条形图

实战视频

实战素材

3. 群集条形图结果解读

本案例按照研究机构数量将上市公司分成 3 组：少于 5 家研究机构关注的企业、研究机构数量为 5～24 家的企业、超过 24 家研究机构关注的企业。这 3 组中的上市公司在 2019 年 1 月至 10 月的区间涨跌幅，由图 2-26 可知，不管是被较少研究机构关注的企业（研究机构数量少于 5），还是被较多研究机构关注的企业（研究机构数量大于或等于 25），区间跌幅在 20％以上的企业最少、占比最小；区间涨幅在 20％以上的企业数量是最多的，这与简单条形图的结论一致。

从图 2-26 可以看出，区间涨跌幅大于或等于 20％的上市企业中，数量最多的是被 5～24 家研究机构关注的企业，其次是被 5 家以下研究机构关注的企业，最少的是被超过 25 家研究机构关注的企业。而区间涨跌幅小于 20％的上市企业中，数量最多的是被 5 家以下研究机构关注的企业，其次是被 5～24 家研究机构关注的企业，最少的是被超过 25 家研究机构关注的企业。

实战笔记：

_____

_____

_____

_____

与时俱进：世界坐标中的中国经济基本面

素养案例

中国作为全球第二大经济体，已经在长期发展中形成了良好稳固的基本面。就好比一个人有了强健的体魄，免疫力也就随之增强。即便中国经济在运行中出现一些波折，其长期向好的总体趋势不会改变。从产业基础看，中国是唯一拥有联合国产业分类中全部工业门类的国家，制造业增加值占全球比重约30％、连续14年居世界首位，已经形成200多个成熟的产业集群，不论是产业体系的总体规模、完备程度还是配套能力，都能够满足社会生产力快速发展的需要，也将为优化全球生产要素配置、提高全球生产能力作出贡献。从要素禀赋看，中国的"人口红利"正向"人才红利"提升，人才资源总量、科技人力资源、研发人员总量均居全球首位；资本要素从短缺变为充裕，每年资本形成额占全球比重上升至约30％；另外，中国的数据产量巨大，数据资源丰富，是世界第二大"数据富矿"。从创新能力看，中国的全社会研发投入、高技术产业投资连续多年保持两位数增长，云计算、大数据、人工智能、区块链等新兴技术加快应用，智能终端、机器人、远程医疗等新产品、新业态不断涌现。高新技术企业数增加至约40万家，独角兽企业数量居世界第二。这些都将加快中国发展新动能的形成与壮大。从总体上看，中国正以高质量发展全面推进中国式现代化，将引领14亿多人整体迈入现代化，这是人类史上的罕见壮举，必将为中国和世界的发展提供源源不断的动力。

（资料来源：李强. 世界经济论坛2024年年会开幕式上的特别致辞［EB/OL］. 新华网，2024-01-16）

解析：描述统计是统计学的重要组成部分，与推断统计共同构成统计分析的两大支柱。描述统计的方法有频数分析、均值分析、总量分析、相对数分析、图表分析等。通过描述统计，可以对事物发展的总体状况进行直观的描述与概括，并使论证更加坚实有力。

素养训练

党的二十大报告中提出："我国经济实力实现历史性跃升。国内生产总值从五十四万亿元增长到一百一十四万亿元，我国经济总量占世界经济的比重达百分之十八点五，提高七点二个百分点，稳居世界第二位；人均国内生产总值从三万九千八百元增加到八万一千元。谷物总产量稳居世界首位，十四亿多人的粮食安全、能源安全得到有效保障。城镇化率提高十一点六个百分点，达到百分之六十四点七。"

请在中国国家统计局网站查询并下载最近20年中国国内生产总值、人均国内生产总值、谷物产量、人口普查城镇化率4个指标的数据，并完成以下任务。

（1）分别制作4个指标的时间序列图，横坐标为年份，纵坐标为指标变量。

（2）以年份为 x 轴，国内生产总值为 y 轴，人均国内生产总值为 z 轴，制作双轴折线图。

（3）综合以上图形，对中国经济最近20年的发展状况进行评价。

AI 田地

仅以本项目的内容为例，学会向AI工具恰当地提问。扫描二维码，查看如何使用"讯飞星火"辅助学习本项目的重难点。

讯飞星火

学以致用：客观题测试、综合实训

客观题测试

1. 利用"沪深月数据合并.sav"数据，对上证指数和深圳成分指数月连续复合收益率作总体锥形直方图，对比分析上证指数和深圳成分指数月连续复合收益率的差别。

2. 利用"研究报告数量排名.sav"数据，以区间涨跌幅分类变量为横轴变量，以机构数量分类变量为堆积颜色，制作上市企业在 2023 年 1 月至 12 月的区间涨跌幅的堆积条形图。

3. 导入"年个股收益率文件.txt"，并另存文件为"年个股收益率.sav"。提取 2023 年数据，命名为"zs2023"，最后另存为文件"zs2023.sav"。按以下要求作图，并解读图形。

(1) 对收益率变量作直方图和茎叶图。

(2) 对收益率进行等宽分组，分为 10 组，分组变量命名为"ret_group1"。

(3) 对收益率进行等百分比分组，分为 10 组，分组变量命名为"ret_group2"。

(4) 以"ret_group1"为横轴，作收益率(均值)与交易股数(均值)的双轴图；以"ret_group1"为横轴，作收益率(均值)与交易金额(均值)的双轴图。

(5) 以"ret_group2"为横轴，作收益率(均值)与交易股数(均值)的双轴图；以"ret_group2"为横轴，作收益率(均值)与交易金额(均值)的双轴图。

(6) 以"ret_group1"为横轴，作频率直方图。

(7) 以"ret_group1"为横轴，收益率为纵轴，作收益率的均值折线图、直方图、条形图。

4. 导入"年指数文件.xlsx"。按以下要求作图，并解读图形。

(1) 仅选择代码为"399106"(深圳综合指数)与"399329"(中小板指数)，过滤掉其他代码。

(2) 作 2 个代码的收益率分布总体锥形图。

(3) 以年份为横轴，作 2 个代码的收益率的多重线图。

(4) 作 2 个代码(收益率)的简单箱型图。

中篇·析规律

项目 3　统计检验与 SPSS 实战

教学前哨：导学地图、教学目标

导学地图

任务 1 参数检验与 SPSS 实战	1.1 理论：假设检验的基本思想和具体步骤 1. 假设检验的基本思想 2. 假设检验的具体步骤	关键术语： 小概率事件、原假设、备择假设、临界概率水平 α、p 值
	1.2 实战：上证 50ETF 交易计划可行性单样本 t 检验	关键技能： ①单样本 t 检验操作 ②根据 p 值解读结果 ③根据置信区间解读结果
	1.3 实战：上证 50ETF 和沪深 300ETF 比较配对样本 t 检验	关键技能： ①配对样本 t 检验操作 ②根据 p 值解读结果 ③根据置信区间解读结果
	1.4 实战：2 类基金业绩差异独立样本 t 检验	关键技能： ①独立样本 t 检验操作 ②莱文方差等同性检验结果解读 ③平均值等同性 t 检验结果解读
任务 2 方差分析与 SPSS 实战	2.1 理论：方差分析的适用情境和相关概念 1. 方差分析的适用情境 2. 方差分析的相关概念	关键术语： 观测变量、控制变量
	2.2 理论：单因素方差分析的基本思想和具体步骤 1. 单因素方差分析的基本思想 2. 单因素方差分析的具体步骤	关键术语： 总变差、组间变差、组内变差、F 统计量
	2.3 实战：企业资产负债率单因素方差分析	关键技能： ①单因素方差分析操作 ②方差齐性检验结果解读 ③单因素方差分析结果解读 ④事后比较结果解读 ⑤结合实际给出合理解释
	2.4 理论：多因素方差分析的基本思想和具体步骤 1. 多因素方差分析的基本思想 2. 多因素方差分析的具体步骤	关键术语： 主效应、交互效应
	2.5 实战：企业资产负债率多因素方差分析	关键技能： ①多因素方差分析操作 ②多因素方差分析结果解读 ③交互作用图解读 ④结合实际给出合理解释

教学目标

1. 知识目标

(1) 理解参数 t 检验的基本思想和具体步骤。

(2) 理解方差分析的基本思想和具体步骤。

(3) 掌握原假设和备择假设的设立规则。

2. 能力目标

(1) 运用 SPSS 具体操作单样本 t 检验、配对样本 t 检验和独立样本 t 检验。

(2) 运用 SPSS 具体操作单因素方差分析、多因素方差分析。

(3) 利用 p 值和置信区间进行统计决策。

(4) 解释分析输出结果的含义。

3. 素质目标

(1) 培养统计思维。通过观察、推理和实证等手段进行统计思考,培养科学的、系统的思维方式。

(2) 培养批判性思维能力。通过批判性思维,评估统计方法的合理性和有效性,并能够对分析结果进行客观、全面的评估和解释。

▶▶ 任务驱动：任务 1、任务 2

任务 1　参数检验与 SPSS 实战

1.1　理论：假设检验的基本思想和具体步骤

1.1.1　假设检验的基本思想

古有成语"见微知著""一叶知秋"。通过样本对总体作出判断，这就是假设检验的基本思想。在现实中，对于要分析的金融数据，常常获得的仅仅是部分历史数据（样本），而不是历史与未来的全部数据（总体）。如果希望通过手头有限的样本数据来对总体数据的特征作出某种推测（统计推断），并判断这种推测的可靠程度，就需要用到假设检验方法。例如，我们不知道中国人的平均身高是多少，根据经验猜测 1 个数值，这就是推断。如果要验证这个数值的准确性，就需要做假设检验。假设检验的目的就是根据样本信息，检验关于 1 个或多个总体参数值的假设。

假设检验的基本思想是"小概率事件"原理，其统计推断方法类似于数学中的反证法，根据所考查问题的要求提出原假设和备择假设。为了检验原假设是否正确，先假定原假设正确，再构造 1 个小概率事件，然后根据抽取的样本去检验这个小概率事件是否发生。如果在 1 次试验中小概率事件发生了，就怀疑原假设的正确性，从而拒绝原假设；如果在 1 次试验中小概率事件没有发生，则没有理由怀疑原假设的正确性，因此接受原假设。

与小概率事件相关的概念是 p 值和临界概率水平。在原假设之下事件发生的概率称为 p 值。如果事件发生的概率，即 p 值小于临界概率水平，则认为小概率事件发生，从而可以推翻原假设，接受备择假设[①]，此时备择假设具有统计意义。

举例：假设某医疗研究机构希望验证 1 种新药物是否能够显著降低患者的胆固醇水平。他们先提出了原假设：此药物对胆固醇水平无影响。然后，他们从 1 组患者中随机选择一部分进行新药物的治疗，并记录他们的胆固醇水平。然后，使用收集到的数据计算统计量，并根据临界概率水平（通常为 5%）来评估小概率事件的发生。

在这个例子中，小概率事件就是指观察到的患者服用药物后胆固醇水平的变化，与原假设（此药物对胆固醇水平无影响）相悖的情况发生的概率。如果样本数据表明服用药物的患者的胆固醇水平显著降低的概率非常小（如 p 值<0.05），那么可能会拒绝原假设，并得出"此药物能够显著降低胆固醇水平"这个结论。

---

　　① 　提示：在 SPSS 中文版中，p 值被称为显著性水平；而在许多统计学书中，"显著性水平"这一概念则用来指临界概率水平。为了避免混淆和保持与 SPSS 软件的一致性，本书中的显著性水平和 p 值相同。因此，在阅读其他书时请注意区分。

1.1.2 假设检验的具体步骤

依据假设检验的基本思想，假设检验可以分为以下几个基本步骤。

步骤 1：建立假设。任何假设检验都涉及 2 个假设：①原假设，一般用 H_0 表示；②备择假设，用 H_1 表示。H_0 和 H_1 恰好是相反的，H_0 一般是有意推翻的假设，H_1 则是希望证实和支持的假设。

假设的检验方向有以下 2 种（以总体平均数的统计检验为例）。

双尾检验：$\qquad\qquad H_0: \mu = \mu_0,\ H_1: \mu \neq \mu_0$

单尾检验：$\qquad\qquad H_0: \mu \geqslant \mu_0,\ H_1: \mu < \mu_0$

$\qquad\qquad\qquad\qquad H_0: \mu \leqslant \mu_0,\ H_1: \mu > \mu_0$

式中：μ 为总体均值，μ_0 为检验值。

举例：在考虑是否采用新工艺时，只有真正能提高企业效益的新工艺才可能被采用。这是因为采用新工艺，企业必然要进行人力、物力、财力的投入，需要购进新设备、调整生产线、培训员工等。作为企业的主管部门，作出采用新工艺的决策应持谨慎态度。以 U_0 代表采用新工艺前的平均效益，U 代表采用新工艺后的平均效益，则原假设和备择假设必须设为：

$$H_0: U \leqslant U_0;\ H_1: U > U_0$$

这样当在临界概率水平 α 下，拒绝原假设 H_0 时，才可认为新工艺确实可以提高企业的经济效益。

步骤 2：指定临界概率水平 α。临界概率水平 α 是指当原假设为正确但却把它拒绝了的概率或风险，代表在原假设为真的情况下，观察到的样本结果出现误差的概率上限。在统计研究与实务中，一般临界概率水平有 3 个常见的取值，即 1%、5% 和 10%，意味着拒绝原假设不犯错误的把握程度（概率）依次为 99%、95% 和 90%。具体取哪个，则与实际工作需要有关。

步骤 3：选定适当的检验统计量。根据样本观测结果计算得到的，并据以对原假设和备择假设作出决策的某个样本统计量，称为检验统计量。常用的检验统计量有 t 统计量、Z 统计量等。理论上，对于不同的假设检验问题及不同的总体条件，会有不同的选择检验统计量的理论、方法和策略。

步骤 4：确定 p 值。选定检验统计量后，在认为原假设成立的条件下，利用样本数据便可计算出检验统计量观测值发生的概率，即 p 值。p 值就是当原假设为真时，比样本观察结果更极端的结果出现的概率。如果 p 值很小，说明原假设情况发生的概率很小；但如果发生了，根据"小概率事件"原理，就有理由拒绝原假设。p 值越小，表明结果越显著，拒绝原假设的理由就越充分。

步骤 5：进行假设检验。比较计算得到的 p 值与指定的临界概率水平 α 值。如果 p 值小于临界概率水平 α 值，则拒绝原假设、支持备择假设；否则无法拒绝原假设。

步骤 6：得出结论。根据假设检验的结果，得出相应的结论，包括拒绝或接受原假设，并对研究问题进行解释。需要注意的是，在进行假设检验时，还应该考虑其他因素，如样本大小、抽样方法、数据质量、总体分布的假设等。假设检验的结果只能提供统计上的推断，无法得出因果关系。因此，在进行假设检验时，需要慎重解读和使用得出的结果。

常用的假设检验方法根据采用的检验统计量的不同，有 t 检验、F 检验等。其中，t 检验常又分为单样本 t 检验、配对样本 t 检验和独立样本 t 检验。

1.2 实战：上证 50ETF 交易计划可行性单样本 t 检验

1.2.1 单样本 t 检验的基本思想

如果希望仅根据某个总体的一部分样本数据，对整个总体的均值大小作出判断，常常用到单样本 t 检验。单样本 t 检验仅涉及 1 个样本，其原假设是"总体均值等于某一数值"，备择假设是"总体均值不等于这一数值"。

该检验使用的检验统计量是 t 统计量。通过 t 统计量的取值概率，与临界概率水平的大小关系，判断是否拒绝原假设、接受备择假设。

t 检验一般适用于连续性随机变量的检验，并且这一变量符合正态分布。如果数据接近正态分布，t 检验的结果也很可靠。因此，t 检验在现实中应用较广。

1.2.2 案例介绍与分析

某交易者预测春节假期结束后的首个交易日会出现大跌，之后会反弹，因此提出如下交易计划：2 月 3 日上证 50ETF 若收盘时跌幅超 5%，那么以收盘价抄底上证 50ETF，然后在 2 月 4 日收盘时卖出。交易之前，交易者需要对此交易计划的可行性进行论证。

分析：该交易计划的可行性取决于其期望收益率是否大于 0。期望收益率可以用历史收益率来推断，而推断的可靠性需要进行假设检验。因此，如果结果是能以比较高的把握确定期望收益率大于 0，那么此交易计划可行。

1.2.3 操作步骤

步骤 1：获取原始数据，并对原始数据进行初步整理。

(1) 从"平安证券慧赢"软件上下载上证 50ETF 日 K 线数据，并导入 SPSS。

(2) 保留收盘价与日期变量，删除其他多余变量及缺失个案。

(3) 生成简单日收益率变量 ret。ret＝收盘/lag(收盘)－1。

(4) 数据文件保存为"案例 3-1.sav"。

步骤 2：提取日收益率小于或等于－5%交易日之后的第二天交易数据。要计算该交易计划历史上每次交易的收益率，必须先确定每次交易时持有的日期，即找出日收益率小于或等于－5%交易日之后的那个交易日。

该步骤的目的是生成变量 ind，要求上一日收益率小于或等于－5%时，ind 取值为 1。要提取的样本数据即 ind 为 1 的数据。

依次单击"转换"→"计算变量"。"目标变量"中输入"ind"，"数字表达式"输入"1"，之后单击左下角的"如果"按钮，如图 3-1 所示。在弹出框中选择"在个案满足条件时包括"，输入"LAG(ret)＜＝－0.05"。单击"继续"按钮，如图 3-2 所示。回到"计算变量"窗口后，单击"确定"按钮，如图 3-3 所示。

单样本 t 检验

实战视频

实战素材

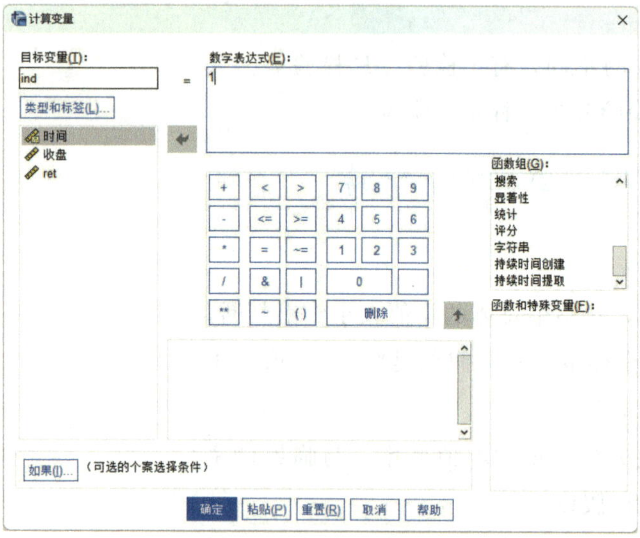

图 3-1　变量"ind"计算窗口

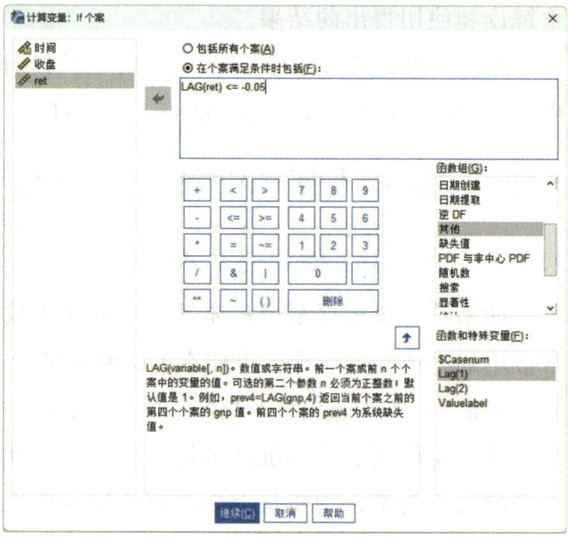

图 3-2　条件表达式输入窗口

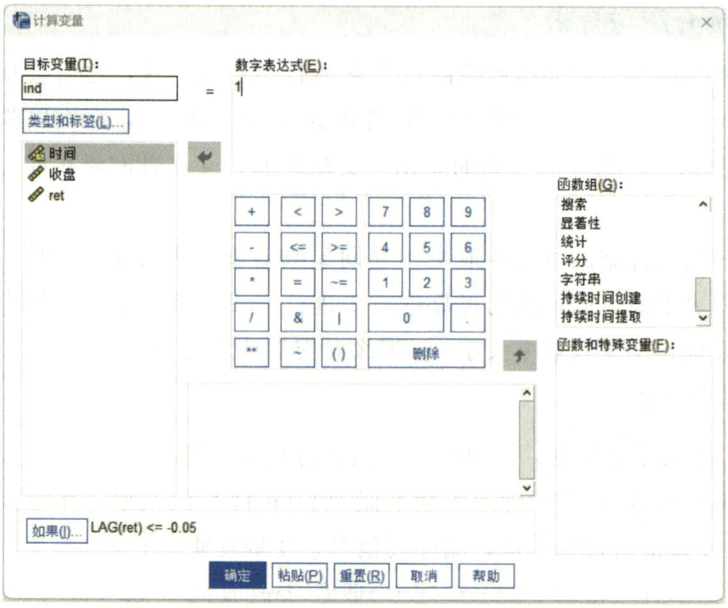

图 3-3　变量"ind"生成窗口

LAG 函数用法：函数 LAG(变量)表示前一个个案的变量取值，或者滞后 1 期的变量取值。LAG(变量，n)表示前 n 个个案的变量取值，或滞后 n 期的变量取值。

步骤 3：对该交易计划期望收益率进行单样本 t 检验。该步骤的目的是以"ind＝1"的日期为样本期间，以日收益率的均值作为该交易计划的期望收益率，并检验期望收益率是否为 0。

原假设：期望收益率等于 0。

备择假设：期望收益率不等于 0。

(1)将"ind＝1"的样本筛选出来，其他样本则不进入之后的分析。

依次单击"数据"→"选择个案"，选择"使用过滤变量"，然后将变量"ind"拖入下面的空白框，最后单击"确定"按钮，如图 3-4 所示。

图 3-4　"ind＝1"的数据选取窗口

（2）对"ind＝1"的日期的收益率"ret"进行单样本 t 检验。

依次单击"分析"→"比较平均值"→"单样本 T 检验"，在检验变量框中拖入变量"ret"，最后单击"确定"按钮，如图 3-5 所示。

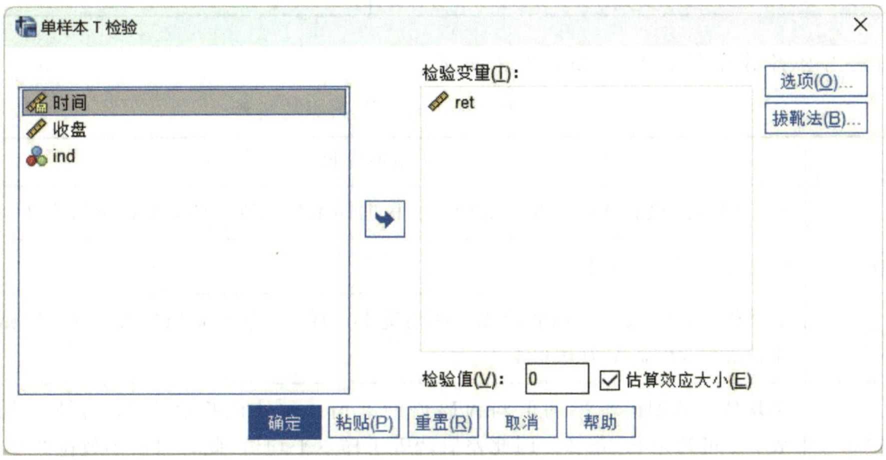

图 3-5　"单样本 T 检验"对话窗口

实战笔记：

_____

_____

_____

_____

1.2.4 结果解读

1. 描述统计

表 3-1 给出了对收益率变量"ret"的描述性统计结果。可以看到,历史上上证 50ETF 单日跌幅超过－5％的交易日共 38 个,大跌之后第二日的平均收益率达到 0.99％,标准差为 2.6％,而标准误差平均值为 0.004 22。标准误差平均值反映了样本均值抽样分布的偏离程度,标准误差平均值越小,说明样本均值估计总体均值的稳定性越高。

表 3-1　简单日收益率变量"ret"的基本描述统计量

单样本统计	个案数	平均值	标准差	标准误差平均值
ret	38	0.009 9	0.026 00	0.004 22

2. 单样本 t 检验

表 3-2 给出了单样本 t 检验的结果。检验值为 0,原假设则是收益率的期望值(总体均值)为 0。p 值(显著性)为 0.024,小于 5％临界概率水平,因此拒绝该交易计划的期望收益率等于 0 的原假设。95％的置信区间,说明有 95％的信心,或者 95％的把握认为收益率的期望值(总体均值)位于[0.001 4,0.018 5]这一区间内。0 位于该置信区间的左边,最终认为交易计划的期望收益率大于 0 具有统计意义。在不考虑交易成本与风险的情况下,该交易计划可行。

表 3-2　简单日收益率变量"ret"的单样本 t 检验结果

单样本检验 (检验值＝0)	t	自由度	显著性(双尾)	平均值差值	差值95％置信区间	
					下限	上限
ret	2.355	37	0.024	0.009 93	0.001 4	0.018 5

对表 3-2 各数据的解释,如表 3-3 所示。

表 3-3　单样本 t 检验表中各数据的解释

数据	相关解释
2.355	对原假设的检验使用的是 t 统计量。根据样本数据算出的 t 统计量值为 2.355
37	该数据不重要,不作解释
0.024	显著性(双尾)表示在原假设成立的情况下,样本 t 统计量取值大于 2.355 或者小于－2.355 的概率为 0.024
0.009 93	平均值差值即样本平均值与检验值的差值。此处检验值为 0,样本平均值由表 3-1 可知是 0.009 9,因此差值就等于样本平均值(此处保留小数位数多 1 位,故而为 0.009 93)
0.001 4	95％置信区间的下限
0.018 5	95％置信区间的上限

3. 案例中的关键问题和延伸问题

(1)关键问题

如何判断原假设是否被推翻?

方法 1:在本案例中,取临界概率水平为 5％,那么 p 值小于临界概率水平,从而可以推翻原假设，接受备择假设。结合样本平均收益率的符号，认为总体均值大于 0。因此，如果不考虑交易成本及风险，此交易计划可行。

方法 2：取临界概率水平为 5%，意味着只要有 95% 的把握期望值（总体均值）大于 0，那么就可以拒绝原假设。在本案例中，显然 95% 的置信区间大于 0。因此，可以拒绝原假设，接受备择假设。

当原假设被推翻、接受备择假设时，称备择假设具有统计意义。在本案例中，样本收益率均值大于 0，因此，该交易计划的期望收益率大于 0 具有统计意义。

(2) 延伸问题

① 如何选择临界概率水平？

在本案例中，如果选择临界概率水平为 1%，由于 p 值大于临界概率水平，最后的结论将是接受原假设。可见临界概率水平的选择对于最后的结论非常重要。

在实际工作中，临界概率水平的选择主要是基于实际需要，但具有较强的主观性。在本案例中，临界概率水平的选择取决于交易者愿意冒多大的风险。如果交易者愿意冒较大的风险，那么就选择较大的临界概率水平，此时将更容易拒绝原假设；如果交易者非常害怕风险，那么就选择较小的临界概率水平，此时将更容易接受原假设。一般来说，选择 5% 临界概率水平是一个适中的选择。

② 如果考虑交易成本，该计划是否值得冒险？

在这种情况下，不仅需要考虑 p 值，还需要考虑交易成本，可以利用置信区间。在本案例中，收益率期望值 95% 的置信区间是 [0.001 4，0.018 5]，也就是 1.4‰~18.5‰，而交易全部佣金等成本合计不到千分之一，低于置信区间的下限。即使考虑交易成本，此次交易的期望收益率 95% 的可能性是大于 0 的。因此，如果不考虑风险，仅考虑交易成本，此交易计划仍可行。

1.2.5 案例拓展

t 检验的前提之一是数据服从正态分布。相对于简单收益率，连续复合收益率更接近正态分布。因此，如果使用连续复合收益率进行 t 检验，结论将更加可靠。

生成复合日收益率变量 lnret = ln(收盘/lag(收盘))。使用连续复合收益率 lnret 进行单样本 t 检验，此时原假设是"期望连续复合收益率等于 0"，备择假设是"期望连续复合收益率不等于 0"。

描述统计与单样本 t 检验结果分别如表 3-4 与表 3-5 所示。与对简单收益率的单样本 t 检验分析一致，在 5% 临界概率水平下，拒绝"期望连续复合收益率等于 0"的原假设，接受备择假设。结合 95% 的置信区间 [0.001 0，0.018 1]，以及样本连续复合收益率平均值大于 0 这一事实，可以认为"期望连续复合收益率大于 0"具有统计意义。因此，在不考虑交易费用和风险的情况下，该交易计划可行。

表 3-4 复合日收益率变量 lnret 的基本描述统计量

单样本统计	个案数	平均值	标准差	标准误差平均值
lnret	38	0.009 6	0.025 95	0.004 21

表 3-5   复合日收益率变量 lnret 的单样本 t 检验结果

单样本检验 （检验值＝0）	t	自由度	显著性（双尾）	平均值差值	差值 95％置信区间	
					下限	上限
lnret	2.270	37	0.029	0.009 56	0.001 0	0.018 1

1.3   实战：上证 50ETF 和沪深 300ETF 比较配对样本 t 检验

1.3.1   配对样本 t 检验的基本思想

如果 2 组样本来自相互关联的 2 个总体（2 个总体之间具有相关关系），那么此时由样本数据来判断 2 个总体的均值是否存在差异，就需要使用配对样本 t 检验。具体应用时，常常将 2 组样本中具有相关关系的个案配成 1 对，"配对"二字由此而来。

金融数据往往存在较强的相关性，如相同日期的不同股票的价格经常协同变动。比较在相同的时段内不同金融资产的期望收益率是否相等，或者比较在相同的时段内不同交易策略的期望收益率是否相等，就需要应用配对样本 t 检验。

配对样本 t 检验的原假设是"2 个总体的均值相等"，备择假设是"2 个总体的均值不相等"。与单样本 t 检验一样，配对样本 t 检验采用的检验统计量是 t 统计量，通过 t 统计量观测值对应的 p 值与临界概率水平的大小关系来判断是否拒绝原假设、接受备择假设。

配对样本 t 检验

实战视频

实战素材

1.3.2   案例介绍与分析

某交易者希望投资 1 只大盘基金。经过比较，最终筛选出上证 50ETF 和沪深 300ETF 2 只基金。现在，该交易者希望对这 2 只基金的期望月收益率进行比较，选择其中更高的进行投资。

分析：上证 50ETF 基金的投资标的是上证 50 指数成分股，而沪深 300ETF 的投资标的是沪深 300 指数成分股。其中，上证 50 指数成分股往往也是沪深 300 指数成分股，二者显然具有相关性。因此，此时对二者期望月收益率的比较应当使用配对样本 t 检验。

t 检验的前提是数据应服从正态分布。由于相对于简单收益率，连续复合收益率更接近正态分布。为了使结果更加可靠，本案例中使用连续复合月收益率进行比较和校验。

1.3.3   操作步骤

步骤 1：获取原始数据，并进行初步整理。

（1）从"平安证券慧赢"软件上下载上证 50ETF、沪深 300ETF 月 K 线数据，导入 SPSS，并保存文件为"上证 50ETF 月数据（案例 3-2）.sav"和"沪深 300ETF 月数据（案例 3-2）.sav"。

（2）初步整理 2 个数据文件。保留收盘价与日期，删除其他多余变量及缺失个案。检查日期有无重复，若有，则删除重复个案。

（3）在"沪深 300ETF 月数据"文件中生成月连续复合收益率变量"Lnret300"，并设置标签为"沪深 300ETF 月连续复合收益率"。Lnret300＝ln(收盘/lag(收盘))。

（4）在"上证 50ETF 月数据"文件中生成月连续复合收益率变量"Lnret50"，并设置标签为"上证 50ETF 月连续复合收益率"。Lnret50＝ln(收盘/lag(收盘))。

（5）将 2 个数据文件合并，并删除有缺失值的个案，合并后的文件另存为"案例 3-2 合并文件.sav"。在本案例中，以"沪深 300ETF 月数据.sav"为活动数据集，以"时间"为键变量，并且新的活动数据集框中仅保留"Lnret300"和"Lnret50"2 个变量。合并后检查数据，可以看到已按照时间将 2 个金融产品的收益率合并在一起，如图 3-6 所示。

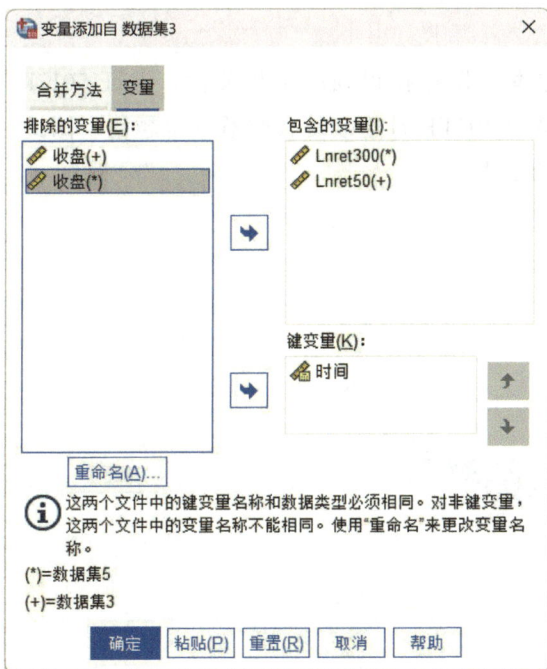

图 3-6　2 个数据文件合并窗口

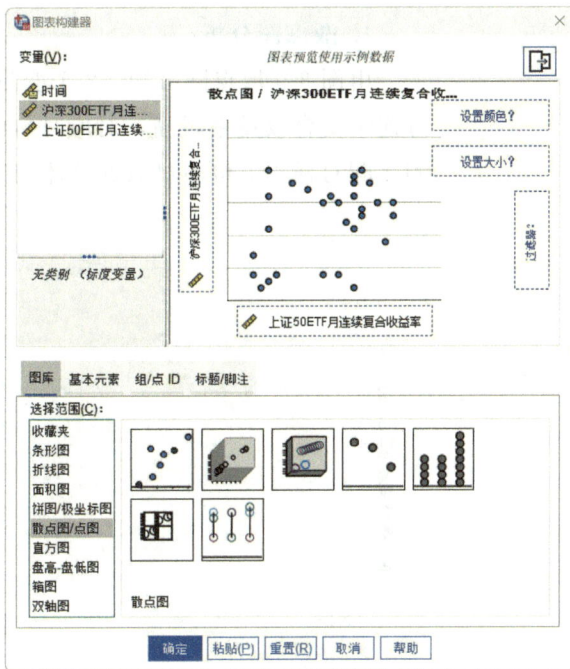

图 3-7　绘制散点图

步骤 2：绘制散点图。配对样本 t 检验要求 2 个总体之间存在相关关系。为了判断数据的相关性，可以通过画 Lnret300 与 Lnret50 的散点图来证明。主要操作如图 3-7 所示。

步骤 3：配对样本 t 检验。在 SPSS 中，配对样本 t 检验又称成对样本 t 检验。打开合并后的数据文件，依次单击"分析"→"比较平均值"→"成对样本 T 检验"。在弹出框中，单击选中左侧的"沪深 300ETF 月连续复合收益率"，然后再单击中间的向右拖动按钮，使之进入右侧的"配对变量"（变量 1）。用同样的方法，使"上证 50ETF 月连续复合收益率"也进入右侧的"配对变量"（变量 2）。最后，单击"确定"按钮。"成对样本 T 检验"的操作窗口，如图 3-8 所示。

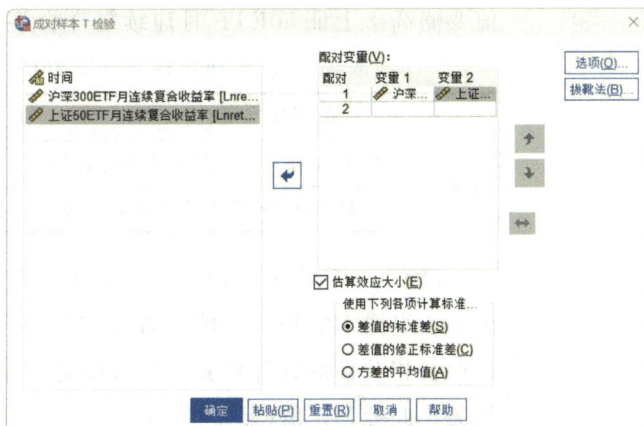

图 3-8　"成对样本 T 检验"对话窗口

实战笔记：
_____
_____
_____
_____

1.3.4 结果解读

1. 散点图分析

由图 3-9 散点图可知，2 个变量的样本数据存在很强的正相关性，上证 50ETF 月连续复合收益率越高，对应月份的沪深 300ETF 月连续复合收益率也越高。因此，满足配对样本 t 检验对数据总体相关性的要求。

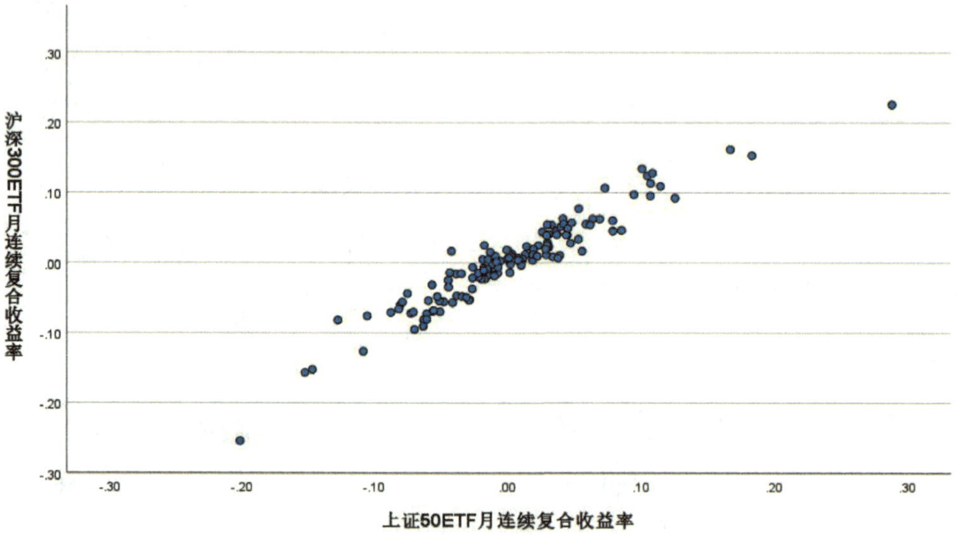

图 3-9   散点图

2. 配对样本 t 检验

（1）表 3-6 给出了样本描述统计，可以看出沪深 300ETF 月连续复合收益率平均值要略高于上证 50ETF 月连续复合收益率，同时代表投资风险的标准差相差不大。

表 3-6   沪深 300ETF 与上证 50ETF 月连续复合收益率的基本描述统计量

配对样本统计		平均值	个案数	标准差	标准误差平均值
配对 1	沪深 300ETF 月连续复合收益率	0.003 1	130	0.064 76	0.005 68
	上证 50ETF 月连续复合收益率	0.002 9	130	0.065 83	0.005 77

（2）表 3-7 沪深 300ETF 与上证 50ETF 月连续复合收益率的配对样本相关性给出了 2 组样本的相关系数，为 0.957，并且 p 值（显著性）小于 1‰。这里隐含了对是否存在相关性的统计检验。原假设是 2 个变量不存在相关性，备择假设是 2 个变量相关。此处，p 值（显著性）小于 1‰，显然即使以 1% 作为临界概率水平，也是拒绝原假设、接受备择假设。

表 3-7　沪深 300ETF 与上证 50ETF 月连续复合收益率的配对样本相关性检验结果

配对样本相关性		个案数	相关性	显著性
配对 1	沪深 300ETF 月连续复合收益率 & 上证 50ETF 月连续复合收益率	130	0.957	0.000

（3）配对样本 t 检验结果，如表 3-8 所示。最后 1 列的 p 值（显著性）等于 0.896，说明即使以 10％作为临界概率水平，都不能拒绝原假设。因此，可以得出"这 2 种金融产品收益率的差异没有统计意义"的结论。这意味着由历史数据得出的差异很可能只是偶然现象。建议投资者如果不考虑风险和其他因素，可以任选二者之一进行投资。

表 3-8　沪深 300ETF 与上证 50ETF 月连续复合收益率的配对样本 t 检验结果

配对样本检验		配对差值					t	自由度	显著性（双尾）
		平均值	标准差	标准误差平均值	差值 95％置信区间				
					下限	上限			
配对 1	沪深 300ETF 月连续复合收益率 — 上证 50ETF 月连续复合收益率	0.000 22	0.019 26	0.001 69	−0.003 12	0.003 56	0.131	129	0.896

表 3-8 中显示"差值 95％置信区间"为[−0.003 12，0.003 56]，显然 0 在这一区间范围内，表明真实的总体均值差有很大的可能性为 0。表中第 2 列表明是对二者求差值。之后"平均值""标准差"等统计量都是针对此差值来求的。可见，配对样本 t 检验在实际操作中，真正的原假设是"2 个变量每 1 组配对的差值的期望值为 0"。这个原假设和"2 个变量期望值的差为 0"是等价的。表中的"标准误差平均值"列实际上是配对差值平均值的标准误差，反映了对配对差值总体均值的估计精度。相对于配对差值样本平均值而言，该标准误差较大，表明对配对差值总体均值估计的误差较大。

1.4　实战：2 类基金业绩差异独立样本 t 检验

1.4.1　独立样本 t 检验的基本思想

金融数据之间多数存在相关关系。如果对相互独立的金融数据进行比较，就需要用到独立样本 t 检验。

独立样本 t 检验的原假设是"2 个数据总体的总体均值相等"，备择假设是"2 个数据总体的总体均值不相等"。采用的检验统计量同样是 t 统计量，通过 t 统计量的 p 值与临界概率水平的大小关系来判断是否拒绝原假设、接受备择假设。

独立样本 t 检验与单样本 t 检验、配对样本 t 检验一样，适用于连续性随机变量，并要求数据符合正态分布，但对正态性要求并不严格。与配对样本 t 检验相同，独立样本 t 检验涉及 2 组样本，不同的是独立样本 t 检验要求这 2 组样本来自完全独立的 2 个总体。

1.4.2　案例介绍与分析

关于普通股票型基金与被动指数型基金孰优孰劣的争议一直不断。普通股票型

独立样本 t 检验

实战视频

实战素材

基金的经理认为自己拥有更好的择股与择时能力，会取得超过市场指数的收益，并为此值得收取更高的管理费；而被动指数型基金的支持者则认为没有人拥有交易"圣杯"，长期战胜市场是不可能的，最好的办法就是持有被动指数型基金，因为管理费更低。

分析：究竟哪种类型的基金更好，可以用历史数据来进行验证。每种类型的基金数目不同，投资风格也不同，因此不能使用配对样本 t 检验，应当采用独立样本 t 检验。由历史数据可知，2018 年上证指数大跌 24.59%，是"熊市"；而 2015 年则上涨 9.41%，是"牛市"。选择这 2 个年份，对普通股票型基金与被动指数型基金的收益率进行独立样本 t 检验，进而比较"熊市"和"牛市"中 2 类基金业绩的差异是否具有统计意义，可以更全面地对上述争议进行评判。

1.4.3 操作步骤

步骤 1：数据处理。

(1)打开数据文件"自动重新编码.sav"。该文件是对"基金年度业绩表现.sav"中的字符串变量"投资类型"进行自动重新编码为数值型变量后的结果。

(2)依次单击"数据"→"选择个案"，选中右侧的"如果条件满足"，单击"如果"按钮，在弹出框右侧输入"(year＝2018|year＝2015)&(投资类型分组＝2|投资类型分组＝10)"，如图 3-10 所示。然后单击"继续"按钮，回到"选择个案"窗口，最后单击"确定"按钮。

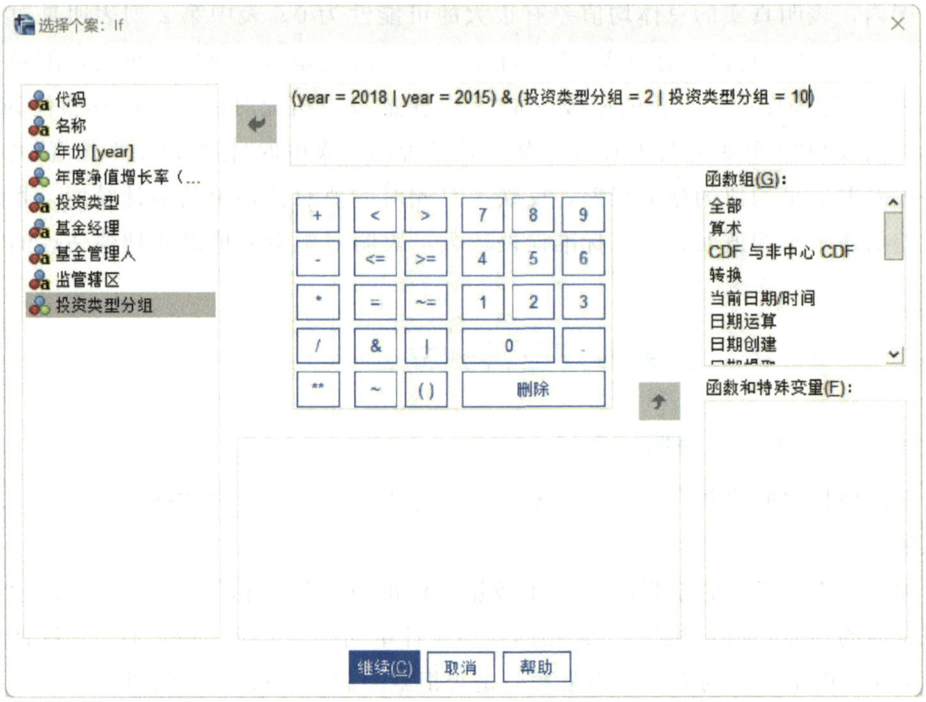

图 3-10　选择 2015 年、2018 年普通股票型基金和被动指数型基金个案

(3)为了对比 2015 年与 2018 年的结果，需要将文件进行拆分。依次单击"数据"→"拆分文件"，在弹出的"拆分文件"对话窗口中，选中右侧的"按组来组织输出"，分组依据则选择变量"年份"，最后单击"确定"按钮，如图 3-11 所示。

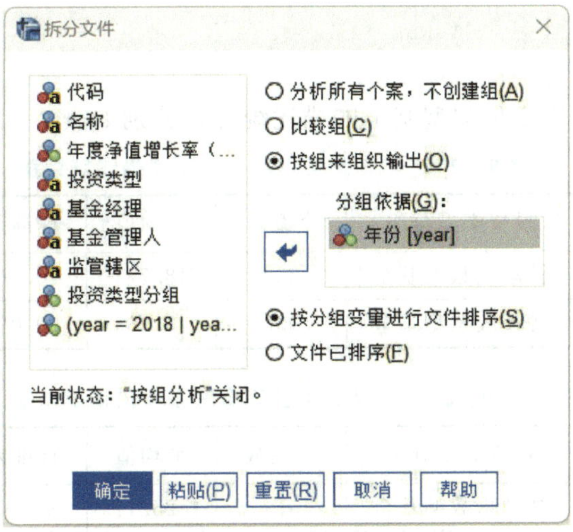

图 3-11　按"年份"拆分文件

步骤 2：独立样本 t 检验。

（1）在菜单栏依次单击"分析"→"比较平均值"→"独立样本 T 检验"，在弹出框右侧"检验变量"空白栏拖入变量"年度净值增长率"，在"分组变量"框内拖入变量"投资类型分组"，如图 3-12 所示。

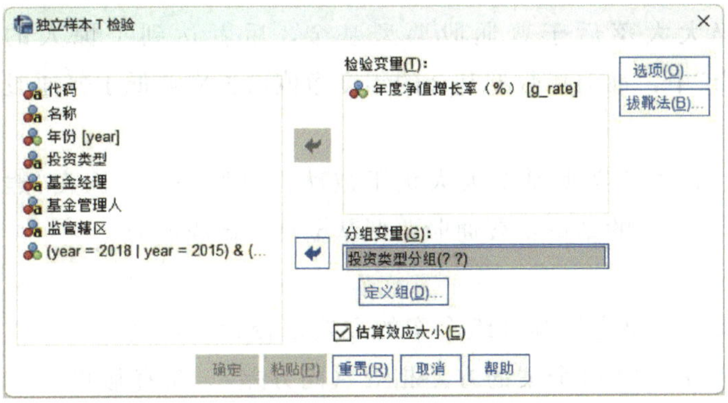

图 3-12　"独立样本 T 检验"设置检验变量与分组变量

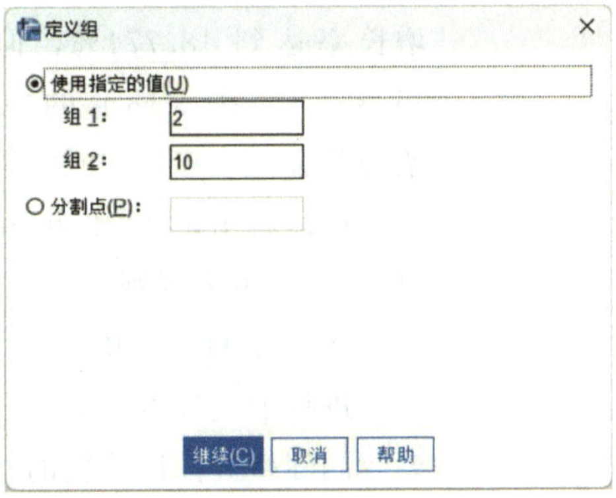

图 3-13　"定义组"的设置

（2）在"独立样本 T 检验"对话窗口，单击"定义组"按钮，在弹出框中的"组 1"和"组 2"空白框处分别输入"2"和"10"，如图 3-13 所示。"2"和"10"分别代表了被动指数型基金和普通股票型基金。单击"继续"按钮，返回"独立样本 T 检验"对话窗口，最后单击"确定"按钮。

实战笔记：

1.4.4 结果解读

1. 描述统计分析

2015 年和 2018 年 2 种类型基金的描述统计，分别如表 3-9 和表 3-10 所示。

表 3-9　2015 年 2 种类型基金的基本描述统计量

基本描述统计量	投资类型分组	个案数	平均值	标准差	标准误差平均值
年度净值增长率	被动指数型基金	232	18.774	20.608	1.353
	普通股票型基金	60	45.365	22.030	2.844

表 3-10　2018 年 2 种类型基金的基本描述统计量

基本描述统计量	投资类型分组	个案数	平均值	标准差	标准误差平均值
年度净值增长率	被动指数型基金	513	−25.115	7.765	0.343
	普通股票型基金	289	−24.527	7.563	0.445

整体来看，2 种类型的基金在 2015 年"牛市"中的年度净值增长率的平均值都远远超过上证指数年收益率(9.41%)，而在 2018 年"熊市"中的平均值都接近上证指数年收益率(−24.59%)。

分年度对比来看，在 2015 年的"牛市"中，被动指数型基金虽然平均的年度净值增长率达到 18.774%，但仍大大落后于普通股票型基金，后者达到了惊人的 45.365%。在 2018 年的"熊市"中，被动指数型基金的年度净值增长率略低于普通股票型基金。

可以看出，在"牛市"中，普通股票型基金大大优于被动指数型基金；而在"熊市"中，二者表现则相差无几。初步的结论：普通股票型基金具有选股能力。

2. 独立样本 t 检验

进行独立样本 t 检验之前，需要先检验 2 组个案的方差是否相等，这是莱文方差等同性检验。该检验的原假设是"2 组个案的方差相等"(同方差)，备择假设是"2 组个案的方差不相等"(异方差)，检验统计量是 F 统计量。

如果通过莱文方差等同性检验，即如果 F 统计量不显著，那么可以直接使用独立样本 t 检验；如果 F 统计量显著，那么拒绝同方差的原假设、接受异方差的备择假设，此时进行独立样本 t 检验的计算方法与同方差情况下相比会有所变化，对此不再展开论述。

在本案例中，莱文方差等同性检验的原假设为"2 种类型基金的年度净值增长率的方差相等"，备择假设为"2 种类型基金的年度净值增长率的方差不相等"。独立样本 t 检验的原假设为"2 种类型基金的年度净值增长率的平均值相等"，备择假设为"2 种类型基金的年度净值增长率的平均值不相等"。

SPSS 给出的独立样本 t 检验结果，分别如表 3-11 和表 3-12 所示。在同方差情况下的独立样本 t 检验结果放在了"假定等方差"所在行，而在异方差情况下的独立样本 t 检验结果放在了"不假定等方差"所在行。

表 3-11　2015 年 2 种类型基金年度净值增长率平均值的独立样本 t 检验结果

2015 年		莱文方差等同性检验		平均值等同性 t 检验					差值 95% 置信区间	
		F	显著性	t	自由度	显著性（双尾）	平均值差值	标准误差差值	下限	上限
年度净值增长率	假定等方差	0.053	0.818	−8.782	290	0.000	−26.591	3.028	−32.551	−20.632
	不假定等方差			−8.443	87.581	0.000	−26.591	3.150	−32.851	−20.332

表 3-12　2018 年 2 种类型基金年度净值增长率平均值的独立样本 t 检验结果

2018 年		莱文方差等同性检验		平均值等同性 t 检验					差值 95% 置信区间	
		F	显著性	t	自由度	显著性（双尾）	平均值差值	标准误差差值	下限	上限
年度净值增长率	假定等方差	0.102	0.750	−1.041	800	0.298	−0.589	0.566	−1.699	0.522
	不假定等方差			−1.048	610.482	0.295	−0.589	0.562	−1.692	0.514

　　在表 3-11 中，莱文方差等同性检验的 F 统计量 p 值（显著性）为 0.818，高于临界概率水平 0.05，因此接受同方差的原假设。此时只需要看"平均值等同性 t 检验"在"假定等方差"这一行的结果，发现 t 统计量显著性保留 3 位小数的结果为 0.000，即小于 0.001，故而拒绝 2 种类型基金年度净值增长率平均值相等的原假设、接受备择假设。结合差值 95% 的置信区间为 [−32.551，−20.632]，以及 2015 年被动指数型基金平均年度净值增长率大大落后于普通股票型基金的事实，可以认为在 2015 年的"牛市"，普通股票型基金的年度净值增长率平均值大于被动指数型基金的年度净值增长率平均值。这一结果具有统计意义，并非偶然的。

　　在表 3-12 中，莱文方差等同性检验的 F 统计量 p 值（显著性）为 0.750。高于临界概率水平 0.05，因此接受同方差的原假设。此时独立样本 t 检验只需要看在"假定等方差"这一行的结果，发现 t 统计量的显著性水平，即 p 值（显著性）为 0.298，高于 0.05 的临界概率水平，因此接受平均值相等的原假设。再加上差值 95% 的置信区间为 [−1.699，0.522]，显然 0 在这一区间范围内。可以认为，在 2018 年的"熊市"中，普通股票型基金的年度净值增长率平均值与被动指数型基金的年度净值增长率平均值不具有统计意义上的差异。

　　综合表 3-11 和表 3-12 可以得出，在"牛市"中，普通股票型基金的年度净值增长率平均值显著高于被动指数型基金的年度净值增长率平均值；而在"熊市"中，二者无显著差异。这进一步为描述统计得出的初步结论提供了统计上的证据。综合 2015 年与 2018 年的数据，有理由认为在 A 股市场普通股票型基金具有选股能力。当然，对这一观点更全面的验证需要更多的年份和数据，可以利用以上操作方法作进一步的分析和探讨。

任务 2　方差分析与 SPSS 实战

2.1　理论：方差分析的适用情境和相关概念

2.1.1　方差分析的适用情境

在独立样本 t 检验中只有 2 组样本，目标是检验 2 组样本的平均值是否相等。如果样本的组数大于 2，如有 3 组样本，那么是否需要每 2 组样本做 1 次，共做 3 次独立样本 t 检验呢？当这样来进行检验时，犯错误的机会将大大增加。此时正确的方法是进行方差分析（analysis of variance，ANOVA）。方差分析虽然有"分析"二字，但实际上还是一种统计检验方法，只是对多于 2 组的样本检验各组均值是否相等。因此，可以认为方差分析是 2 组独立样本 t 检验的延伸，可用于同时检验 3 个或 3 个以上独立总体的平均数间是否有显著差异，即检验多个总体平均数是否相等（$\mu_1 = \mu_2 = \mu_3 = \cdots = \mu_n$）。

方差分析适用于以下情境：①比较多个组别之间均值的差异，检验 3 个或更多组的均值是否存在显著差异，如比较不同工厂生产的产品质量是否有差异；②检验 1 个自变量对多个样本的影响，确定 1 个自变量（如不同治疗方法）对因变量（如疗效）的影响是否显著，如比较不同药物治疗方法对病人康复时间的影响；③评估交互作用效应，评估多个因素之间是否存在交互作用效应，如在农业研究中，研究人员可能想知道不同肥料类型和不同土壤类型对农作物产量是否存在交互作用；④分析实验设计中的误差情境，估计和比较实验设计中的误差来源，如组内误差和组间误差，通过确定误差的大小，可以帮助评估实验设计的有效性和提高实验结果的可靠性。

总之，方差分析是一种常用的统计方法，可以用来检验差异的显著性和解释不同因素的影响程度。

2.2.2　方差分析的相关概念

在金融和财务领域，方差分析具有广泛的应用。例如，股民想了解股市是否存在"月份效应"，即不同月份的平均收益是否有显著不同，从而作出更好的投资决策。再如，一家汽车制造公司想要比较不同车型和不同颜色的汽车的平均售价是否存在显著差异，从而帮助企业管理者制订不同的营销策略。

方差分析中，可将上述问题中的上证指数月收益率、汽车平均售价称为观测变量。观测变量也称因变量或者目标变量，是指待检验其均值的变量。将上述问题中的月份、车型、颜色称为控制变量。控制变量是指一组可能对因变量产生影响的变量，它们被视为干扰因素，需要对其进行控制，以确保准确评估自变量对因变量的影响。

根据控制变量的个数和类型，可以将方差分析分成单因素方差分析和多因素方差分析等。

2.2　理论：单因素方差分析的基本思想和具体步骤

2.2.1　单因素方差分析的基本思想

单因素方差分析仅研究单个因素对观测变量的影响，即研究 1 个控制变量的不同水平是否对观测变量产生了显著影响。例如，分析不同销售渠道是否给企业的销售额带来显著影响，研究学历对工资收入的影响，考查行业差异是否影响企业的资产负债率等。这些问题都可以通过单因素方差分析得到答案。

方差分析中，观测变量值的变动是由控制变量和随机变量引起的。据此，单因素方差分析将观测变量的总变差分解为组间变差（反映不同实验组之间的差异，由控制变量引起）和组内变差（反映组内个体间的随机波动，由随机因素引起），用数学形式表述为：

$$SST = SSA + SSE \tag{3-1}$$

式中：SST 为总变差，SSA 为组间变差，SSE 为组内变差。

在观测变量总离差平方和时，如果 SSA 所占比例较大，说明观测变量变动主要是由控制变量引起的，可以主要由控制变量来解释；反之，如果 SSA 所占比例较小，说明观测变量变动不是主要由控制变量引起的，而是由随机变量引起的。

$$SST = \sum_{i=1}^{k} \sum_{j=1}^{n_i} (x_{ij} - \bar{x})^2 \tag{3-2}$$

式中：k 为控制变量的水平数，x_{ij} 为控制变量第 i 个水平下的第 j 个观测值，n 为总样本量，n_i 为控制变量第 i 个水平下的样本量，$\bar{x}$ 为观测变量均值。

$$SSA = \sum_{i=1}^{k} n_i (\bar{x}_i - \bar{x})^2 \tag{3-3}$$

式中：$\bar{x}_i$ 为控制变量第 i 个水平下观测变量的样本均值。

$$SSE = \sum_{i=1}^{k} \sum_{j=1}^{n_i} (x_{ij} - \bar{x}_i)^2 \tag{3-4}$$

2.2.2　单因素方差分析的具体步骤

步骤 1：提出假设。单因素方差分析的原假设为"各组均值都相等"，备择假设是"各组中至少有 2 组的均值不相等"。方差分析的前提是数据服从正态分布或近似正态分布，进行单因素方差分析之前需要判断各组样本是否满足独立、同方差假设。其中，同方差又称方差齐性，与异方差相对。如果满足这些前提假设，那么就用参数单因素方差分析；如果不满足，那么就需要使用非参数单因素方差分析。

步骤 2：选择检验统计量。方差分析采用的检验统计量是 F 统计量，数学定义式为：

$$F = \frac{SSA/(k-1)}{SSE/(n-k)} \tag{3-5}$$

步骤 3：计算检验统计量的观测值和 p 值。

步骤 4：给定临界概率水平 α，并作出决策。

如果 p 值小于临界概率水平 α 值，则拒绝原假设，认为至少有 2 组的均值不相等；否则，接受原假设。

当然，如果拒绝原假设，通常还会进行事后比较测试，以确定具体哪些组之间存在显著差异。需要注意的是，以上步骤是单因素方差分析的基本步骤，具体分析过程可以根据实际情况进行适当调整。

2.3 实战：企业资产负债率单因素方差分析

2.3.1 案例介绍与分析

单因素方差分析

实战视频

实战素材

资产负债率是用以衡量企业利用债权人提供的资金进行经营活动的能力，以及反映债权人发放贷款安全程度的指标。理论上，企业资产负债率水平可能会受货币政策、资本市场、行业形势、企业规模及经营情况等因素影响。现以行业、企业规模为例，探讨企业的资产负债率是否受行业、企业规模因素的影响。

下载 A 股市场电力、热力生产和供应业，酒、饮料和精制茶制造业，房地产业，这 3 个行业上市公司 2022 年的相关财务数据，并按照企业规模的大小分成大、中、小型 3 类。此时，行业组数、企业规模组数均分别超过 2 组。因此，以资产负债率为观测变量，行业和企业规模为控制变量，分别进行单因素方差分析，以检验不同行业、不同规模对企业资产负债率的影响是否有显著不同。

分析： 对于资产负债率数据，在多数情况下，能近似服从正态分布。此外，没有理由认为不同行业、不同规模企业的资产负债率有紧密的相关性。因此，独立性假设也在理论上满足。在本例中，作单因素方差分析前主要判断不同组别样本是否同方差。

2.3.2 操作步骤

步骤 1： 打开"行业、规模与资产负债率数据.sav"文件，依次单击"分析"→"比较平均值"→"单因素 ANOVA 检验"，在弹出的"单因素 ANOVA 检验"对话窗口中，单击右侧的"选项"按钮，在弹出的"单因素 ANOVA 检验：选项"窗口中，勾选"描述""方差齐性检验""韦尔奇检验"与"平均值图"，然后单击"继续"按钮，如图 3-14 所示，再回到"单因素 ANOVA 检验"对话窗口。

步骤 2： 在"单因素 ANOVA 检验"对话窗口中，单击右侧的"事后比较"按钮，弹出"单因素 ANOVA 检验：事后多重比较"框，选择"邦弗伦尼"选项和"斯塔黑尼 T2"选项，如图 3-15 所示，再单击"继续"按钮，回到"单因素 ANOVA 检验"对话窗口。

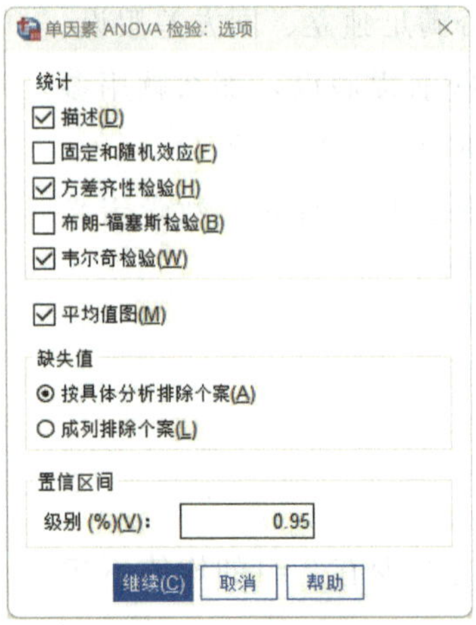

图 3-14 "单因素 ANOVA 检验：选项"设置

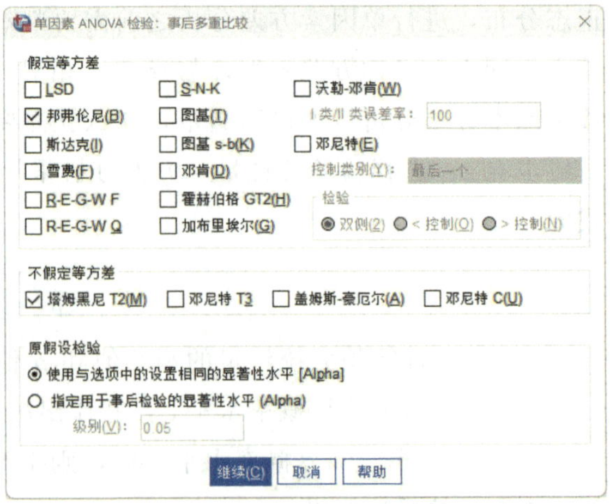

图 3-15 设置"事后比较"

步骤 3：在"单因素 ANOVA 检验"对话窗口中，将"资产负债率"拖入"因变量列表"框，将"行业"拖入"因子"框，最后单击"确定"按钮，如图 3-16 所示。

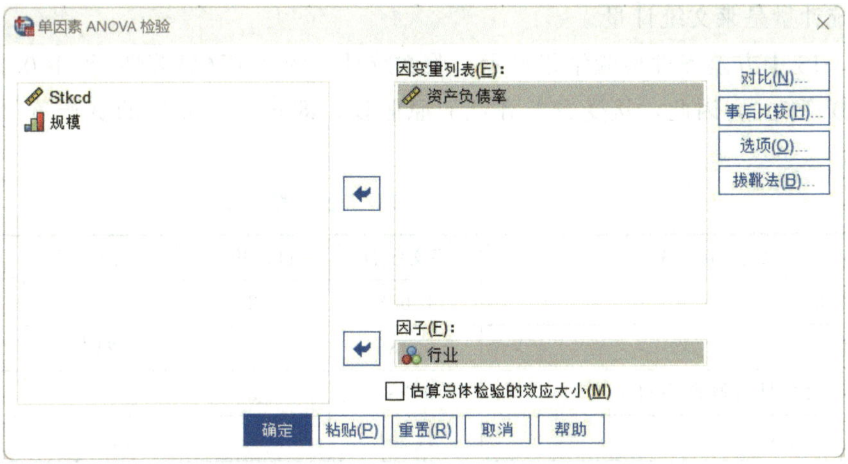

图 3-16　"单因素 ANOVA 检验"主窗口设置

实战笔记：

_____

_____

_____

_____

2.3.3　结果解读

1. 行业对企业资产负债率单因素方差分析结果

（1）平均值图。与描述统计相比，平均值图更加形象地反映了各个行业组的平均资产负债率之间的差异。图 3-17 中的横轴是"行业"，纵轴是"资产负债率的平均值"。由该图直观可见，本案例研究的 3 个行业中，房地产业的企业资产负债率的平均值是最高的，酒、饮料和精制茶制造业的企业资产负债率的平均值是最低的。

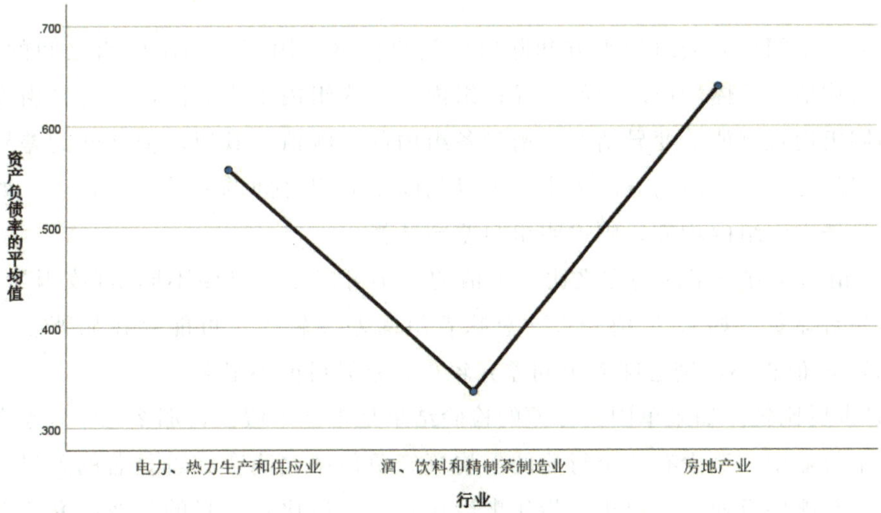

图 3-17　不同行业资产负债率平均值图

(2)方差齐性检验。方差齐性检验的原假设是"各个行业组的资产负债率方差都相等"，备择假设是"至少有 2 个行业组的资产负债率方差不相等"。此时用来作统计检验的统计量是莱文统计量。

表 3-13 中方差齐性检验结果显示：莱文统计量的 p 值（显著性）等于 0.188，高于临界概率 5%，因此，接受方差齐性的原假设，即每个行业组的资产负债率方差都相等。

表 3-13 不同行业的方差齐性检验结果

资产负债率	莱文统计	自由度 1	自由度 2	显著性
基于平均值	1.683	2	216	0.188
基于中位数	0.988	2	216	0.374
基于中位数并具有调整后自由度	0.988	2	208	0.374
基于剪除后平均值	1.551	2	216	0.214

(3)单因素方差分析。如果方差齐性检验通过，那么就可以进一步根据表 3-14 的单因素方差分析来判断不同行业对企业资产负债率的影响是否有显著不同。

表 3-14 给出了基于 F 统计量的单因素方差分析统计检验结果。该检验使用的是 F 统计量 p 值（显著性）小于 1‰。即使以 1% 作为临界概率水平，都拒绝原假设、接受备择假设。因此，最终结论是"至少有 2 个行业组的资产负债率均值不相等"。

表 3-14 行业对资产负债率影响的单因素方差分析结果

资产负债率	平方和(1)	自由度	均方(2)	F(3)	显著性
组间	2.834	2	1.417	42.441	0.000
组内	7.212	216	0.033		
总计	10.046	218			

平方和：组间平方和表示不同组均值与整体均值之差的平方乘每组的观测值个数后的总和；组内平方和表示各组内观测值与所属组的均值之差的平方和；总平方和表示样本数据与整体均值之间差异的平方和（总平方和＝组间平方和＋组内平方和）。

均方：组间均方为组间平方和除以组间自由度，用于评估不同组之间的差异，衡量各组均值与整体均值之间的差异；组内均方为组内平方和除以组内自由度，用于评估同组内观测值的变异情况，衡量各组内部观测值与其组均值之间的差异；通过比较组间均方和组内均方的大小，可以判断不同组之间的差异是否显著。如果组间均方显著大于组内均方，则说明组间差异显著。

F：组间均方与组内均方之比。F 值的大小可以用于判断不同组（或因素）之间的差异是否显著。如果 F 值较大，意味着组间差异较大，可能存在显著差异；反之，如果 F 值较小，则意味着组间差异较小，差异可能不显著。

(4)事后比较。如果单因素方差的检验结果是拒绝原假设，那么意味着本案例研究的 3 个行业中，至少有 2 个行业的平均资产负债率之间存在着显著的差异。为了找到究竟是哪些行业，需要进一步作事后比较。事后比较的目的是找出究竟是哪些组的平均值之间存在显著差异。

表 3-15   不同行业的多重比较检验

多重比较	行业(I)	行业(J)	平均值差值(I−J)	标准误差	显著性	95％置信区间 下限	上限
邦弗伦尼	电力、热力生产和供应业	酒、饮料和精制茶制造业	0.221*	0.034	0.000	0.138	0.303
		房地产业	−0.083*	0.028	0.010	−0.150	−0.015
	酒、饮料和精制茶制造业	电力、热力生产和供应业	−0.221*	0.034	0.000	−0.303	−0.138
		房地产业	−0.304*	0.033	0.000	−0.383	−0.224
	房地产业	电力、热力生产和供应业	0.083*	0.028	0.010	0.015	0.150
		酒、饮料和精制茶制造业	0.304*	0.033	0.000	0.224	0.383
塔姆黑尼	电力、热力生产和供应业	酒、饮料和精制茶制造业	0.221*	0.032	0.000	0.144	0.298
		房地产业	−0.083*	0.028	0.011	−0.150	−0.015
	酒、饮料和精制茶制造业	电力、热力生产和供应业	−0.221*	0.032	0.000	−0.298	−0.144
		房地产业	−0.304*	0.032	0.000	−0.381	−0.226
	房地产业	电力、热力生产和供应业	0.083*	0.028	0.011	0.015	0.150
		酒、饮料和精制茶制造业	0.304*	0.032	0.000	0.226	0.381

＊：平均值差值的显著性水平为 0.05。

通过查看表 3-15 多重比较"邦弗伦尼"检验结果表中的"显著性"，发现如果以 5％作为临界概率水平，"酒、饮料和精制茶制造业"与"房地产业""电力、热力生产和供应业"均有显著差异（p 值均小于 1‰），"房地产业"与"电力、热力生产和供应业"也有显著差异（p 值为 1％）。

究其原因可能在于：一是房地产业通常需要较高的固定资产投资，如土地开发、楼盘建设等。这些投资需要大量资金，并且常常依赖借贷来实现。因此，房地产企业的资产负债率相对较高。此外，房地产市场的波动性较大，经营风险也较高，进一步增加了房地产企业的资产负债率。二是酒、饮料和精制茶制造业可能具有较小的固定资产投资，相对较低的运营成本和相对较高的盈利能力。此外，酒、饮料和精制茶制造业可能具有较灵活的生产与销售模式，特别是知名品牌酒、饮料和精制茶在销售时通常将其直接卖给一级批发商，产品未进入消费者手中时企业就收到了全部或大部分货款。因此，该类企业的资金通常比较充足，企业资产负债率比较低。

2. 规模对企业资产负债率单因素方差分析结果

同上述操作步骤，不同规模对企业资产负债率的影响是否有显著差异的单因素方差分析检验结果及结果解读如下。

（1）平均值图。由图 3-18 直观可见，企业规模越大，资产负债率的平均值越高。

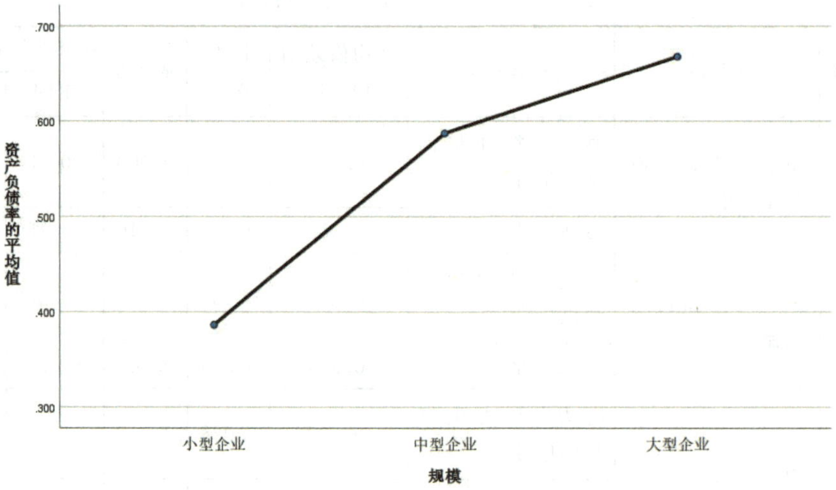

图 3-18　不同规模企业资产负债率平均值图

（2）方差齐性检验。表 3-16 中方差齐性检验结果显示，莱文统计量的显著性等于 0.159，高于临界概率 5％。因此，通过方差齐性检验。

表 3-16　不同规模下的方差齐性检验结果

资产负债率	莱文统计	自由度 1	自由度 2	显著性
基于平均值	1.856	2	216	0.159
基于中位数	1.773	2	216	0.172
基于中位数并具有调整后自由度	1.773	2	211	0.172
基于剪除后平均值	1.966	2	216	0.143

（3）单因素方差分析。表 3-17 单因素方差分析统计检验结果显示，显著性小于 1‰，即使以 1％作为临界概率水平，都拒绝原假设、接受备择假设。因此，最终结论是"至少有 2 类规模组的企业资产负债率均值不相等"。

表 3-17　企业规模对资产负债率影响的单因素方差分析结果

资产负债率	平方和	自由度	均方	F	显著性
组间	3.086	2	1.543	47.874	0.000
组内	6.961	216	0.032		
总计	10.046	218			

（4）事后比较。表 3-18 多重比较"邦弗伦尼"检验结果显示，如果以 5％作为临界概率水平，小型企业与中型、大型企业均有显著差异（p 值均小于 1‰），中型企业与大型企业也有显著差异（p 值为 2.1％）。

究其原因可能在于：一是随着企业规模的扩大，通常需要更多的资金来支持企业的运营和发展；二是大型企业通常更具吸引力，更容易获得贷款和其他形式的融资支持，因此资产负债率也相对较高。

表 3-18 不同规模的多重比较检验

多重比较	规模(I)	规模(J)	平均值差值 (I−J)	标准误差	显著性	95%置信区间	
						下限	上限
邦弗伦尼	小型企业	中型企业	−0.201*	0.030	0.000	−0.273	−0.129
		大型企业	−0.282*	0.030	0.000	−0.353	−0.210
	中型企业	小型企业	0.201*	0.030	0.000	0.129	0.273
		大型企业	−0.081*	0.030	0.021	−0.153	−0.009
	大型企业	小型企业	0.282*	0.030	0.000	0.210	0.353
		中型企业	0.081*	0.030	0.021	0.009	0.153
塔姆黑尼	小型企业	中型企业	−0.201*	0.031	0.000	−0.277	−0.125
		大型企业	−0.282*	0.028	0.000	−0.350	−0.213
	中型企业	小型企业	0.201*	0.031	0.000	0.125	0.277
		大型企业	−0.081*	0.030	0.021	−0.152	−0.009
	大型企业	小型企业	0.282*	0.028	0.000	0.213	0.350
		中型企业	0.081*	0.030	0.021	0.009	0.152

*：平均值差值的显著性水平为 0.05。

2.4 理论：多因素方差分析的基本思想和具体步骤

在单因素方差分析中，发现不同行业对企业资产负债率有显著影响，不同企业规模对资产负债率存在显著影响。不同行业和不同规模的组合是否也会共同对资产负债率产生影响？这就需要进行多因素方差分析。

2.4.1 多因素方差分析的基本思想

多因素方差分析的原理与单因素方差分析基本一致，也是利用方差比较的方法，通过假设检验的过程来判断多个因素是否对因变量产生显著影响。在多因素方差分析中，由于影响因变量的因素有多个，其中某些因素除自身对因变量产生影响之外，它们之间也有可能会共同对因变量产生影响。在多因素方差分析中，把因素单独对因变量产生的影响称为主效应，把因素之间共同对因变量产生的影响称为交互效应。

多因素方差分析不仅要考虑每个因素的主效应，往往还要考虑因素之间的交互效应。因此，多因素方差分析用来研究 2 个及 2 个以上控制变量是否对观测变量产生显著影响。这样不仅能分析多个控制变量对观测变量的独立影响，还能分析多个控制变量的交互作用是否对观测变量产生显著影响，最终找到利于观测变量的最优组合。

此外，多因素方差分析往往假定因素与因变量之间的关系是线性关系。从这个方面来说，多因素方差分析的模型是一般化线性模型的延续：

因变量＝因素 1 主效应＋因素 2 主效应＋⋯＋因素 n 主效应＋因素交互效应 1＋

因素交互效应 2＋⋯＋因素交互效应 m＋随机误差　　　　(3-6)

所以，多因素方差分析往往选用一般化线性模型(general linear model)进行参数估计。

多因素方差分析中的交互作用指的是不同因素之间的相互影响，即 1 个或多个因素的影响效果与其他因素的水平有关。例如，研究投资组合的收益率，将市场情绪和行业选择作为 2 个因素。市场情绪可以分为乐观和悲观 2 个水平，行业选择可以分为科技和金融 2 个水平。研究结果发现，如果在乐观市场情绪下，科技行业的投资组合收益率明显高于金融行业；而在悲观市场情绪下，科技行业的投资组合收益率相对较低。这说明市场情绪和行业选择之间存在交互作用。换句话说，市场情绪对投资组合收益率的影响效果取决于行业选择，而行业选择对投资组合收益率的影响效果取决于市场情绪。

多因素方差分析中，交互作用和交互效应是相同的概念，在统计学中常被用来描述不同因素之间的相互影响。可以通过比较各因素的主效应和交互效应来判断交互作用的存在。如果交互效应显著，说明不同因素之间存在交互作用，它们的组合效果与各因素单独作用的效果并不相同。

2.4.2 多因素方差分析的具体步骤

多因素方差分析采用统计推断的方法，其基本步骤与假设检验一致。

步骤 1：提出原假设。进行多因素方差分析的第一步是明确观测变量和若干个控制变量，并在此基础上提出原假设。多因素方差分析的原假设是"各控制变量在不同水平下观测变量各总体的均值无显著性差异，控制变量各效应和交互作用效应同时为 0"，即控制变量和它们的交互作用没有对观测变量产生显著影响。

步骤 2：选择检验统计量。多因素方差分析采用的检验统计量仍是 F 统计量。假设只有 2 个控制变量 A 和 B，通常对应 3 个 F 检验统计量。

多因素方差分析模型有固定效应模型和随机效应模型之分。固定效应模型假设所研究的因素水平是固定且特定的，分析仅针对这些既定水平；而随机效应模型假设因素水平是从总体中随机抽取的，旨在推断该因素在总体中的变异特征。若方差分析仅为了比较现有水平的影响，不涉及未观测水平的推广，则适用固定效应模型。固定效应模型和随机效应模型分解观测变量变差的方式完全相同，主要差别体现在 F_A 和 F_B 检验统计量的构造方面，即检验统计量 F_A 和 F_B 的计算公式在固定效应模型或随机效应模型中是有差别的，F_{AB} 的计算公式则相同。

在多因素方差分析中，观测变量取值的变动受到以下几个方面的影响：一是控制变量独立作用的影响，指单个控制变量独立作用对观测变量的影响；二是控制变量交互作用的影响，指多个控制变量相互搭配后对观测变量产生的影响；三是随机因素的影响，主要指抽样误差带来的影响。

基于上述原则，多因素方差分析将观测变量的总变差分解为：

$$SST = SSA + SSB + SSAB + SSE \tag{3-7}$$

式中：SST 为观测变量的总变差，SSA、SSB 分别为控制变量 A、B 独立作用引起的变差，$SSAB$ 为控制变量 A、B 两两交互作用引起的变差，SSE 为随机因素引起的变差。通常称 $SSA + SSB$ 为主效应，$SSAB$ 为交互效应，SSE 为随机误差。

在观测变量总离差平方和中，如果 SSA 所占比例较大，说明控制变量 A 是引起观测变量变动的主要因素之一，观测变量的变动可以部分地由控制变量 A 来解释；反之，如果 SSA 所占比例较小，则说明控制变量 A 不是引起观测变量变动的主要因素，观测变量的变动无法通过控制变量 A 来解释。SSB 和 $SSAB$ 同理。

在固定效应模型中，3 个 F 检验统计量分别为：

$$F_A = \frac{SSA/(k-1)}{SSE/[kr(l-1)]} \quad\quad (3\text{-}8)$$

$$F_B = \frac{SSB/(r-1)}{SSE/[kr(l-1)]} \quad\quad (3\text{-}9)$$

$$F_{AB} = \frac{SSAB/[(k-1)(r-1)]}{SSE/[kr(l-1)]} \quad\quad (3\text{-}10)$$

在随机效应模型中，F_{AB} 同固定效应模型中 F_{AB}，其他 2 个 F 检验统计量分别为：

$$F_A = \frac{SSA/(k-1)}{SSAB/[(k-1)(r-1)]} \quad\quad (3\text{-}11)$$

$$F_B = \frac{SSB/(r-1)}{SSAB/[(k-1)(r-1)]} \quad\quad (3\text{-}12)$$

式中：控制变量 A 有 k 个水平，控制变量 B 有 r 个水平，每个交叉水平下均有 l 个样本或 l 次实验。关于 SSA、SSB、SSE 及 $SSAB$ 各变差的计算公式此处不再展开。

步骤 3：计算检验统计量的观测值和相应的 p 值。SPSS 会自动将相关数据代入各公式计算 F 统计量的观测值，并依据 F 分布表给出相应的 p 值。

步骤 4：给定临界概率水平 α，并作出决策。在固定效应模型中，对某一控制变量（设为 A），若 F_A 相应的 p 值小于给定的临界概率水平，应拒绝原假设。这意味着控制变量在不同水平下观测变量各总体均值存在显著差异，其各个效应不同时为 0，即该控制变量的不同水平对观测变量产生了显著影响；相反，若 F_A 相应的 p 值大于给定的临界概率水平，则不应拒绝原假设，表明该控制变量在不同水平下观测变量各总体均值无显著差异，其各个效应同时为 0，该控制变量的不同水平对观测变量没有产生显著影响。

对于其他控制变量（如 B）及控制变量间的交互作用（如 A 和 B 的交互作用）的推断遵循相同的原理。在随机效应模型中，先对控制变量间（如 A 和 B）的交互作用是否显著进行推断，之后再依次对各个控制变量（A、B）的效应进行检验。

2.5　实战：企业资产负债率多因素方差分析

2.5.1　案例介绍与分析

下载 A 股市场电力、热力生产和供应业，酒、饮料和精制茶制造业，房地产业，这 3 个行业上市公司 2022 年的企业规模和资产负债率数据，并按照企业规模的大小分成大、中、小型 3 类。对行业、企业规模及行业和企业规模的交互作用是否对企业资产负债率产生影响进行分析。

分析：本案例可采用多因素方差分析进行研究。以行业和企业规模为控制变量，资产负债率为观测变量。原假设为"不同行业的企业资产负债率均值无显著性差异，不同规模的企业资产负债率均值无显著性差异，行业和规模的交互作用没有对企业资产负债率产生显著影响"。

多因素方差分析

实战视频

实战素材

2.5.2 操作步骤

步骤 1：打开"行业、规模与资产负债率数据.sav"文件，依次单击"分析"→"一般线性模型"→"单变量"，在弹出的"单变量"窗口中，在"因变量"框中拖入"资产负债率"，在"固定因子"框中依次拖入"行业"和"规模"，如图 3-19 所示。

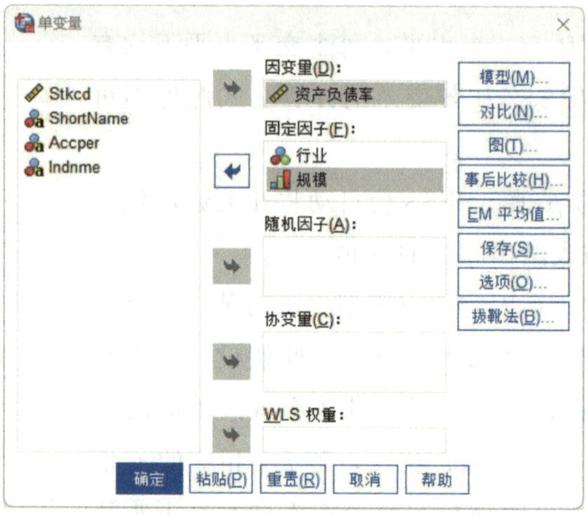

图 3-19 "单变量"对话窗口 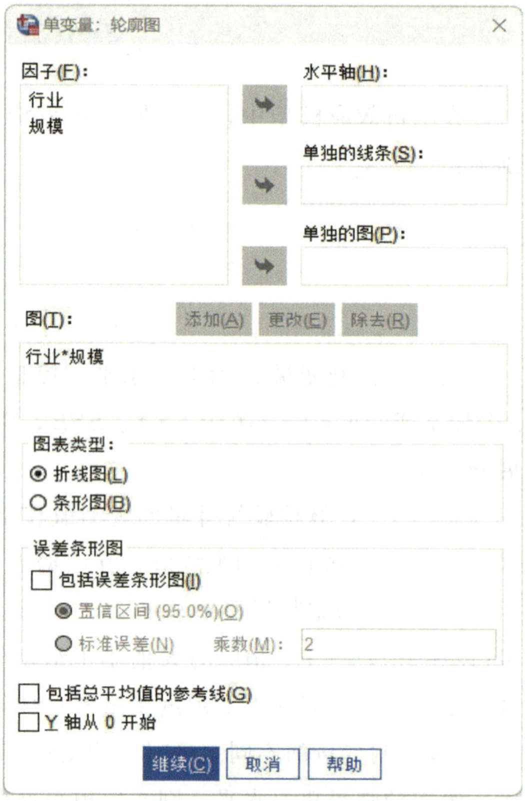　　　　图 3-20 "单变量：轮廓图"对话窗口

步骤 2：在"单变量"对话窗口中，单击右侧的"图"按钮，弹出"单变量：轮廓图"框，在"水平轴"框中拖入控制变量"行业"，"单独的线条"框中拖入控制变量"规模"，然后单击"添加"按钮，行业和规模的交互作用便显示在"图"框中，如图 3-20 所示。单击"继续"按钮，回到"单变量"对话窗口，最后单击"确定"按钮。

实战笔记：

_____
_____
_____
_____

2.5.3 结果解读

1. 多因素方差分析

在表 3-19 中，行业、规模对应的 p 值（显著性）均小于 1‰，小于临界概率水平 5%，所以拒绝原假设，说明不同行业、规模组的企业资产负债率均值存在显著差异。这一结论与前文单因素方差分析得到的结论是一致的。行业和规模的交互作用对应的 p 值（显著性）也小于 1‰，小于临界概率水平 5%，所以拒绝原假设，说明行业和规模的交互作用对企业资产负债率产生了显著影响。

表 3-19　资产负债率多因素方差分析结果

源	Ⅲ类平方和	自由度	均方	F	显著性
修正模型	5.135ᵃ	8	0.642	27.447	0.000
截距	38.142	1	38.142	1 630.922	0.000
行业	1.780	2	0.890	38.063	0.000
规模	1.121	2	0.560	23.959	0.000
行业×规模	0.502	4	0.126	5.368	0.000
误差	4.911	210	0.023		
总计	75.722	219			
修正后总计	10.046	218			

a：R 方＝0.511（调整后 R 方＝0.493）。

究其原因可能在于：一是不同行业的企业规模效应不同。例如，在某些行业中，较大规模的企业可以更好地分摊成本、获得更有利的融资条件，从而降低资产负债率；在某些行业中，规模较小的企业可能具有更高的灵活性和效率，导致资产负债率较低。二是行业属性对企业规模影响的差异。在某些行业中，较大规模的企业可能更容易获取市场份额，因此具有较低的资产负债率；但在某些行业中，尽管规模较大的企业有竞争优势，但也可能面临更高的资本投资和借贷需求，导致资产负债率较高。例如，大型企业在房地产业可能会受到不同的市场竞争压力和融资挑战，而小型企业在酒、饮料和精制茶制造业可能受到不同的市场需求波动和成本控制的挑战。

2. 交互作用

交互作用图可以直观地了解不同控制变量之间的交互作用对观测变量的影响。在交互作用图中，横轴表示一个控制变量，纵轴表示观测变量的值，不同颜色或线条代表另一个控制变量的不同水平。如果不同颜色或线条之间出现明显的交叉或重叠，说明存在交互作用。在图 3-21 中，3 条不同颜色的线存在明显的交叉，说明控制变量行业和规模在对观测变量资产负债率的影响中存在交互作用。

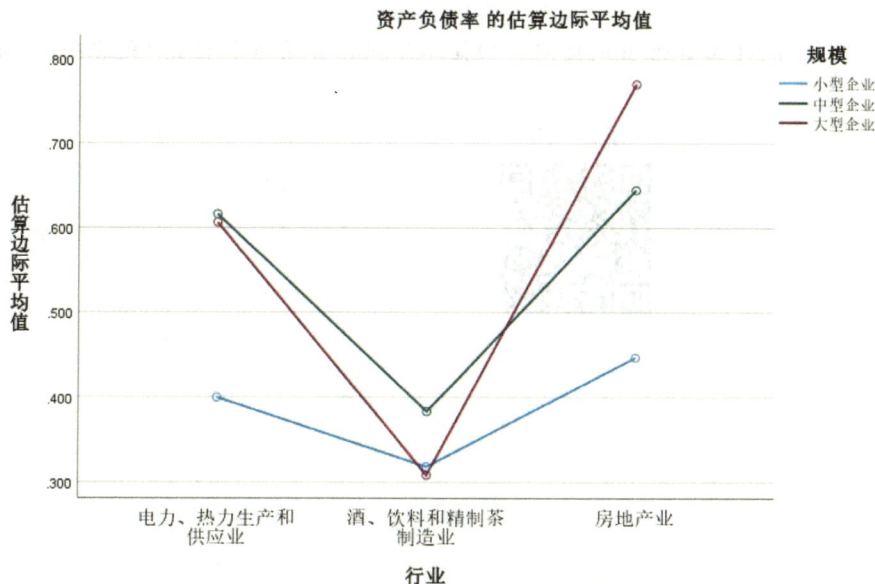

图 3-21　行业和企业规模的交互作用图

与时俱进：戈塞特与 t 检验

素养案例

1899 年，刚从牛津大学毕业的威廉·西利·戈塞特（William Sealy Gosset）进入克劳德·健力士（Claude Guinness）位于都柏林的酿酒公司工作。该工作需要通过抽查检测来监控酒的品质，但没人知道究竟需要抽查多少次才能确保酒的品质达到预定的标准。年轻的戈塞特刻苦钻研、勇于探索，在没有计算机的情况下，经过大量手工计算，发现了一种新的统计检验方法，即 t 检验，应用该方法即可解决这一问题。1908 年，戈塞特在期刊上以"student"为笔名发表统计学论文《均值的概然误差》，正式公布了 t 检验。该方法在实践领域逐步得到广泛应用，同时在理论上也不断发展。今天，t 检验已经成为一项基本的统计应用工具。

（资料来源：戴维·萨尔斯伯格. 女士品茶：统计学如何变革了科学和生活[M]. 刘清山，译. 南昌：江西人民出版社，2016. 有修改）

解析：以实践为师，从现实中发现问题、解决问题，并最终将具体的问题上升为一般化的理论，从而应用于更广泛的实践中。从实践中来，到实践中去。以实践推动理论，以理论指导实践，这是青年学子应有的工作和治学态度。

素养训练

党的二十大报告提出："明确我国社会主要矛盾是人民日益增长的美好生活需要和不平衡不充分的发展之间的矛盾，并紧紧围绕这个社会主要矛盾推进各项工作，不断丰富和发展人类文明新形态。"

请从中国国家统计局下载 2023 年我国（除港澳台外）各省、直辖市、自治区的居民人均可支配收入数据，完成以下任务。

（1）生成 1 个表示区域的变量。我国的经济区域大致可划分为东部、西部和中部。东部区域包括北京、天津、河北、辽宁、上海、江苏、浙江、福建、山东、广东和海南 11 个省（市），西部地区包括四川、贵州、云南、西藏、陕西、甘肃、青海、宁夏、新疆 9 个省（自治区），其余为中部。若某地区属于东部，则令该区域变量为"1"；若属于中部，则取"2"；若属于西部，则取"3"。

（2）以区域变量为因子，对各地区居民人均可支配收入进行方差分析。

（3）根据分析结果，对各区域之间的居民人均可支配收入的不平衡情况进行评价。

AI 田地

仅以本项目的内容为例，学会向 AI 工具恰当地提问。扫描二维码，查看如何使用"文言一心"辅助学习本项目的重难点。

文言一心

学以致用：客观题测试、综合实训

客观题测试

1. 在进行投资时，先要确定期望收益率是否大于 0。期望收益率可以采用历史平均收益率，需要作假设检验来判断其可靠性。沪深 300ETF 是市场上非常活跃的金融产品。请对该资产进行以下单样本 t 检验。

(1)期望月收益率是否大于 0。

(2)期望月收益率是否大于 1%。

2. 通过配对样本 t 检验分析是成长股收益率更高，还是价值股收益率更高。

(1)大盘成长股指数(399372)收益率是否高于大盘价值股指数(399373)收益率。

(2)中盘成长股指数(399374)收益率是否高于中盘价值股指数(399375)收益率。

(3)小盘成长股指数(399376)收益率是否高于小盘价值股指数(399377)收益率。

3. 应用 2014—2023 年的月数据，以上证 50ETF 为交易对象，比较均线交易策略与 MACD 交易策略的月期望收益率是否相等(提示：采用配对样本 t 检验)。

均线交易策略规则：5 月均线大于 10 月均线，收盘价买入；5 月均线小于 10 月均线，收盘价卖出。

MACD 交易策略规则：MACD 由负变正，买入；MACE 由正变负，卖出。

4. 应用"自动重新编码.sav"文件中的数据，分年度检验过去 10 年(除 2015 年和 2018 年)普通股票型基金与被动指数型基金的年度净值增长率平均值是否相等(提示：采用独立样本 t 检验)。根据检验结果，分析普通股票型基金是否有选股能力。

5. "月份效应"指的是在 12 个月中，并不是每个月的平均收益都近似相等，而是某些独特的月份具有与其他月份显著不同的平均收益或期望收益。"月份效应"在许多国家都出现过。比如，早在 1942 年，美国就有研究者发现美国股市有"1 月效应"，即 1 月股市的平均收益率要显著高于其他月份。

请以上证综合指数为例，采用单因素方差分析，对我国股市是否存在"月份效应"进行检验。

6. 选择 3 个或者多个感兴趣的行业，自行下载数据，利用单因素方差分析检验这些行业的企业资产负债率是否有显著差异。

7. 在上题的基础上，对企业进一步按地域进行分类，并以行业和地域因素为控制变量进行多因素方差分析，检验行业、地域及行业和地域的交互作用是否对企业资产负债率产生影响。

项目 4　回归分析与 SPSS 实战

教学前哨：导学地图、教学目标

导学地图

任务1 **线性回归** **与 SPSS** **实战**	1.1 理论：回归分析概述 1. 回归分析 2. 两变量之间的关系	关键术语： 回归分析、因变量、自变量、相关关系
	1.2 理论：线性回归模型 1. 一元线性回归模型 2. 多元线性回归模型	关键术语： 常数项、回归系数、随机误差、参数、最小二乘估计、估计的回归方程
	1.3 实战：对华发股份月收益率的决定与预测作多元线性回归	关键技能： ①多元线性回归分析基本操作 ②回归方程拟合优度检验结果解读 ③回归方程显著性检验结果解读 ④回归系数显著性检验结果解读 ⑤写出回归方程并解读回归系数 ⑥残差诊断及共线性诊断 ⑦回归预测
任务2 **二元** **Logistic** **回归与** **SPSS 实战**	2.1 理论：二元 Logistic 回归模型的适用情境和模型估计 1. 二元 Logistic 回归模型的适用情境 2. 二元 Logistic 回归模型的构建 3. 二元 Logistic 回归模型的估计 4. 优势比与回归系数含义解读	关键术语： 二分类事件、概率、Logit 函数、最大似然估计、优势比、回归系数
	2.2 实战：对贷款人信用分析与违约概率预测作二元 Logistic 回归	关键技能： ①二元 Logistic 回归分析操作 ②模型拟合优度方面的指标解读 ③回归方程显著性检验结果解读 ④回归系数显著性检验结果解读 ⑤写出二元 Logistic 回归方程 ⑥回归方程系数解读 ⑦模型的预测结果解读

教学目标

1. 知识目标

(1)掌握线性回归模型的基本含义。

(2)了解最小二乘估计法得到回归模型中各回归系数估计式的基本设计思路。

(3)明确二元 Logistic 回归分析解决的问题。

(4)掌握二元 Logistic 回归分析的基本思路。

2. 能力目标

(1)运用 SPSS 具体操作线性回归分析。

(2)运用 SPSS 具体操作二元 Logistic 回归分析。

(3)结合方法原理解读分析结果的统计意义。

(4)根据输出结果写出回归方程，并能解读回归方程系数的实际含义。

3. 素质目标

(1)提高团队合作能力，共同完成数据收集、整理和分析工作。

(2)培养探索问题的能力，包括探索问题的本质和背后影响因素的职业习惯。

▶▶ 任务驱动：任务 1、任务 2

任务 1　线性回归与 SPSS 实战

1.1　理论：回归分析概述

1.1.1　回归分析

1. 回归分析的概念

"回归"一词起源于 19 世纪生物学家弗朗西斯·高尔顿（Francis Galton）进行的遗传学研究。他在研究子女身高与父母身高之间的关系时发现，下一代人身高有回归于同时代人类平均身高的趋势。也就是说，父母高，儿女也高，父母矮，儿女也矮，但对于父母双亲都异常高或者矮的情况，儿女的身高则有走向同时代人类平均身高的趋势。

回归分析是一种统计方法，主要用于探索因变量与 1 个或多个自变量之间的关系。它以建立 1 个数学模型来描述这些关系，并使用样本数据来估计模型的参数。

在回归分析中，因变量是希望预测或解释的变量，通常以 y 表示；而自变量是被认为可能对因变量产生影响的变量，通常以 x 表示。通过收集适当的数据样本，回归分析可以研究和理解变量之间的关系，并用于预测和解释未知数据。

2. 回归分析的用途

（1）描述资料。通过回归模型的系数，可以了解自变量对因变量的影响程度和方向。比如，回归模型 $y = 4 + 5x$，表示 x 每增加 1 个单位，y 平均会增加 5 个单位。x 与 y 的关系是正向线性关系。

（2）估计或预测。利用回归模型及特定的自变量值估计或预测因变量值。比如，回归模型 $y = 4 + 5x$，当给定 $x = 3$ 时，代入回归模型，就可以估计出 $y = 4 + 5 \times 3 = 19$。

（3）控制。给定因变量值或特性，求解自变量值。比如，回归模型 $y = 4 + 5x$，假如希望 y 的取值为 64，那么就可以求解 $64 = 4 + 5x$，得出 $x = 12$。再如，在一个特定的取值范围内（$10 \leqslant x \leqslant 60$）希望 y 取值最大，$y_{\max} = 4 + 5x$，求 x 的值。

1.1.2　两变量之间的关系

在进行回归分析之前，可以先绘制自变量与因变量的散点图，以了解 2 个变量之间的关系。

1. 正相关

假如 x 增加，y 也增加，或 x 减少，y 也减少，称为 x 与 y 正相关（positive relationship）。比如，广告费用与销售量的关系，如图 4-1 所示。通过增加广告费用，企业可以提高品牌或产品的曝光度，能够向消费者传递产品或服务的特点、优势、价值等信息，从而提高消费者的购买意愿；企业也有更多的机会触及潜在客户群体，扩大消费者的范围，使销售量增加。

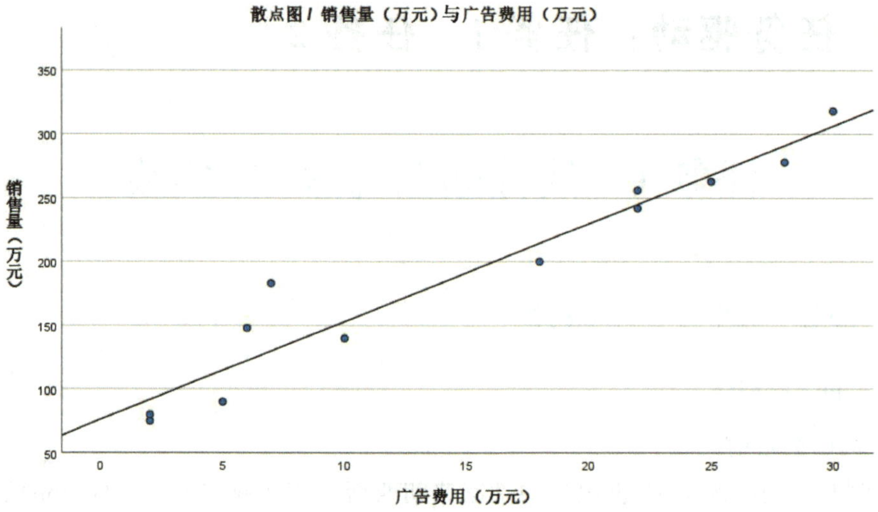

图 4-1　正相关

2. 负相关

假如 x 增加，y 减少，或 x 减少，y 增加，称为 x 与 y 负相关（negative relationship）。比如，通货膨胀率与购买力指数的关系，如图 4-2 所示。通货膨胀率上升意味着货币购买力下降，同样数量的货币能够买到的商品和服务减少。在通货膨胀高涨的情况下，一方面，工资可能无法实时调整以适应物价的上涨，导致购买力的下降；另一方面，随着生活必需品、房租、能源价格等成本的上升，人们需要花费更多的钱来购买相同的商品和服务，从而降低了购买力。

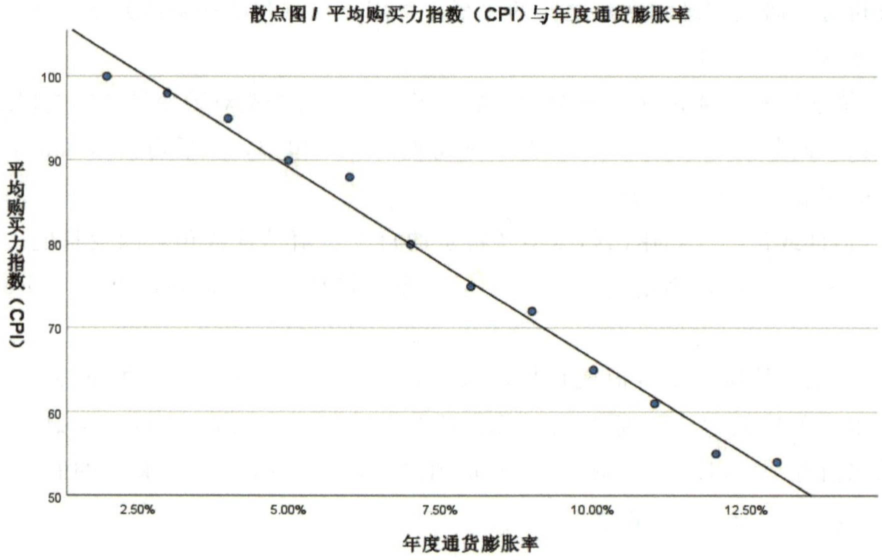

图 4-2　负相关

3. 不相关

散点图中的点大部分与水平轴平行，看不出任何特殊图形，称 x 与 y 不相关（no relationship）。比如，华发股份月收益率与国债指数月收益率的关系，如图 4-3 所示。华发股份作为股票，其收益率受公司盈利情况、行业发展和市场供需等因素的影响；而国债指数代表着国债市场的整体表现，其收益率较为稳定，受宏观经济因素的影响。这意味着二者的投资风险和表现存在差异。投资者对风险的接受程度不同，可能会选择不同的资产配置方式，导致 2 个变量之间的不相关性。

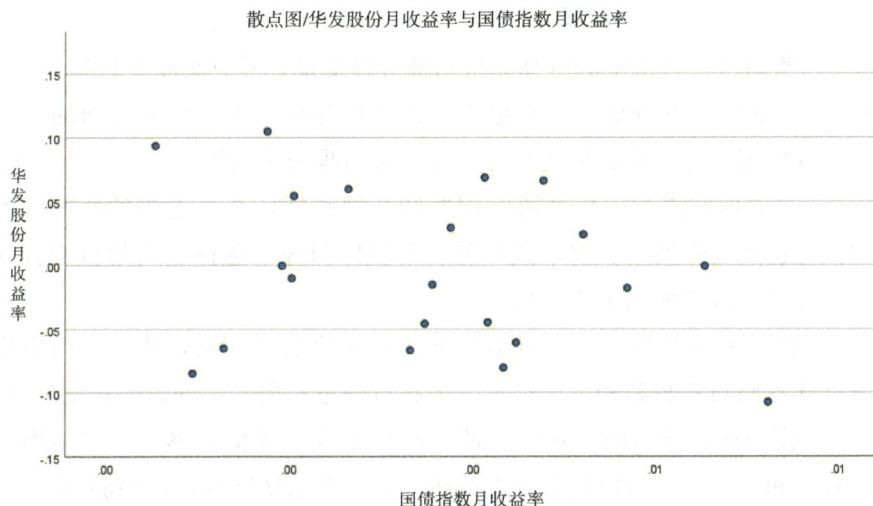

散点图/华发股份月收益率与国债指数月收益率

图 4-3 不相关

4. 曲线关系

曲线关系是指 2 个变量之间存在的非线性关系（U 型关系、S 型关系等）。比如，公司成本与利润的关系，如图 4-4 所示。在一定范围内，随着产量的增加，公司能够获得规模经济效应，这使得单位生产成本降低。生产设备得以充分利用，资源也能更有效地配置，从而利润开始增加。然而，当规模持续扩大时，就可能产生规模不经济效应。此时，生产线可能会出现拥堵现象，管理方面也会面临困难。这些情况会造成单位生产成本上升，进而利润开始下降。

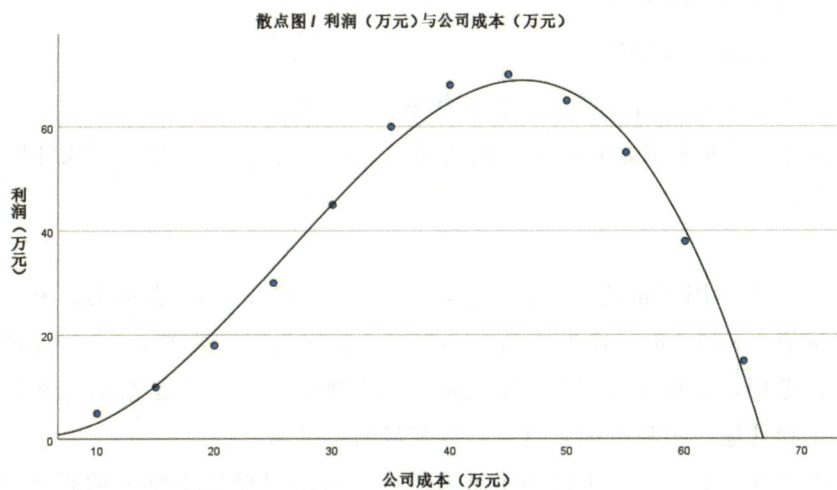

散点图 / 利润（万元）与公司成本（万元）

图 4-4 曲线关系

通过绘制自变量与因变量的散点图，可以初步判断自变量和因变量之间的相关关系，发现异常值或离群点，对自变量和因变量数据分布有大致了解，从而决定是否进行回归分析。

回归分析与相关分析在实际应用中有密切关系。在回归分析中，所关心的是一个随机变量 y 对另一个（或一组）随机变量 x 的依赖关系的函数形式；而在相关分析中，所讨论的变量地位一样，分析则侧重于随机变量之间的种种相关特征。例如，以 X、Y 分别记小学生的数学与语文成绩，相关分析感兴趣的是二者的关系如何，而不是通过 X 预测 Y。

1.1.3　回归分析的基本步骤

步骤 1：明确回归分析中的解释变量和被解释变量，并收集相关数据。

步骤 2：探索性数据分析。对数据进行探索性分析，了解变量之间的关系和分布情况。可以使用统计图表、描述统计等方法来初步分析数据。

步骤 3：建立回归模型。根据研究问题和数据特征，选择适当的回归模型。常见的回归模型包括线性回归、多项式回归、逻辑回归等。选择适当的自变量和假设函数形式，考虑是否需要引入交互项等。

步骤 4：估计模型参数。使用最小二乘法或其他估计方法，估计回归模型中的参数。通过计算回归系数和相关统计量，了解自变量对因变量的影响程度和显著性。

步骤 5：模型评估和诊断。对建立的回归模型进行评估和诊断，判断模型对数据的拟合程度和显著性。可以进行残差分析、建立置信区间和假设检验等。

步骤 6：解释和预测。根据模型结果，解释自变量对因变量的影响方向和程度。利用模型对因变量进行预测，通过给定自变量的值来预测因变量的取值。

1.2　理论：线性回归模型

回归分析需要建立描述变量间相关关系的回归方程。按照自变量和因变量之间的关系类型，可以分为线性回归分析和非线性回归分析。在线性回归分析中，根据自变量的个数，可以分为一元线性回归和多元线性回归。例如，1 个经济指标的数值往往受许多因素影响，若其中只有 1 个因素是主要的、起决定性作用的，则可用一元线性回归进行预测分析。

1.2.1　一元线性回归模型

1. 一元线性回归总体模型、方程及样本回归方程

1 个自变量与因变量之间最简单的关系是直线关系，总体的一元线性回归模型可以表示为：

$$y_i = \alpha + \beta x_i + \varepsilon_i \tag{4-1}$$

式中：y_i 表示因变量的第 i 个观察值，$i=1,\cdots,n$；x_i 表示第 i 个观察值对应的自变量值；α 和 β 都是模型中的未知参数，α 称为回归常数，β 称为回归系数；ε_i 为随机误差项，又称随机误差、随机项、误差项或扰动项，是指不包含在模型中的解释变量和其他一些随机因素对被解释变量的总影响。

随机误差项一般包括：①模型中省略的、对被解释变量不重要的影响因素（解释变量）；②解释变量和被解释变量的观测误差；③经济系统中无法控制、不易度量的随机因素。

ε_i 是 1 个随机变量，应当满足 2 个前提条件：一是随机误差的期望 $E(\varepsilon_i)=0$；二是随机误差的方差 $\mathrm{Var}(\varepsilon_i)=\sigma^2$，是一个特定的值。

对式(4-1)求期望，则有：

$$E(y_i) = \alpha + \beta x_i \tag{4-2}$$

式中：$E(y_i)$ 表示给定自变量值 x_i 时因变量的期望值或均值；α 是总体回归方程的常数项，是总体回归直线在 y 轴上的截距；β 是总体回归系数，是总体回归直线的斜率。

通常将式(4-2)称为<u>总体的一元线性回归方程</u>。由式(4-2)可知，总体回归方程描述的是 y 和 x 这 2 个变量之间平均的数量变化关系。

然而，实际中通常不可能把变量的全部可能取值收集齐全，总体回归方程中的参数 α 和 β 是不可能直接计算得到的，是有待估计的未知参数。因此，需要根据样本信息，通过拟合数据来估计回归方程的参数，可以通过最小二乘估计法来实现。该方法旨在使模型的预测值与实际观测值之间的平方差最小化，从而找到 2 个样本统计量 a 和 b 分别作为参数 α 与 β 的估计值。用 a 和 b 分别替代总体回归方程中的参数，得到估计的<u>回归方程</u>，也称<u>样本回归方程</u>。其形式为：

$$\hat{y}_i = a + b x_i \tag{4-3}$$

式中：$\hat{y}_i$ 是与自变量取值 x_i 相对应的因变量均值 $E(y_i)$ 的估计；a 是样本回归方程的常数项，即样本回归直线在 y 轴上的截距，表示除自变量 x 以外的其他因素对因变量 y 的平均影响量；b 是样本回归系数，即样本回归直线的斜率，表示自变量 x 每增加 1 个单位时因变量 y 的平均增加量。

根据样本观察数据估计出 a 和 b 的数值之后，样本回归方程(4-3)可作为预测模型，即<u>一元线性回归预测模型</u>。

2. 一元线性回归方程参数的最小二乘估计

观察值与预测值间的差异($e_i = y_i - \hat{y}_i$)称为<u>残差</u>(residual)。残差值越小，表示回归模型的解释能力越强，此回归模型预测因变量的效果越佳。

<u>最小二乘估计法</u>(least square method)又称<u>最小平方法</u>，利用该方法(最小化残差值平方和的方法)，可以得到回归模型中各回归系数的估计式，从而构建回归模型。

最小二乘估计法的公式为：

$$\min \sum_{i=1}^{n} (y_i - \hat{y}_i)^2 = \min \sum_{i=1}^{n} e_i^2 \tag{4-4}$$

式中：$e_i = y_i - \hat{y}_i$，表示第 i 个观察值下的残差值，且 $\sum_{i=1}^{n} e_i = 0$。

利用最小平方法可推得 a 与 b 的公式：

$$b = \frac{ss_{xy}}{ss_x} \tag{4-5}$$

$$a = \bar{y} - b\bar{x} \tag{4-6}$$

其中：

$$ss_{xy} = \sum (x_i - \bar{x})(y_i - \bar{y}) = \sum x_i y_i - \frac{\sum x_i \sum y_i}{n} \tag{4-7}$$

$$ss_x = \sum (x_i - \bar{x})^2 = \sum x_i^2 - \frac{(\sum xi)^2}{n} \tag{4-8}$$

具体的求解过程用到微分法求函数极值的原理。在使用 SPSS 进行分析时，SPSS 会自动完成参数估计并给出最终的估计值。

1.2.2　多元线性回归模型

在现实社会中，某种现象常常是与多个因素相联系的，由多个自变量的最优组合共同来预测或估计因变量，比只用 1 个自变量进行预测或估计更有效、更符合实际。比如，在某个消费水平的关系式中，工资水平、受教育程度、职业、地区、家庭负担等因素都会影响消费水平。某商品的销售量既与人口的增长变化有关，也与商品的价格变化、广告费用的变化等有关。因此，多元线性回归比一元线性回归的实际意义更大。

多元线性回归分析的主要目的在于探索多个自变量 x 与因变量 y 之间的线性关系，多元线性回归模型为：

$$y_i = \alpha + \beta_1 x_{1i} + \beta_2 x_{2i} + \cdots + \beta_k x_{ki} + \varepsilon_i \tag{4-9}$$

式中：k 为自变量的数目；α 为常数项；β_1，β_2，$\cdots$，β_k 为各自变量对应的回归系数；ε_i 是随机变量。对式(4-9)求期望：

$$E(y_i) = \alpha + \beta_1 x_{1i} + \beta_2 x_{2i} + \cdots + \beta_k x_{ki} \tag{4-10}$$

式中：α，β_1，β_2，$\cdots$，β_k 是 $k+1$ 个未知、待估的参数。同样可以基于样本数据，采用最小二乘估计法来实现参数估计。由此得到估计的多元线性回归方程为：

$$\hat{y}_i = a + b_1 x_{1i} + b_2 x_{2i} + \cdots + b_k x_{ki} \tag{4-11}$$

式(4-11)中，a 是参数 α 的估计值；$b_j(j=1,2,\cdots,k)$ 是参数 $\beta_j(j=1,2,\cdots,k)$ 的估计值，也称为偏回归系数(partial regression coefficient)。偏回归系数表示自变量对因变量的影响，即当其他自变量保持不变时，自变量变化 1 个单位对因变量的平均变化的影响。例如，b_1 是 x_1 对 y 的偏回归系数，表示当 x_2，x_3，$\cdots$，x_k 固定时，x_1 每增加 1 个单位，因变量 y 的平均变化量；同理 b_2 是 x_2 对 y 的偏回归系数，表示当 x_1，x_3，$\cdots$，x_k 固定时，x_2 每增加 1 个单位，因变量 y 的平均变化量；等等。

1.3　实战：对华发股份月收益率的决定与预测作多元线性回归

线性回归分析在金融和财务领域中有着广泛的应用。比如，在金融领域，通过建立线性回归模型，可以确定影响股票、债券或其他金融工具价格的因素，并对其进行预测；可以分析不同因素对投资组合或资产价格波动产生的影响，帮助金融机构和投资者评估与管理风险等。再如，在财务领域，可以使用线性回归模型来预测产品成本与原材料价格、劳动力成本、生产规模等因素之间的关系，帮助企业作出成本控制和预测决策；可以分析销售额与广告费用、市场份额、竞争对手活动等因素之间的关系，以便企业进行销售预测和制订销售策略等。

1.3.1　案例分析与介绍

投资者想分析华发股份收益率与市场主要指数(沪深 300 指数、房地产指数、国债指数)之间的关系，更好地了解华发股份受到市场整体风险的影响程度，从而进行风险管理与资产配置。同时，通过 2022 年 10 月沪深 300 指数、房地产指数和国债指数的预期收益率，利用线性回归模型对华发股份收益率进行预测，为决策过程获得更多信息和参考依据。因此，构建多元线性回归模型为：

$$ret\_hf_i = \alpha + \beta_1 ret\_hs300_i + \beta_2 ret\_fdc_i + \beta_3 ret\_gz_i + \varepsilon_i \tag{4-12}$$

式中：因变量为"ret_hf"(表示华发股份月收益率)；自变量分别为"ret_hs300"(表示沪深 300 指数月收益率)、"ret_fdc"(表示房地产指数月收益率)、"ret_gz"(表示国债指数月收益率)；ε_i 表示随机误差；α 为常数项；β_1、β_2、β_3 为对应自变量的回归系数。

1.3.2　操作步骤

步骤 1：获取原始数据，并进行初步整理。

（1）从"平安证券慧赢"软件上下载华发股份（600325）（后复权）、沪深 300 指数（399300）、房地产指数（880482）、国债指数（000012）2022 年 10 月之前的所有月 K 线数据。

（2）将数据分别导入 SPSS 中，并对数据进行清洗和整理。提取年份（year）与月份（month），将数据按照日期升序排列，并分别生成月收益率数据、"ret_hf"（华发股份月收益率）、"ret_hs300"（沪深 300 指数月收益率）、"ret_fdc"（房地产指数月收益率）、"ret_gz"（国债指数月收益率），分别保存各数据文件。

$$月收益率 = \frac{当月收盘价 - 上月收盘价}{上月收盘价} \tag{4-13}$$

（3）将数据按照日期升序排列，选择数据量最少的"房地产指数"文件为活动数据集，合并 4 个数据文件，另存文件为"华发股份线性回归建模.sav"。

步骤 2：绘制散点矩阵图。

打开合并后的数据文件"华发股份线性回归建模.sav"，依次单击"图形"→"图表构建器"→"散点图"→"散点图矩阵"。在弹出框中，依次将变量"ret_hf""ret_hs300""ret_gz""ret_fdc"拖入散点矩阵框中，如图 4-5 所示。最后，单击"确定"按钮。

由图 4-6 中散点图矩阵首列可见，华发股份月收益率（ret_hf）与房地产指数月收益率（ret_fdc）2 个变量存在很强的正相关性，华发股份月收益率（ret_hf）与沪深 300 指数月收益率（ret_hs300）2 个变量存在较强的正相关性，华发股份月收益率（ret_hf）与国债指数月收益率（ret_gz）2 个变量没有明显的线性关系。

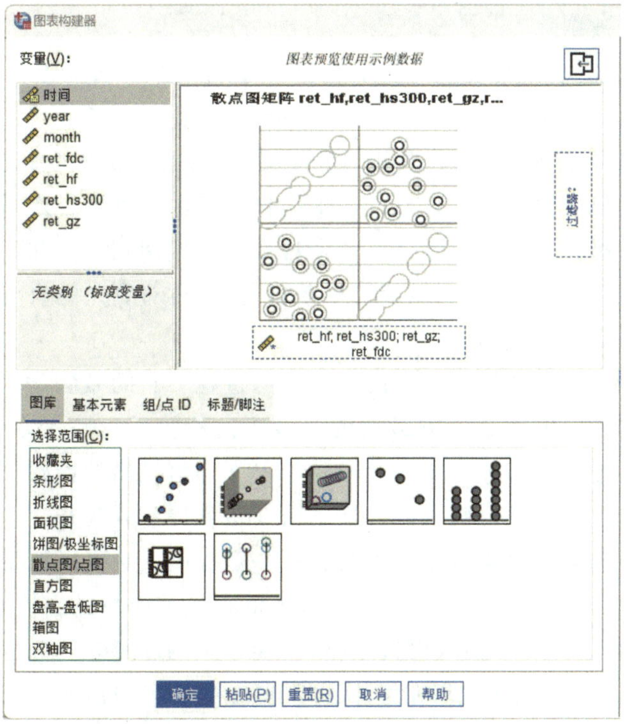

样本数据下载

实战视频

实战素材

样本数据整理

实战视频

图 4-5　"图表构建器"对话窗口

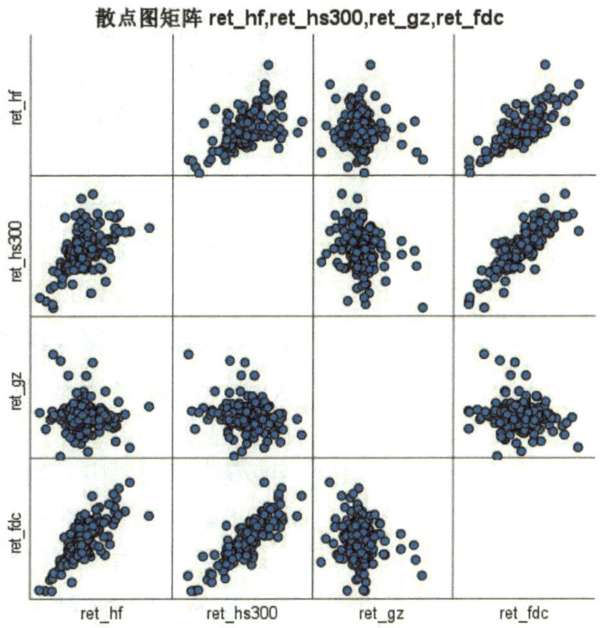

图 4-6　散点图矩阵

步骤 3：线性回归分析操作。

（1）线性回归分析的基本操作。依次单击"分析"→"回归"→"线性"。在"线性回归"弹出框中，将变量"ret_hf"拖入"因变量"框，依次将"ret_hs300""ret_fdc""ret_gz"拖入"自变量"框，并在方法框中选择"步进"，如图 4-7 所示。

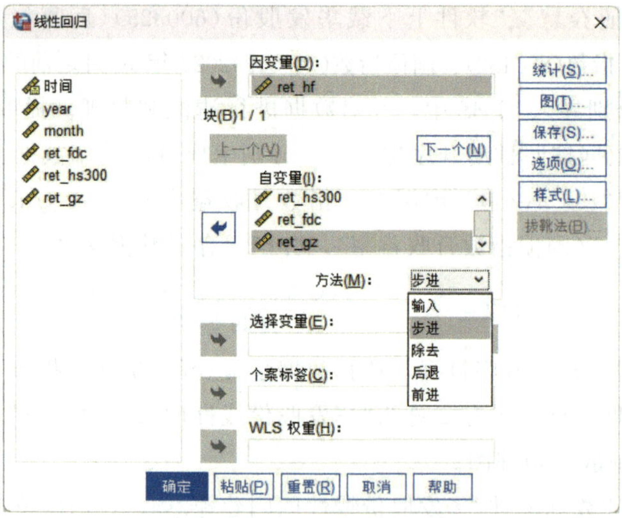

图 4-7 "线性回归"对话窗口

线性回归分析"方法"框中解释变量的筛选策略说明如下。

输入筛选策略：一种强制进入法。它将所有选定的自变量一次性全部纳入回归模型，不进行变量筛选，不考虑自变量对因变量的单独贡献是否显著或者自变量之间是否存在多重共线性等情况。

步进筛选策略：本质是前进筛选策略，但每引入 1 个新的自变量后，都需要对方程中旧的自变量做检验，判断其是否还有存在的价值。依此类推，直至方程稳定，不再有自变量进入或被剔除。

除去筛选策略：先构建包含多个自变量的初始模型（如通过"输入"法构建），然后按照研究者设定，从初始模型中移除指定的自变量。可能基于理论或已有研究认为某些自变量不应在最终模型中，或者为对比包含和不包含某些自变量时模型的性能。

后退筛选策略：与前进筛选策略相反，是方程中的自变量由多到少、逐渐精简的过程。先把所有自变量都放进去，然后计算每个自变量的偏回归平方和，剔除偏回归平方和最小的 1 个（此过程也需要做统计推断），然后再对剩余的自变量进行类似的筛选，直至无自变量可被剔除。

前进筛选策略：方程中自变量从无到有、由少到多的过程。它的做法是先将每个自变量与因变量作回归，挑出 1 个影响最大的，做假设检验后先进入方程。然后在余下的自变量中，在考虑先前进入的自变量的情况下，再挑出偏回归平方和大的自变量进入方程。依此类推，直到没有合适的自变量可以进入为止。

在实际应用中，步进筛选策略比较常用。因为它在一定程度上平衡了变量选择的准确性和模型的简洁性。它能够自动筛选出对因变量有显著影响的自变量，避免了将所有自变量强制纳入模型（如输入筛选策略）可能带来的问题，同时也不像后退筛选策略那样一开始就基于全模型（在样本量小或自变量多的情况下可能导致过拟合），也不像前进筛选策略可能会错过更优的自变量组合。在大多数实际研究中，往往不太清楚哪些自变量是真正重要的，步进筛选策略可以根据数据本身的特征来选择合适的自变量构建模型。

(2)线性回归分析的其他操作。在图 4-7 所示的"线性回归"弹出框中，单击"统计"按钮，在弹出框中勾选"估算值""德宾-沃森""模型拟合"和"共线性诊断"，然后单击"继续"按钮，如图 4-8 所示。

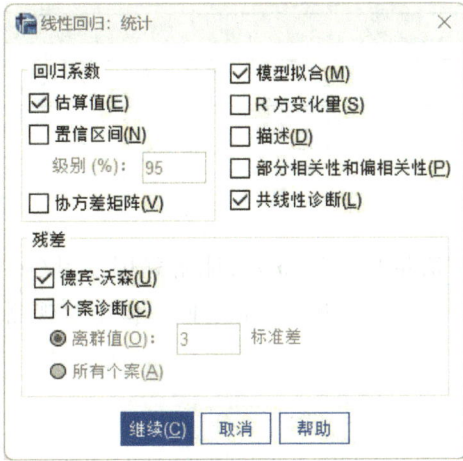

图 4-8　线性回归分析的统计窗口　　　　　图 4-9　线性回归分析的图绘制窗口

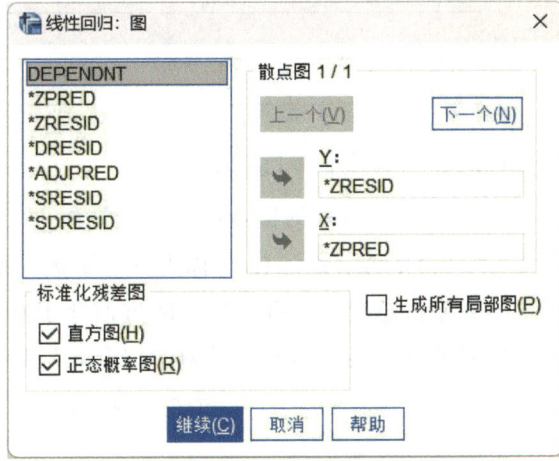

在图 4-7 所示的"线性回归"弹出框中，单击"图"按钮，在弹出框中勾选"直方图"和"正态概率图"，并将"＊ZRESID"拖入"Y"框中，将"＊ZPRED"拖入 X 框中，然后单击"继续"按钮，如图 4-9 所示，最后单击"确定"按钮。

回归模型估计

实战视频

> 　　标准化预测值(＊ZPRED)：使用标准化的自变量数据，根据回归模型计算得出的预测响应变量的值。具体来说，是将原始自变量数据进行标准化处理后，在回归方程中代入得到的预测值。
>
> 　　标准化残差(＊ZRESID)：用于衡量预测值与观测值之间的差距，通过对残差进行标准化处理得到。标准化残差表示每个观测值的残差对于其他观测值来说的相对大小。标准化残差等于原始残差除以残差的标准差，可以用来判断某个观测值是否远离其他观测值。
>
> 　　剔除残差(＊DRESID)：计算时先剔除某观测值再构建模型预测该值，用于衡量单个观测值对回归模型的影响程度。
>
> 　　调整的预测值(＊ADJPRED)：考虑数据集中的其他观测值关系而调整后的预测值。相比普通预测值，调整后的预测值更能反映数据整体结构下的预测情况。
>
> 　　Student 化的残差(＊SRESID)：将普通残差标准化，使其具有可比性。依据 Student 分布性质判断观测值是否异常或影响较大。
>
> 　　Student 化的已删除残差(＊SDRESID)：先剔除观测值，再计算 Student 化的残差。综合了剔除影响和标准化处理，能更准确地识别异常值或强影响点。

在线性回归分析中，标准化预测值和标准化残差能够帮助识别数据点对回归方程的拟合贡献。一般来说，标准化预测值接近 0，意味着预测值与平均值接近；标准化残差接近 0，表示该数据点的观测值与预测值之间没有明显的差异；而较大的标准化残差，可能表示存在异常值或者模型拟合不良。

实战笔记：

_____

_____

_____

_____

1.3.3 基本回归结果解读

1. 回归方程的拟合优度检验结果

（1）R 方。R 方（R^2）称为判定系数，是用来衡量自变量（x）所能解释因变量（y）的变差占总变差的百分比。R 方值介于 0 与 1，其值越接近 1，表示回归模型对观测数据的解释能力越强，模型的拟合效果越好。

$$R^2 = \frac{回归可解释的变差}{总变差} = \frac{SSR}{SST} \tag{4-14}$$

在回归模型中，为了评估自变量预测因变量的能力，必须要知道下列 3 个变差的衡量值：

回归变差（Sum of squares regression）：

$$SSR = \sum_{i=1}^{n} (\hat{y}_i - \bar{y})^2 \tag{4-15}$$

残差变差（Sum of squares residual error）：

$$SSE = \sum_{i=1}^{n} (y_i - \hat{y}_i)^2 \tag{4-16}$$

总变差（Sum of squares total）：

$$SST = \sum_{i=1}^{n} (y_i - \bar{y})^2 = SSR + SSE \tag{4-17}$$

3 个变差的含义及关系，如图 4-10 所示。

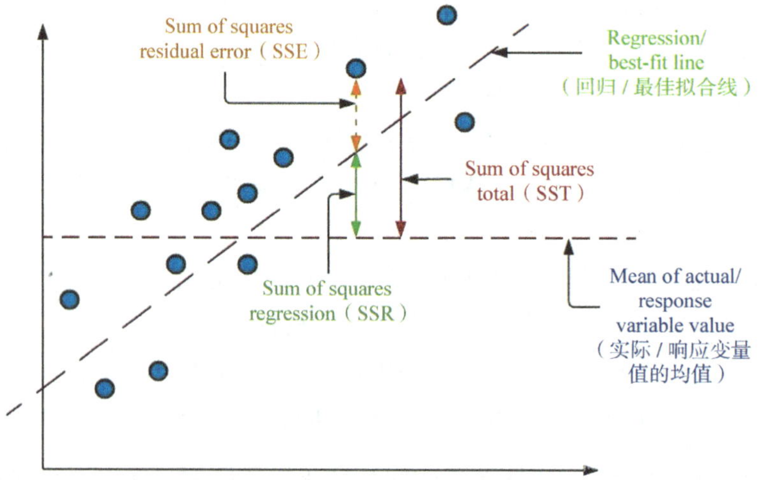

图 4-10　3 个变差的含义及关系图

注意：在统计学中，回归分析和方差分析的变差分解遵循相同的核心逻辑，其本质相同，但术语的传统用法存在差异。在回归分析中，系统性变差（SSR）反映自变量的线性影响；在方差分析中，系统性变差（SSA）反映实验处理的分组差异。为了严格区分方法场景，此处用 SSR（回归变差）、SSE（残差变差），对应本书方差分析中的 SSA 和 SSE。

（2）调整后 R 方。在多元线性回归中，随着自变量 X 个数的增加，R 方会越来越大，就会认为模型拟合越来越好，但实际上可能是自变量个数的增加导致 R 方增大。这样看来，R 方不是比较客观的指标。此时将自变量个数考虑进去，就得到了调整后 R 方。

$$调整后\ R\ 方=1-(1-R^2)\frac{(n-1)}{(n-k-1)} \tag{4-18}$$

从公式可以看出，调整后 R 方同时考虑了样本量 n 和自变量个数 k，且调整后 R 方<R 方。调整后 R 方不会随着自变量个数的增加越来越大，故在多元线性回归分析中，使用调整后 R 方对模型拟合效果进行评价会更加准确。

表 4-1 给出了自变量采用步进回归策略筛选的摘要。模型 1 是一元线性回归模型，自变量为"ret_fdc"，依次逐步回归。在模型 1 的基础上建立模型 2，自变量为"ret_fdc"和"ret_hs300"。后一个模型（模型 2）是最终的分析结果。模型 2 的 R 方（0.651）、调整后 R 方（0.648）均比模型 1 的 R 方（0.619）、调整后 R 方（0.617）有所增加。从拟合优度角度看，模型 2 的拟合效果更优。调整后 R 方为 0.648，说明模型 2 能解释华发股份月收益率 64.8% 的变异。

表 4-1　回归方程的拟合优度检验结果

模型摘要[c]					
模型	R	R 方	调整后 R 方	标准估算的错误	德宾-沃森
1	0.786[a]	0.619	0.617	0.106 35	
2	0.807[b]	0.651	0.648	0.101 92	2.160

a. 预测变量：（常量）ret_fdc。
b. 预测变量：（常量）ret_fdc，ret_hs300。
c. 因变量：ret_hf。

2. 回归方程的显著性检验结果

表 4-2 是回归方程显著性检验结果，主要观察"F"和"显著性"所在的列。F 值是回归方程的显著性检验，表示对模型中被解释变量与所有解释变量之间的线性关系在总体上是否显著作出推断。原假设是"列入模型的各个解释变量联合起来对被解释变量没有显著影响"，备择假设是"列入模型的各个解释变量联合起来对被解释变量有显著影响"。F 值对应的 p 值（显著性）非常接近 0，小于临界概率水平 0.05，则拒绝原假设、接受备择假设，认为列入模型的各个解释变量联合起来对被解释变量有显著影响。因此，多元线性回归方程是有使用价值的。

表 4-2　回归方程的显著性检验结果

ANOVA[a]						
模型		平方和	自由度	均方	F	显著性
1	回归	3.760	1	3.760	332.459	0.000[b]
	残差	2.319	205	0.011		
	总计	6.079	206			

续表

ANOVA^a						
模型		平方和	自由度	均方	F	显著性
2	回归	3.960	2	1.980	190.621	0.000^c
	残差	2.119	204	0.010		
	总计	6.079	206			

a. 因变量：ret_hf。

b. 预测变量：（常量）ret_fdc。

c. 预测变量：（常量）ret_fdc，ret_hs300。

3. 回归系数的显著性检验结果

表 4-3 给出了模型 2 回归系数的估计及显著性检验结果。在表 4-3 中，第 3 列为回归系数，第 6 列为 t 统计量，第 7 列为 t 统计量观测值对应的 p 值（显著性）。在模型 2 中，自变量"ret_fdc"的回归系数显著性检验的 t 统计量观测值为 13.921，对应的 p 值（显著性）非常接近 0，小于临界概率水平 0.05，应拒绝回归系数显著性检验的原假设，说明自变量"ret_fdc"对因变量"ret_hf"有显著影响。同理，自变量"ret_hs300"对因变量"ret_hf"也有显著影响。第 5 列为标准化回归系数，用于比较自变量对因变量的重要性大小。在模型 2 中，"ret_fdc"的标准化系数（1.071）大于"ret_hs300"的标准化系数，说明房地产指数月收益率对华发股份月收益率的重要性大于沪深 300 指数月收益率，该结论是合理的。依照表 4-3，模型 2 的样本回归方程可写作：

$$ret\_hf_i = 0.007 + 1.889 \times ret\_fdc_i - 0.701 \times ret\_hs300_i \tag{4-19}$$

自变量"ret_fdc"的偏回归系数为 1.889，反映了在其他解释变量保持不变的情况下，房地产指数月收益率增加 1 个单位，华发股份月收益率增加 1.889 个单位；自变量"ret_hs300"的偏回归系数为 -0.701，反映了在其他解释变量保持不变的情况下，沪深 300 指数月收益率增加 1 个单位，华发股份月收益率减少 0.701 个单位。

表 4-3 回归系数的显著性检验结果

系数^a								
模型		未标准化系数		标准化系数	t	显著性	共线性统计	
		B	标准错误	Beta			容差	VIF
1	（常量）	0.007	0.007		0.920	0.359		
	ret_fdc	1.387	0.076	0.786	18.233	0.000	1.000	1.000
2	（常量）	0.007	0.007		1.015	0.311		
	ret_fdc	1.889	0.136	1.071	13.921	0.000	0.289	3.464
	ret_hs300	-0.701	0.160	-0.337	-4.385	0.000	0.289	3.464

a. 因变量：ret_hf。

1.3.4 残差诊断及共线性诊断结果解读

在进行线性回归分析前，需要对残差的独立性、正态性、同方差性，以及自变量的共线性进行检验，以确保模型的可靠性和有效性。

线性回归分析的前提条件包括：①线性关系，自变量和因变量之间的关系应该是线性的，即可以通过 1 条直线来描述变量之间的关系；②残差的独立性，因变量的残差应该是相互独立的，即残差之间不应该存在相关性，1 个残差的取值不应该受到其他残差取值的影响；③正态性检验，因变量的残差应当遵循正态分布，这有助于使参数估计的标准误差具有一些良好的特性；④同方差性检验，因变量的残差离散程度应该是恒定的，即残差的方差在自变量的各个取值点上都大致相等，也称为同方差性；⑤多重共线性检验(对于多元线性回归)，自变量之间不应该存在高度相关的情况，否则会导致多重共线性，这可能导致参数估计的不确定性。

1. 残差诊断

残差诊断

实战视频

表 4-1 中最后 1 列给出的德宾-沃森统计量为 2.160，取值接近 2。因此，判断残差相互独立，不具备自相关。

德宾-沃森统计量是用于判断线性回归模型的残差是否存在自相关性的一种方法。其取值范围为 0～4，0 表示完全正自相关，4 表示完全负自相关，2 表示不存在自相关。如果德宾-沃森统计量的取值接近 2，那么可以推断残差相互独立，即不存在自相关；当统计量的值明显小于 2 或明显大于 2 时，可以认为存在自相关性。

图 4-11 给出了模型 2 的标准化残差频率直方图。由该图可见，标准化残差与正态曲线相比有较高的尖峰，并且有些右偏，存在较大的极端值，但形态上基本接近正态曲线。

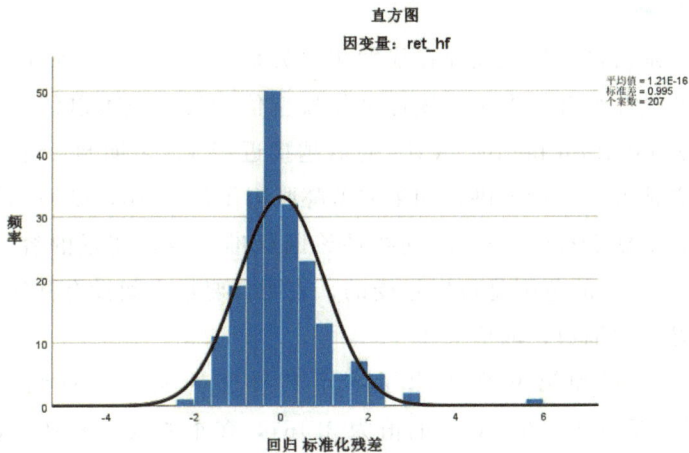

图 4-11　标准化残差频率直方图

图 4-12 给出了回归标准化残差——标准化预测值散点图。从图中可以看出，回归标准化残差没有明显的趋势，基本符合同方差性假设。但是，图中有 2 个超出 3 倍标准差的极端值。这 2 个极端值可能也在一定程度上影响了回归结果。因此，后续将去掉这 2 个极端值，重新进行模型的筛选和诊断。

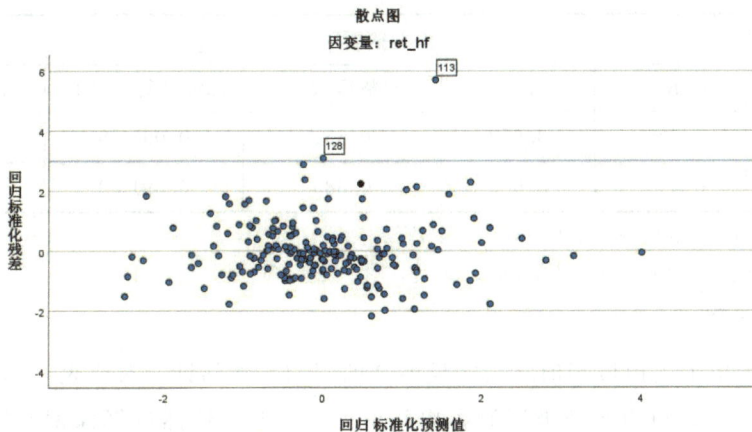

图 4-12　回归标准化残差——标准化预测值散点图

残差的同方差性检验是用来检验线性回归模型中残差的离散程度是否是恒定的，即残差的方差在自变量的各个取值点上是否大致相等。最常用的方法是通过观察残差与拟合值（预测值）的散点图来检验同方差性。如果残差的散点在水平线附近随机分布，并且没有明显的规律性变化，那么可以初步认为残差具有同方差性；如果散点图中残差呈现出随着拟合值的增加或减少而具有明显趋势（如出现了漏斗状分布），那么初步判断残差可能不满足同方差性。此时，可以进一步进行残差同方差性的统计检验，如 BP 检验、高斯-马尔科夫检验等。

实战笔记：

_____

_____

_____

_____

2. 共线性诊断

多重共线性是指自变量之间存在线性相关关系，即 1 个自变量可以是其他 1 个或几个自变量的线性组合。多重共线性会使模型估计失真或难以估计准确。方差膨胀因子（variance inflation factor，VIF）的值越接近于 1，表明自变量之间的多重共线性越轻；反之越重。一般来讲，如果方差膨胀因子超过 10，则回归模型存在严重的多重共线性。根据 Hair(1995)的共线性诊断标准，当自变量的容忍度大于 0.1，方差膨胀因子小于 10 的范围是可以接受的，表明自变量之间没有共线性问题。方差膨胀因子是容忍度的倒数，取值大于 1。

表 4-3 的第 8 列和第 9 列给出了多重共线性的相关计算结果。模型 2 中“ret_fdc”的容忍度为 0.289，VIF 的值为 3.464，多重共线性较弱。由于模型 2 中只有“ret_fdc”和“ret_hs300”这 2 个自变量，因此它们的容忍度和方差膨胀因子都是相等的。

3. 模型的进一步优化

表 4-4 给出了去掉 2 个极端值后，模型筛选过程的摘要。由表 4-4 可知，最终选择的模型 2 与前文的模型 2 一致，均只保留了“ret_fdc”和“ret_hs300”这 2 个自变量。

表 4-4　模型筛选过程的摘要

模型摘要[c]					
模型	R	R 方	调整后 R 方	标准估算的错误	德宾-沃森
1	0.808[a]	0.652	0.651	0.095 88	
2	0.830[b]	0.688	0.685	0.091 02	2.091

a. 预测变量（常量）：ret_fdc。

b. 预测变量（常量）：ret_fdc，ret_hs300。

c. 因变量：ret_hf。

表 4-5 给出了去掉极端值之后的模型 2 的回归系数估计，对比表 4-3，系数估计值基本没有变化，可以判断极端值影响并不大。因此，依然选择保留有极端值时的模型 2，式(4-18)作为最优模型。

表 4-5　回归系数显著性检验结果

系数ᵃ								
模型		未标准化系数		标准化系数	t	显著性	共线性统计	
		B	标准错误	Beta			容差	VIF
1	（常量）	0.003	0.007		0.440	0.660		
	ret_fdc	1.346	0.069	0.808	19.512	0.000	1.000	1.000
2	（常量）	0.003	0.006		0.535	0.593		
	ret_fdc	1.839	0.121	1.104	15.150	0.000	0.291	3.438
	ret_hs300	−0.690	0.143	−0.352	−4.826	0.000	0.291	3.438

a. 因变量：ret_hf。

1.3.5　回归预测

回归预测

通过输入 2022 年 10 月沪深 300 指数、房地产指数和国债指数的预期收益率，可以利用回归模型对华发股份收益率进行预测。这有助于投资者在决策过程中获得更多信息。

步骤 1：在第 208 个个案处单击鼠标右键"插入个案"，如图 4-13 所示。

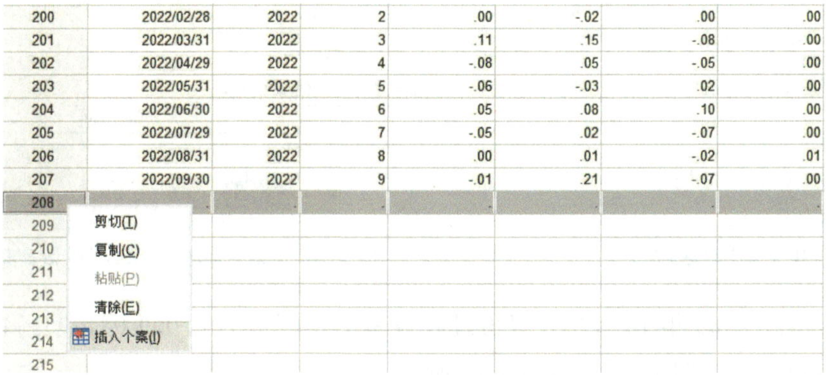

图 4-13　插入个案

实战视频

步骤 2：以自变量过去 3 个月的平均值作为 2022 年 10 月的预测值，然后应用回归模型，对 2022 年 10 月华发股份收益率及 95％ 置信区间作出预测。

依次单击"转换"→"计算变量"，在弹出框中的"目标变量"框中输入"ret_hs300"，在"数字表达式"框中输入"MEAN（LAG（ret_hs300），LAG（ret_hs300，2），LAG（ret_hs300，3））"，如图 4-14 所示。

单击"如果"按钮，在弹出框中勾选"在个案满足条件时包括"，并在下方框中输入" $CASENUM＝208"，再单击"继续"按钮，如图 4-15 所示，最后单击"确定"按钮。

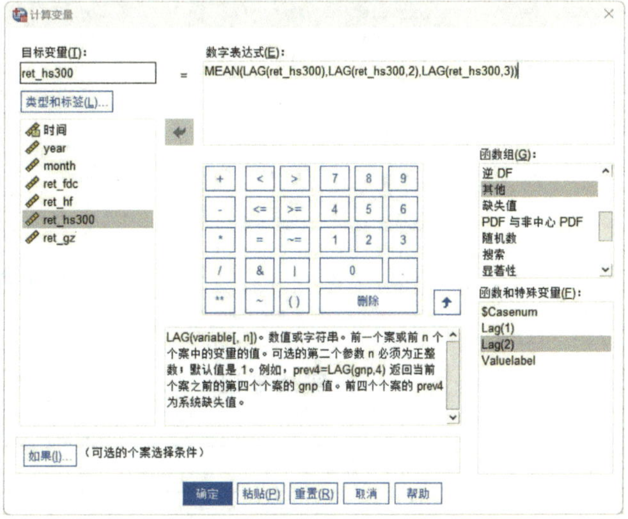

图 4-14　"计算变量"对话窗口

重复上述相同的操作，计算出房地产指数 2022 年 10 月收益率的预测值。

步骤 3：在线性回归分析基本操作的基础上，在图 4-7 所示"线性回归"对话窗口中单击"保存"按钮。在弹出框的"预测值"中勾选"未标准化"，"预测区间"中勾选"单值"，"置信区间"填写"95"，再单击"继续"按钮，如图 4-16 所示，最后单击"确定"按钮。

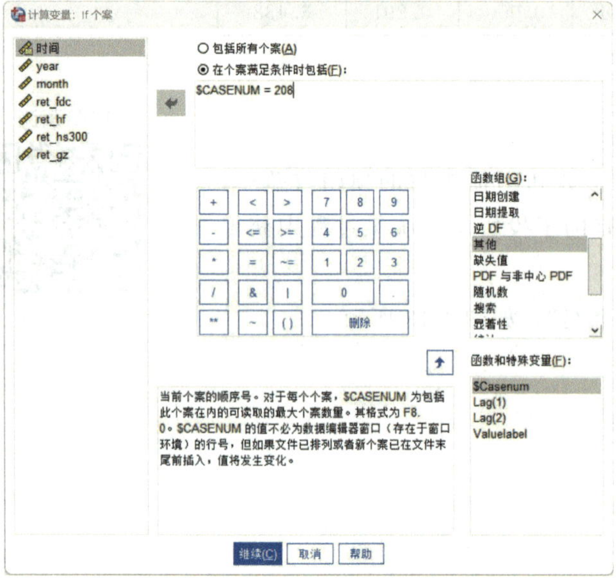

图 4-15　"计算变量：If 个案"对话窗口

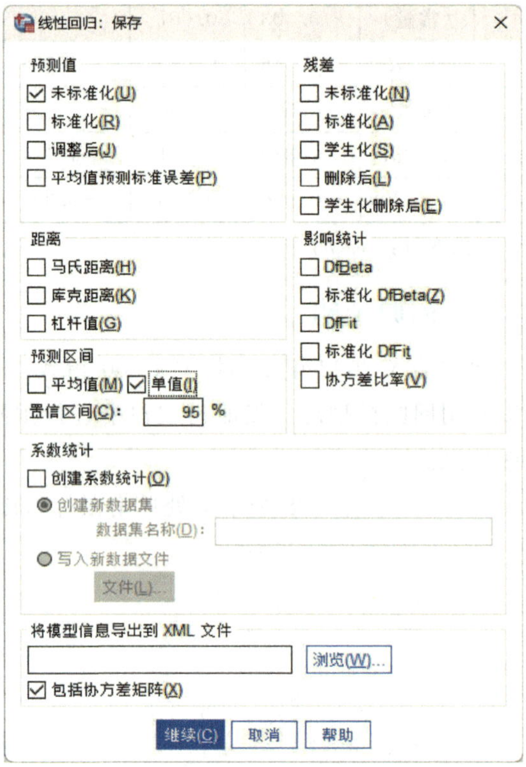

图 4-16　"线性回归：保存"对话窗口

最终得到 2022 年 10 月华发股份月收益率的预测值为 0.009 08，95% 置信区间为[−0.192 81，0.210 96]，如图 4-17 所示。

	时间	year	month	ret_fdc	ret_hf	ret_hs300	ret_gz	PRE_1	LICI_1	UICI_1
199	2022/01/28	2022	1	-.02	.05	-.08	.01	.02688	-.17561	.22937
200	2022/02/28	2022	2	.00	-.02	.00	.00	.00412	-.19732	.20557
201	2022/03/31	2022	3	.11	.15	-.08	.00	.26070	.05308	.46832
202	2022/04/29	2022	4	-.08	.05	-.05	-.00	-.11046	-.31237	.09144
203	2022/05/31	2022	5	-.06	-.03	.02	.00	-.12024	-.32288	.08240
204	2022/06/30	2022	6	.05	.08	.10	.00	.04281	-.15949	.24512
205	2022/07/29	2022	7	-.05	.02	-.07	.00	-.02976	-.23173	.17221
206	2022/08/31	2022	8	.00	.01	-.02	.01	.02145	-.18011	.22301
207	2022/09/30	2022	9	-.01	.21	-.07	.00	.03554	-.16682	.23790
208	2022/10/31	2022	10	-.02	.	-.05	.	.00908	-.19281	.21096

图 4-17　因变量的预测值及 95% 置信区间

实战笔记：

_____

_____

_____

_____

任务 2　二元 Logistic 回归与 SPSS 实战

2.1　理论：二元 Logistic 回归模型的适用情境和模型估计

2.1.1　二元 Logistic 回归模型的适用情境

现实中，人们经常关心某事件发生的可能性。比如，银行希望能知道每个贷款客户违约的概率，股票投资者希望能预测明天股市上涨的概率，保险公司希望能预测每个保险报案人欺诈的概率。在这些例子中，事件在未来仅有 2 种可能性，违约或者守约，上涨或者下跌，欺诈或者没欺诈。这种类型的事件被称为二分类事件。二元 Logistic 回归模型就是专门对二分类事件未来 2 种不同结果发生的概率进行估计的一种重要统计模型。还有一些事件的结果不止 2 种，此时对不同结果发生概率的估计需要应用多元 Logistic 回归模型。本书主要介绍二元 Logistic 回归模型的应用。

例如，某客户向银行申请贷款，并按要求向银行提交了个人的身份及相关财务信息。银行的信贷经理想知道该客户有多大的概率会违约。如果能知道这一概率，那么信贷经理就可以根据违约概率的大小对贷款人进行评分。根据贷款人信用分数的高低，信贷经理将制订不同的贷款方案。信用分数越高，贷款的条件将越优惠；信用分数越低，贷款的条件将越苛刻，甚至银行可能会拒绝放贷。

对违约概率的估计，将直接决定该客户是否能得到这笔贷款。信贷经理一般已经积累了很多贷款客户的历史数据，可以通过这些已有的数据建立模型，估计这个新的贷款客户的违约概率。

2.1.2　二元 Logistic 回归模型的构建

上述贷款人信用分析与违约概率的例子中，银行贷款一旦发放，贷款人未来有 2 种结果：{违约，守约}。假定违约的概率为 P，则守约的概率为 $1-P$。进一步假定影响贷款人违约可能性的因素有 X_1，X_2，$\cdots$，X_k，则可以建立多元线性回归模型：

$$P_i = \beta_0 + \beta_1 X_{1i} + \beta_2 X_{2i} + \cdots + \beta_k X_{ki} + \varepsilon_i \tag{4-20}$$

式中：i 为贷款人的编号，表示第 i 个贷款人；P_i 为贷款人 i 的违约概率。省略掉下标 i，式(4-20)可以简写为：

$$P = \beta_0 + \beta_1 X_1 + \beta_2 X_2 + \cdots + \beta_k X_k + \varepsilon \tag{4-21}$$

这一模型中存在一个明显的问题：模型等式左边是概率，取值范围是[0, 1]；但右边的取值范围可能是($-\infty$, $+\infty$)。因此，该模型即使能估计，那么得到的被解释变量估计值也很可能超出概率的取值范围。其中一种解决的方法是用概率 P 的某个值域为($-\infty$, $+\infty$)的单调函数替代上述模型中的 P 来进行回归，即要求该函数取值随着 P 的增加而增加，并且该函数的值域与模型右边一致，都是($-\infty$, $+\infty$)。

统计学家们据此引入了 Logit 函数：

$$\text{Logit}(P) = \ln\left(\frac{P}{1-P}\right) \tag{4-22}$$

该函数是 P 的单调递增函数，同时值域为$(-\infty, +\infty)$。显然，当 P 趋近于 0 时，Logit 函数取值趋近于$-\infty$；当 P 趋近于 1 时，Logit 函数取值趋近于$+\infty$。

用 Logit 函数替代式(4-20)中左边的 P_i，并去掉右边的 ε_i，得到新的模型：

$$\text{Logit}(P) = \beta_0 + \beta_1 X_1 + \beta_2 X_2 + \cdots + \beta_k X_k \tag{4-23}$$

该模型因为采用了 Logit 变量，因此称为二元 Logistic 回归模型。

由式(4-21)可以进一步推导出贷款人违约的概率：

$$P = \frac{\exp(\beta_0 + \beta_1 X_1 + \beta_2 X_2 + \cdots + \beta_k X_k)}{1 + \exp(\beta_0 + \beta_1 X_1 + \beta_2 X_2 + \cdots + \beta_k X_k)} \tag{4-24}$$

相应地，守约概率为：

$$1 - P = \frac{1}{1 + \exp(\beta_0 + \beta_1 X_1 + \beta_2 X_2 + \cdots + \beta_k X_k)} \tag{4-25}$$

2.1.3 二元 Logistic 回归模型的估计

对于信贷经理来说，从其掌握的历史数据中，仅仅能观察到过去贷款人的违约记录，无法直接观测到违约概率。因此，与多元线性回归模型最小化残差平方和的估计方法(ordinary least squares regression, OLS)不同，二元 Logistic 回归采用一种新的估计方法——最大似然估计(maximum likelihood estimation)来估计变量系数和违约概率 P。

"似然"就是可能性的意思。最大似然估计就是指使当前观测到的数据发生可能性达到最大的参数估计。要使出现观察到的样本数据的可能性，即概率最大化。与最小二乘回归的最小化残差平方和的思想不同，最大似然估计着眼于样本出现的概率最大化。最大似然估计有着广泛的用途，尤其是在最小二乘回归无法使用的情况下，只要知道数据的概率分布，依然可以采用最大似然估计法对未知参数进行估计。

该方法的思路：求解出模型中的变量系数，能使观察到的违约结果出现的概率最大化。假定信贷经理掌握的数据库中包含 N 个贷款人的贷款记录。对于贷款人 i，其最终的违约结果记为 y_i。若违约，令 $y_i = 1$；若守约，则令 $y_i = 0$。因此，贷款人结果为 y_i 的概率可以记为 $P_i \times y_i + (1 - P_i)(1 - y_i)$。当 $y_i = 1$，该式为 P_i；当 $y_i = 0$，该式为 $1 - P_i$。样本中 N 个贷款人的违约结果序列可以记为$\{y_i, y_2, \cdots, y_N\}$，假定各个贷款人之间相互独立，则出现$\{y_i, y_2, \cdots, y_N\}$的概率为各结果概率的乘积：

$$\prod_{i=1}^{n} [P_i \times y_i + (1 - P_i)(1 - y_i)] \tag{4-26}$$

将式(4-24)、式(4-25)代入式(4-26)，替换掉 P_i 与 $1 - P_i$，则式(4-26)可进一步推导为：

$$\prod_{i=1}^{n} \frac{1 + y_i \times [\exp(\beta_0 + \beta_1 X_{1i} + \beta_2 X_{2i} + \cdots + \beta_k X_{ki}) - 1]}{1 + \exp(\beta_0 + \beta_1 X_{1i} + \beta_2 X_{2i} + \cdots + \beta_k X_{ki})} \tag{4-27}$$

通过使式(4-27)最大化，求解未知参数 $\beta_0, \beta_1, \cdots, \beta_k$，即可得到未知参数的估计值。该估计方法被称为最大似然估计。求解过程一般采用数值计算方法，SPSS 软件能自动完成，无须进行编程。

2.1.4　优势比与回归系数含义解读

1. 从优势比到回归系数

二分类事件的结果只有 2 种可能，这 2 种结果发生概率的比值称为优势比（odds ratio）。在贷款人信用分析与违约概率的例子中，假定违约的概率为 P，则贷款人违约对守约的优势比为：

$$优势比 = \frac{P}{1-P} \tag{4-28}$$

由优势比的定义可知：二分类事件的某结果对相反结果的优势比是该结果发生概率的增函数。因此，对不同结果概率的比较，可以用优势比的比较来反映。

将式（4-24）与式（4-25）代入式（4-28），得到：

$$优势比 = \frac{P}{1-P} = \exp(\beta_0 + \beta_1 X_1 + \beta_2 X_2 + \cdots + \beta_k X_k) \tag{4-29}$$

假定 X_i 增加 1 个单位，即变为 $X_i + 1$，则优势比变化为：

$$优势比^* = \frac{P^*}{1-P^*}$$

$$= \exp(\beta_0 + \beta_1 X_1 + \beta_2 X_2 + \cdots + \beta_k X_k) \cdot \exp(\beta_i), \quad i = 1, \cdots, k \tag{4-30}$$

X_i 变化之后与变化之前的优势比的比值为：

$$\frac{优势比^*}{优势比} = \exp(\beta_i), \quad i = 1, \cdots, k \tag{4-31}$$

对式（4-31）进一步求对数，得到：

$$\ln\left(\frac{优势比^*}{优势比}\right) = \beta_i, \quad i = 1, \cdots, k \tag{4-32}$$

可见，二元 Logistic 回归中某个解释变量的系数，就是该解释变量增加 1 个单位所引起的新旧优势比比值的对数。

2. 优势比与回归系数的进一步解释

在多元线性回归中，某解释变量的系数表示该解释变量变化 1 个单位，会引起被解释变量变化多少。显然，由式（4-32）可以看出，二元 Logistic 回归的解释变量系数有着完全不同的含义，可以从两个角度来理解。

第一个角度：式（4-32）的左边进一步推导：

$$\ln\left(\frac{优势比^*}{优势比}\right) = \ln\left(1 + \frac{优势比^* - 优势比}{优势比}\right) \approx \frac{优势比^* - 优势比}{优势比} \tag{4-33}$$

$\dfrac{优势比^* - 优势比}{优势比}$ 是优势比变化的百分比。因此，某解释变量的系数可以理解为如果该解释变量增加 1 个单位，那么新的优势比相对于原来的优势比变化百分之多少。比如，$\beta_i = 0.05$，意味着 X_i 增加 1 个单位，优势比增加约 5%。由于优势比是概率的增函数，这也意味着该变量的增加将导致违约概率的增加。

第二个角度：从式（4-31）来理解，但此时不再关注回归的系数，而是 $\exp(\beta_i)$。该数值表示如果该解释变量增加 1 个单位，那么新的优势比是原来优势比的多少倍。比如，$\beta_i = 0.05$，则 $\exp(\beta_i) \approx 1.05$，即新的优势比将是原来优势比的 1.05 倍，这同样也意味着违约概率的增加。

注意：如果二元 Logistic 模型回归系数比较接近 0，那么从第一个角度和第二个角度得到的结论一致。但是，当回归系数与 0 距离较大，那么式（4-33）中的"约等于号"将不再成立，此时，第二个角度依然是准确的。在 SPSS 中，不仅给出了回归系数 β 的估计，同时也给出了 $\exp(\beta)$ 的估计。

2.2 实战：对贷款人信用分析与违约概率预测作二元 Logistic 回归

二元 Logistic 回归基本操作

实战视频

实战素材

2.2.1 案例分析与介绍

为研究和预测贷款违约问题，客户经理收集客户的相关信息，包括 2 000 个随机样本数据，变量有"是否违约"（"1"为违约，"0"为守约）、"年龄"（age）、"性别"（gender，"0"为女，"1"为男）、"教育层次"（education，"0"为小学及以下，"1"为初高中，"2"为大学及以上）、"婚姻状态"（marital status，"0"为未婚，"1"为已婚）及"年收入"（income）。其中，"年龄"和"年收入"为数值型变量，其他为分类型变量。

分析：建立客户违约的预测模型，分析影响因素。其中，"是否违约"为被解释变量，其余变量为解释变量。具体数据见文件名为"个人贷款违约记录.sav"的压缩包。

2.2.2 操作步骤

步骤 1：打开 Logistic 回归对话窗口，添加变量操作路径。

依次单击"分析"→"回归"→"二元 Logistic"，选择"是否违约"到"因变量"框中，选择"年龄""性别""教育层次""婚姻状态"及"年收入"到"块"框中，在"方法"框后选择解释变量的筛选策略，出现如图 4-18 所示的窗口。此案例中，默认选择"输入"。"输入"表示所选解释变量全部强行进入方程。

步骤 2：定义分类变量。

如果解释变量为分类型变量，需要单击"分类"按钮，指定如何生成虚拟变量。此案例中，解释变量"性别""教育层次"及"婚姻状态"均为分类变量，选择这 3 个分类变量到"分类协变量"框中。"指示符"选项是默认选项，表示将把该分类变量的其中 1 个类别作为参照类别，不创建虚拟变量，而其他每个类别分别创建 1 个虚拟变量。因此，需要在"参照类别"中指定参照水平，即指定要参照的那个类别，该类别将作为比较的基准。此案例中"参考类别"选择"第一个"，即指定以性别"女"、教育层次"小学及以下"、婚姻状态"未婚"为参照，如图 4-19 所示。

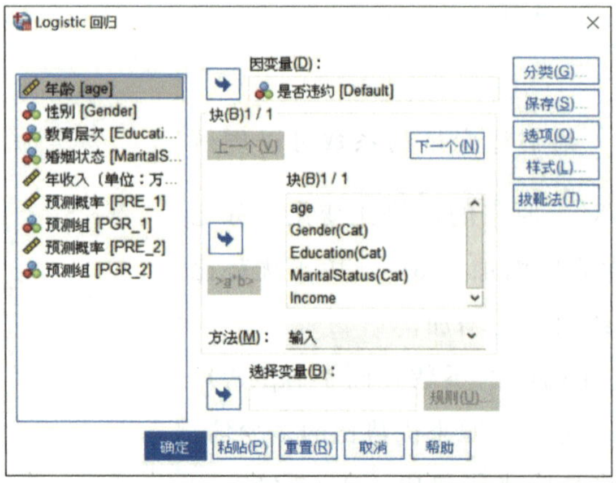

图 4-18 "Logistic 回归"对话窗口

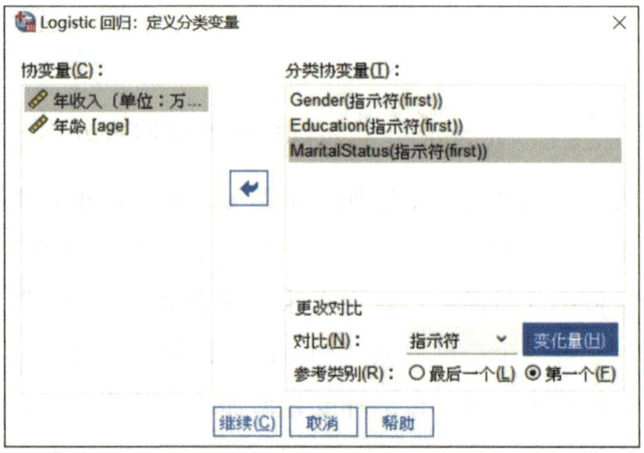

图 4-19 "Logistic 回归：定义分类变量"对话窗口

> 参考类别（R）："最后一个（L）"表示以类别值按字母顺序排在最后的为参照水平，"第一个（F）"表示以类别值按字母顺序排在首位的为参照水平。以类别数为"3"的分类型变量值 A、B、C 为例说明。如果参照类别为"第一个（F）"，则 2 个哑变量对应 A 取值为（0，0），对应 B 为（1，0），对应 C 为（0，1）。于是，第 1、第 2 个哑变量的回归系数 β_1 和 β_2 表示 B、C 类别对 Logit P 的平均影响分别比 A 类别多 β_1 和 β_2 个单位。如果参照类别为"最后一个（L）"，则 2 个哑变量对应 A 取值为（1，0），对应 B 为（0，1），对应 C 为 （0，0）。于是，第 1、第 2 个哑变量的回归系数 β_1 和 β_2 表示 A、B 类别对 Logit P 的平均影响分别比 C 类别多 β_1 和 β_2 个单位。

步骤 3：进入保存页面，设置输出的统计量。

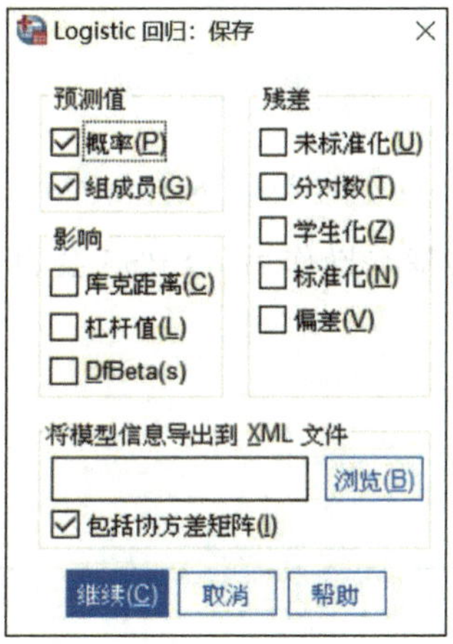

图 4-20　"Logistic 回归：保存"对话窗口

单击"保存"按钮，以 SPSS 变量的形式将预测结果、残差及影响点的探测值等保存到"数据编辑"窗口中，"预测值"处勾选"概率"和"组成员"，其余为默认，如图 4-20 所示。

> 预测值"概率"表示保存被解释变量取"1"的预测概率值，"组成员"表示保存预测分类值。如果预测概率超过 0.5，归类到违约组，赋值"1"；如果预测概率低于 0.5，则归类到守约组，赋值"0"。

步骤 4：进入"选项"页面，指定输出内容和设置建模中的某些参数。

单击"选项"按钮。"统计和图"框中的"分类图"表示绘制被解释变量的预测类别图，"霍斯默-莱梅肖拟合优度"表示输出 Hosmer-Lemeshow 拟合优度指标，"Exp(B)的置信区间"表示输出优势比默认 95% 置信区间。

"显示"框中可指定输出模型建立过程中的每个步骤的结果，或者只输出最终的结果。

"步进概率"框中指定解释变量进入方程或被剔除出方程的显著性水平 a。"进入（N）"表示回归系数比分检验的 p 值小于 0.05（默认）时相应变量可进入回归方程，"除去（V）"表示 p 值大于 0.10（默认）时相应变量应被剔除出回归方程。

"分类分界值"可设置概率分界值。预测概率值大于 0.5（默认）时，认为被解释变量的预测分类值为"1"；小于 0.5 时，认为预测分类值为"0"。可以根据实际问题对预测精度的要求修改该参数。

勾选"分类图""霍斯默-莱梅肖拟合优度""Exp(B)的置信区间",默认 95% 置信区间,"分类分界值"默认为"0.5",如图 4-21 所示。

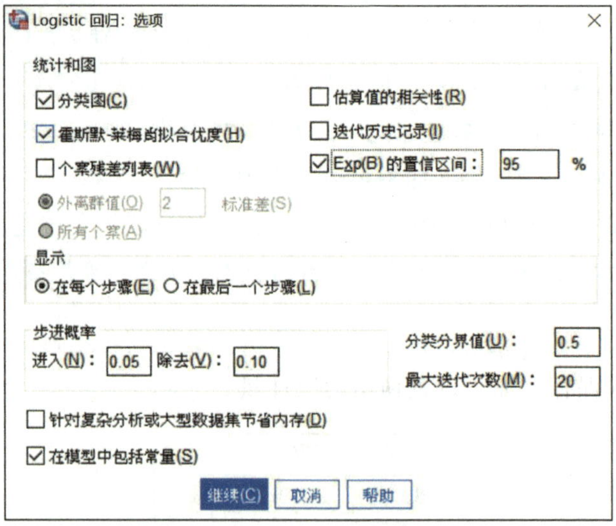

图 4-21 二元 Logistic 回归分析选项窗口

完成 Logistic 回归分析的基本操作后,SPSS 会自动根据用户的操作建立模型,并将分析结果输出。

实战笔记:

_____

_____

_____

_____

二元 Logistic 回归结果解读

实战视频

2.2.3 结果解读

1. 是否违约因素分析

表 4-6 给出了虚拟变量的取值标签及分布情况,对由分类型变量派生出的虚拟变量,SPSS 会自动命名为原变量名(编码)。"教育层次"派生出的 2 个虚拟变量分别命名为"教育层次(1)"和"教育层次(2)",依次表示"是否初高中"和"是否大学及以上"。2 个变量均为"0",表示"小学及以下"。"婚姻状态"派生出的 1 个虚拟变量命名为"婚姻状态(1)",表示"是否已婚",取值为"0"表示未婚。"性别"派生出的 1 个虚拟变量命名为"性别(1)",表示"是否男性",取值为"0"表示女性。

表 4-6 分类变量编码

变量	取值	频率	参数编码	
			(1)	(2)
教育层次	小学及以下	382	0.000	0.000
	初高中	1 021	1.000	0.000
	大学及以上	597	0.000	1.000
婚姻状态	未婚	434	0.000	
	已婚	1 566	1.000	

续表

变量	取值	频率	参数编码	
			(1)	(2)
性别	女	958	0.000	
	男	1 042	1.000	

表 4-7 显示了采用输入策略时回归方程显著性检验的总体情况。似然比卡方的观测值为 191.077，对应的 p 值（显著性）非常接近 0，小于临界概率水平，因此拒绝原假设，表明回归方程中所有回归系数不同时为 0，采用该模型是合理的。

表 4-7 分别输出了 3 行似然比卡方值。其中，"步骤"行是本步骤与前一步骤（步骤 0，只有常数项进入回归方程）相比的似然比卡方；"块"行是本块与前一块相比的似然比卡方；"模型"行是本模型与前一模型相比的似然比卡方。在本案例中，由于没有设置解释变量块，且解释变量是一次性强制进入模型的，所以 3 行结果相同。

表 4-7　模型系数的综合检验

步骤	项目	卡方	自由度	显著性
步骤 1	步骤	191.077	6	0.000
	块	191.077	6	0.000
	模型	191.077	6	0.000

表 4-8 显示了当前模型拟合优度方面的指标，各数据项的含义依次为："−2 对数似然""考克斯-斯奈尔 R 方"和"内戈尔科 R 方"。"−2 对数似然函数值"越小，模型的拟合优度越高。模型摘要中的"考克斯-斯奈尔 R 方"和"内戈尔科 R 方"分别为 0.091 和 0.348，其取值范围为 0～1，数值越大代表模型拟合越好，但在实际应用中很少使用这 2 个指标来判断模型拟合程度。

表 4-8　模型摘要

步骤	−2 对数似然	考克斯-斯奈尔 R 方	内戈尔科 R 方
1	415.781[a]	0.091	0.348

a. 由于参数估算值的变化不足 0.001，因此估算在第 8 次迭代时终止。

表 4-9 为二元逻辑回归的回归结果。表 4-9 结果显示，"性别"和"年收入"的 p 值（显著性）分别为 0.192 和 0.254，大于临界概率水平，不应拒绝原假设，认为该回归系数与"0"无显著差异，表明"性别"和"年收入"不是违约的独立影响因素。"年龄""教育层次""婚姻状态"的 p 值（显著性）均小于临界概率水平，拒绝原假设，认为该回归系数与"0"有显著差异，表明"年龄""教育层次""婚姻状态"是违约的独立影响因素。

表 4-9　方程中的变量

变量		B	标准误差	瓦尔德	自由度	显著性	Exp(B)	Exp(B) 95% 置信区间	
								下限	上限
步骤 1[a]	年龄	−0.088	0.033	7.117	1	0.008	0.915	0.858	0.977
	性别(1)	−0.400	0.307	1.701	1	0.192	0.670	0.367	1.223
	教育层次			7.372	2	0.025			

续表

变量		B	标准误差	瓦尔德	自由度	显著性	Exp(B)	Exp(B) 95% 置信区间	
								下限	上限
步骤 1ª	教育层次(1)	−0.650	0.394	2.720	1	0.099	0.522	0.241	1.130
	教育层次(2)	−1.961	0.724	7.335	1	0.007	0.141	0.034	0.582
	婚姻状态(1)	−1.927	0.323	35.638	1	0.000	0.146	0.077	0.274
	年收入	−0.294	0.257	1.304	1	0.254	0.746	0.450	1.234
	常量	3.470	0.993	12.210	1	0.000	32.136		

a. 在步骤 1 输入的变量："年龄""性别""教育层次""婚姻状态""年收入"。

表 4-9 显示了各解释变量的回归系数检验结果，依次为各回归系数估计值、标准误差、Wald 统计量的观测值、自由度、Wald 统计量观测值对应的 p 值（显著性）及 Exp(B)。Exp(B) 是相应解释变量变化 1 个单位导致的优势比，最后 2 列数据项是优势比 95% 置信区间。根据表 4-9 可写出以下 Logistic 回归方程：

$$\text{Logit } P = 3.470 - 0.088\text{Age} - 0.4\text{Gender}(1) - 1.927\text{MaritalStatus}(1) \quad (4\text{-}34)$$

式(4-34)是"教育层次"为"小学及以下"客户群的回归方程。"−0.4"反映了相同学历、不同性别群体在贷款违约上的差异。此案例中参照水平是"女性"，根据优势比可知，二者的优势比是 0.670，男性违约优势比是女性违约优势比的 0.67 倍，且总体优势比有 95% 的把握为 0.367~1.223，统计学上并不显著。"−1.927"反映了相同学历、不同婚姻状况群体在贷款违约上的差异。此案例中参照水平是"未婚"，根据优势比可知，二者的优势比是 0.146，已婚违约优势比是未婚违约优势比的 0.146 倍，总体优势比有 95% 的把握为 0.077~0.274，且其 p 值（显著性）为 0.000，小于临界概率水平，具有统计显著性，即未婚群体更容易违约。

$$\text{Logit } P = 3.470 - 0.088\text{Age} - 0.4\text{Gender}(1) - 1.927\text{MaritalStatus}(1) - 0.650\text{Education}(1) \quad (4\text{-}35)$$

式(4-35)是初高中学历客户群的回归方程。"−0.650"反映了相同性别、相同婚姻状况初高中学历客户群与小学及以下学历客户群在违约上的差异。根据优势比可知，二者的优势比是 0.522，表示初高中学历客户群违约优势比是小学及以下学历客户群违约优势比的 0.522 倍，总体优势比有 95% 的把握为 0.241~1.130，且其 p 值（显著性）为 0.099，尽管大于默认的临界概率水平(0.05)，但若以 0.1 作为临界概率水平，仍具有统计显著性，即小学及以下学历群体更容易违约。

$$\text{Logit } P = 3.470 - 0.088\text{Age} - 0.4\text{Gender}(1) - 1.927\text{MaritalStatus}(1) - 1.961\text{Education}(2) \quad (4\text{-}36)$$

式(4-36)是大学及以上学历客户群的回归方程。"−1.961"反映了相同性别、相同婚姻状况大学及以上学历客户群与小学及以下学历客户群在违约上的差异。根据优势比可知，二者的优势比是 0.141，大学及以上学历客户群违约优势比是小学及以下学历客户群违约优势比的 0.141 倍，总体优势比有 95% 的把握为 0.034~0.582，且其 p 值（显著性）0.007，小于临界概率水平，具有统计显著性。

2. 模型预测分析

表 4-10 显示了二项 Logistic 分析初始步，即零模型（第 0 步，方程中只有常数项，其他回归系数约束为 0。所有观测的预测类别值均为被解释变量的众数类，不考虑解释变量取值）的混淆矩阵。可以看出，1 930 人实际守约且模型预测正确，正确率为

100%；70 人实际违约但模型预测错误，正确率为 0%。模型总体预测正确率为 96.5%。

表 4-10　模型只含常数项的预测结果[a,b]

步骤	实测		预测		
			是否违约		正确百分比
			守约	违约	
步骤 0	是否违约	守约	1 930	0	100.0
		违约	70	0	0.0
	总体百分比				96.5

a. 常量包括在模型中。

b. 分界值为 0.500。

表 4-11 显示了包含所有被解释变量模型的混淆矩阵。脚注中"分界值为 0.500"表示如果概率预测值大于 0.5，认为被解释变量的预测分类值为"1"，即判定为违约；如果小于 0.5，则认为被解释变量的预测分类值为"0"，即判定为守约。在守约的 1 930 人中，模型正确识别了 1 928 人，错误识别了 2 人，正确率约为 99.9%；在实际违约的 70 人中，模型错误识别了 65 人，正确识别了 5 人，正确率为 7.1%。模型总体预测正确率为 96.7%。

表 4-11　包含所有被解释变量模型的预测结果[a]

步骤	实测		预测		
			是否违约		正确百分比
			守约	违约	
步骤 1	是否违约	守约	1 928	2	99.9
		违约	65	5	7.1
	总体百分比				96.7

a. 分界值为 0.500。

在图 4-22 中，横坐标为违约的概率，纵坐标为频数，即不同预测概率区间内观测案例的数量。符号"0"表示守约，"1"表示违约，每个符号代表 100 个案例。概率预测值大于 0.5 的样本属于违约类，小于 0.5 的属于守约类，可以看出模型的预测效果较理想。

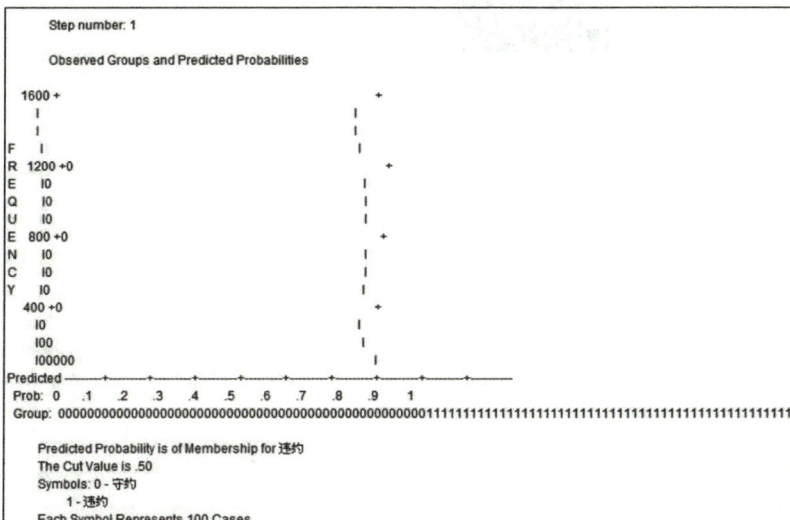

图 4-22　二元 Logiatic 回归分析的预测类别图

与时俱进：高斯与最小二乘回归

素养案例

19 世纪初，意大利天文学家皮亚齐发现了第一颗小行星谷神星，并对其运行轨道进行跟踪观测，后来因故中止。随后科学家利用皮亚齐的观测数据开始寻找谷神星，但根据大多数人计算的结果来寻找谷神星都没有结果。德国数学家、物理学家和天文学家高斯提出了最小二乘法，他根据皮亚齐观测到谷神星的时间及距离进行回归，计算出了谷神星的轨道。奥地利天文学家奥尔伯斯根据高斯计算出来的轨道重新发现了谷神星。但因为与该方法有关的一些问题还没解决，高斯当时并没有公布这一方法。1809 年，高斯在《天体运动理论》一文中正式发表了他的方法，从概率论观点，详细叙述了他所提出的最小二乘原理。

（资料来源：《中国大百科全书》第三版网络版）

解析：高斯在众人计算无果时提出最小二乘法，展现了创新精神。相关问题未解决，便不公布方法，体现了他严谨的治学态度。高斯坚持研究最终发表成果，彰显了坚持与责任感，这些都启示学生在学习与研究中应积极创新、严谨治学、坚持不懈并对自己的成果负责。

素养训练

党的二十大报告提出："全面建成社会主义现代化强国，总的战略安排是分两步走：从二〇二〇年到二〇三五年基本实现社会主义现代化；从二〇三五年到本世纪中叶把我国建成富强民主文明和谐美丽的社会主义现代化强国。"

请从中国国家统计局网站下载最近 10 年我国的国内生产总值数据，然后完成以下任务。

（1）生成 1 个新变量表示"年份"，然后以"年份"为自变量，"国内生产总值"为因变量，采用最小二乘方法进行回归分析。

（2）根据回归结果，写出回归模型。

（3）根据估计得到的回归模型，分别预测 2035 年和 2050 年我国的国内生产总值。

AI 田地

仅以本项目的内容为例，学会向 AI 工具恰当地提问。扫描二维码，查看如何使用"腾讯元宝"辅助学习本项目的重难点。

腾讯元宝

▶▶▶ 学以致用：客观题测试、综合实训

客观题测试

1. 请自行挑选 1 只感兴趣的股票，从"平安证券慧赢"软件下载月 K 线数据，建立线性回归模型，并进行诊断及预测。（提示：因变量为已挑选股票月收益率；自变量可以选择沪深 300 指数月收益率、国债指数月收益率、已选股票所属行业板块指数月收益率）

要求：参照本项目中的内容，完成以下操作。

（1）绘制变量散点矩阵图，初步判断因变量和自变量之间的相关关系。

（2）完成线性回归分析操作，得出样本回归方程，得出因变量的预测值及 95% 置信区间。

（3）借助 AI 工具形成 1 份《关于××股票月收益率决定与预测》的分析报告。

2. 设计调查问卷，了解大学生的医保参保情况及影响大学生医保参保的因素。

项目 5　聚类分析与 SPSS 实战

教学前哨：导学地图、教学目标

导学地图

任务 1 认识聚类 分析	1.1　理论：什么是聚类分析	关键术语： 聚类分析
	1.2　理论：相似性的度量	关键术语： 平方欧氏距离、类间平均距离、类间最近距离、类间最远距离
	1.3　理论：聚类分析的主要方法	关键术语： 层次聚类、K-均值聚类、两步聚类
	1.4　理论：数据标准化、随机排序与最佳类别数 1. 数据标准化 2. 随机排序 3. 最佳类别数	关键术语： Z 得分、随机排序、最佳类别数
任务 2 聚类分析 与 SPSS 实战	2.1　理论：层次聚类的基本原理与具体步骤 1. 层次聚类的基本原理 2. 层次聚类的具体步骤 3. 谱系图	关键术语： 个案聚类、变量聚类、谱系图
	2.2　实战：对 A 股卫生行业上市公司作层次聚类分析	关键技能： ①层次聚类分析操作 ②集中计划表解读与分析 ③谱系图解读与分析 ④确定最佳聚类 ⑤生成聚类成员变量 ⑥对聚类进行分组描述统计
	2.3　理论：K-均值聚类的基本原理与具体步骤 1. K-均值聚类的基本原理 2. K-均值聚类的具体步骤 3. 类别数的设置	关键术语： 类中心、类别数
	2.4　实战：对 A 股卫生行业上市公司作 K-均值聚类分析	关键技能： ①K-均值聚类分析操作 ②最终聚类中心表的解读与分析 ③方差分析表解读与分析 ④确定最佳聚类
	2.5　理论：两步聚类的基本原理与具体步骤 1. 两步聚类法的基本原理 2. 两步聚类法的具体步骤	关键术语： 聚类特征树
	2.6　实战：对个人信用贷款客户数据作两步聚类分析	关键技能： ①模型概要和聚类质量解读与分析 ②聚类视图解读与分析 ③聚类结果评估

教学目标

1. 知识目标

(1)理解聚类分析的基本思想与原理。

(2)了解层次聚类、K-均值聚类和两步聚类法的基本原理与特点。

(3)掌握聚类分析的主要方法。

2. 能力目标

(1)运用 SPSS 进行聚类分析。

(2)解读与分析聚类视图。

(3)评估聚类结果。

3. 素质目标

(1)培养通过分类、比较来分析复杂问题的能力。

(2)培养用数据说话、实事求是的意识。

▶▶ 任务驱动：任务 1、任务 2

任务 1　认识聚类分析

1.1　理论：什么是聚类分析

物以类聚，人以群分。——《战国策》

分组、分类又称聚类，是一种重要的分析方法。通过分类，将复杂的现象进行拆解，有助于发现其中隐藏的规律。人们在现实中出于各种应用目的，经常将事物进行分组、分类。比如，企业营销部门根据消费者的特征将消费者群体进行分类，据此制订针对性的营销策略；金融资产管理部门根据资产的收益和风险特征进行分类，据此建立和管理资产组合；证券分析师根据企业的财务特征对企业分类，据此选择目标估值公司的参照企业。

聚类分析就是研究如何将数据进行分类的学问，在大数据挖掘、机器学习等方面有着广泛的应用。聚类可以是对个案进行分类，也可以是对变量进行分类。聚类分析的方法众多，但不论采用何种方法，基本原理都是一样的：根据个案（变量）之间的相似程度对个案（变量）进行分组，使得同组个案（变量）之间相似度比较高，而不同组的个案（变量）之间的相似度比较低。由于变量聚类问题可以通过变换数据结构转化为个案聚类问题，因此，本任务将主要对个案的聚类方法进行介绍。

1.2　理论：相似性的度量

1.2.1　个案之间的相似性度量

聚类分析的过程就是寻找相似的个案并将其归为一类的过程。因此，如何度量相似性，对最后的聚类结果有着重要的影响。在聚类分析中常用"距离"来度量相似性，"距离"越近的个案相似程度越高，"距离"越远的个案相似程度越低。"距离"的定义有很多种，在聚类分析中比较常用的是平方欧氏距离，也就是欧几里得距离的平方值。

假定样本数据包含 k 个变量（X_1，X_2，$\cdots$，X_k），其中任意 2 个个案之间的欧几里得距离定义如下：

$$\sqrt[2]{(x_{i_1}-x_{j_1})^2+(x_{i_2}-x_{j_2})^2+\cdots+(x_{i_k}-x_{j_k})^2} \tag{5-1}$$

式中，$(x_{i_1}，x_{i_2}，\cdots，x_{i_k})$ 与 $(x_{j_1}，x_{j_2}，\cdots，x_{j_k})$ 分别为个案 i 和个案 j 各自在对应变量的取值。

平方欧氏距离则为：

$$(x_{i_1}-x_{j_1})^2+(x_{i_2}-x_{j_2})^2+\cdots+(x_{i_k}-x_{j_k})^2 \tag{5-2}$$

由于平方欧氏距离相对于欧几里得距离计算更为简单、高效，所以在实践中平方欧氏距离更为常用。SPSS 中默认的距离计算方法也是平方欧氏距离。

1.2.2　类之间的相似性度量

许多聚类分析方法不仅需要计算个案之间的相似性，还需要计算不同类之间的相似性，从而将相似的类进一步合并为更大的类。类之间相似性的度量同样也使用"距离"，但为了与个案之间的"距离"相区分，经常将类间距离称为"联接"（linkage）。

与个案之间距离的计算方法不同，类间距离的计算方法有最近距离法（单联接）、最远距离法（全联接）、平均距离法（平均联接）、质心距离法（质心联接）等，比较常用的是最近距离法、最远距离法和平均距离法。最近距离法是用 2 个类之间距离最近的 2 个个案之间的距离来作为 2 个类之间的距离，最远距离法是用 2 类之间距离最远的 2 个个案之间的距离来作为 2 个类之间的距离，平均距离法则是用 2 个类之间所有的两两个案之间的距离平均值来作为 2 个类之间的距离。

假定个案 i 来自类别 A，个案 j 来自类别 B，类别 A 中有 m 个个案，类别 B 中有 n 个个案，个案 i 和个案 j 之间的距离用 d_{ij} 表示，则类别 A 和 B 之间的最近距离定义为 $\min\limits_{i\in A, j\in B,} d_{ij}$，最远距离定义为 $\max\limits_{i\in A, j\in B,} d_{ij}$，平均距离定义为 $\dfrac{\sum\limits_{i\in A, j\in B} d_{ij}}{mn}$。

1.3 理论：聚类分析的主要方法

聚类分析的方法主要有层次聚类法和非层次聚类法。随着人工智能和大数据技术的发展，涌现出一些新的、更智能的聚类方法，如两步聚类法、最近邻元素法等。本书主要介绍比较常用的层次聚类法，以及非层次聚类法中的 K-均值聚类法和智能聚类法中的两步聚类法。

1.3.1 层次聚类法

层次聚类又称系统聚类，其独特之处在于应用中会生成一幅谱系图。这幅图清晰地展示了聚类的层次结构，层次聚类因此得名。

层次聚类适用面较广，既能对个案进行聚类，也能对变量进行聚类，并且能对连续数据、计数数据和二值数据进行聚类，但要求变量的数据类型要一致。层次聚类法的不足之处是不太适用于样本容量较大的数据。

1.3.2 K-均值聚类法

K-均值聚类是对大规模数据进行聚类的一种有力工具。与系统聚类不同，K-均值聚类需要提前设定分类的数目，然后通过不断迭代计算，将所有个案在各类别之间进行分配，直到得到最佳的配置。

K-均值计算量较小，聚类过程迅速，但仅能对个案进行聚类，并且仅适用于连续型数据（如定距数据和定比数据）。

1.3.3 两步聚类法

两步聚类法与 K-均值聚类法一样，都适用于大规模数据。但两步聚类法与传统的聚类方法有着很大不同，两步聚类法不但能对各种测量尺度的数据进行聚类，还能给出最佳的类别数。因此，两步聚类法经常作为聚类的首选方法。

以上 3 种聚类方法的结果可能与数据中个案的顺序有关，因此，可以通过对数据多次进行随机排序并进行聚类分析，以检查聚类结果是否稳定。

1.4　理论：数据标准化、随机排序与最佳类别数

1.4.1　数据标准化

数据中的连续变量经常具有不同的单位。在聚类过程中，如果不对连续数据进行标准化，那么可能使得某些数值水平较高的变量相对其他变量更大程度地影响聚类的过程。因此，如果数据分析人员认为各变量对聚类的重要程度相同，那么就有必要在聚类之前对数据进行标准化。

Z 得分法是常用的标准化法。

$$Z 得分 = \frac{X - \text{mean}(X)}{\text{std}(X)} \tag{5-3}$$

其中，X 表示要标准化的连续数据变量，$\text{mean}(X)$ 表示 X 的均值，$\text{std}(X)$ 表示 X 的标准差。

SPSS 中可以通过依次选择"分析"→"描述统计"→"描述"来打开描述对话窗口，然后选择需要标准化的变量，勾选"将标准化值另存为变量"，最后单击"确定"按钮，以此来实现数据的标准化。SPSS 中的聚类分析程序多数自带数据标准化功能，只需要在聚类程序中选择该功能即可。

1.4.2　随机排序

数据的排序可能会影响聚类的结果，因此通常需要多次对随机排序后的数据进行聚类，以此来检验聚类的结果是否可靠。

SPSS 中对数据进行随机排序的方法：在菜单栏中依次选择"转换"→"计算变量"，然后在弹出的"计算变量"对话窗口中，"目标变量"中输入"Random1"，"数字表达式"中输入"RV.UNIFORM(0，1)"，单击"确定"按钮，如图 5-1 所示。由此生成了一个在[0，1]区间上服从均匀分布的随机数变量。最后将数据按照新生成的变量"Random1"排序，即实现了数据的随机排序。

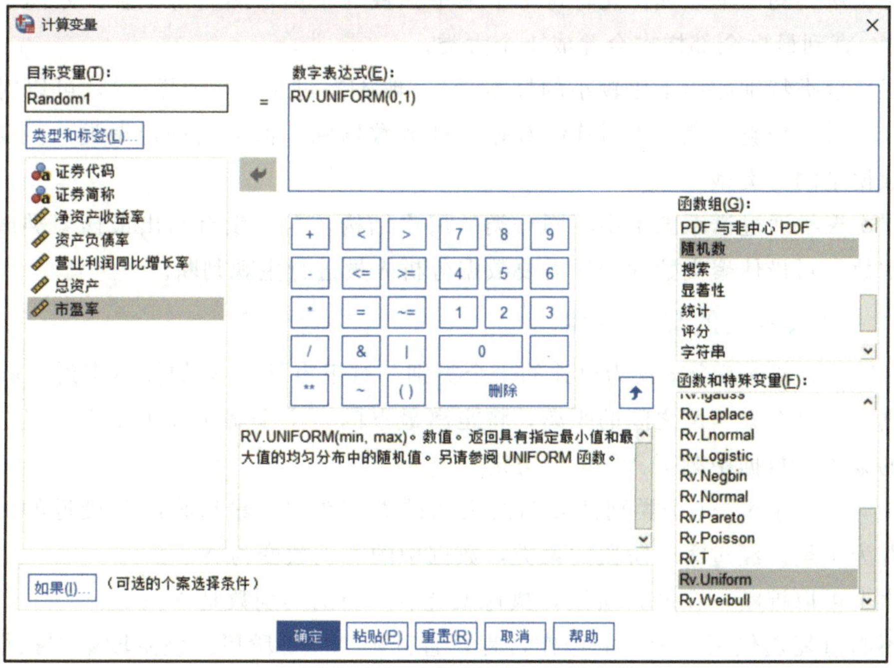

图 5-1　生成随机数变量

1.4.3　最佳类别数

如何确定最佳类别数？这一问题并没有标准答案，很多时候取决于数据分析人员的目的和实际需要。

以下几个规则可为数据分析人员提供参考。

规则 1：分类应使得在类与类之间的距离尽可能大，而类内的个案之间的距离尽可能小。如果在某类内出现与其他个案距离较大的个案，那么这个分类可能不太恰当，可以进一步拆分为较小的类。

规则 2：类别内的个案数不能过少。如果类内的个案数过少，可以考虑将该类内所有的个案作为异常值去掉，或者并入其他类。

规则 3：不同类的个案数量不能差别过大。对于其中个案数量特别多的类，可以考虑进一步分组。

规则 4：所得的类别符合数据分析人员事前的期望。比如，数据分析人员希望找到和某个案相似的其他个案，而聚类的结果恰好能将与该个案相似的个案聚集为一类，那么这个分类结果就是比较满意的结果。如果把一些与该个案有较大差异的个案放入同一组，那么需要考虑改变聚类方法。

以上并非必须绝对遵守的规则，最终的聚类结果很大程度上取决于分析人员的主观选择。从这一意义上说，聚类是一项数据分析的艺术。

任务 2　聚类分析与 SPSS 实战

2.1　理论：层次聚类的基本原理与具体步骤

2.1.1　层次聚类的基本原理

层次聚类的基本原理：先将每个个案单独视为 1 类，然后每次合并距离最近的 2 个类，直到最后全部样本合并成 1 个大类。

层次聚类特别适用于比较小的样本量（一般不超过 1 000 个样本），可以对个案或者变量进行聚类；也可以对连续数据、计数数据和二值数据进行聚类，但要求聚类的数据是同一类型。

层次聚类通过谱系图给出不同分类的层次结构，但并没有给出最佳聚类或者最佳类别数，对最佳聚类数的选择需要数据分析人员进行主观判断。

2.1.2　层次聚类的具体步骤

步骤 1：先将各个案视为单独的 1 个类别。对于容量为 N 的样本来说，就有 N 个类别。计算个案两两之间的距离，将距离最近的 2 个个案合并为 1 类。经过第一阶段的聚类，数据中剩下 $N-1$ 个类别。

步骤 2：对 $N-1$ 个类别计算两两之间的类间距离，最后将距离最近的 2 个类别合并为 1 类。经过第二阶段的聚类，数据中的类别数变为 $N-2$。

由上可以推断，在第 k 阶段，执行聚类后，新的类别数是 $N-k$。

不断重复迭代第二阶段的操作过程，直到第 $N-1$ 阶段。该阶段聚类执行完毕后，新的类别数就是"1"，即数据中只包含 1 个类别，层次聚类过程至此结束。

2.1.3　谱系图

1. 谱系图的绘制

谱系图(dendrogram)是反映聚类过程中层次结构的图形。在图 5-2 中，共有 5 个个案，分别编号为 1~5。在第一步聚类中，编号为 2 和 3 的个案最先合并为 1 类，记为 A(标注在 2 与 3 水平联接线的中点)；第二步聚类中，编号为 4 和 5 的个案合并为 1 类，记为 B(标注在 4 和 5 水平联接线的中点)；第三步聚类中，第一步和第二步形成的 2 个类别 A 和 B 合并为一类，记为 C(标注在 A 与 B 水平联接线的中点)；在最后一步聚类中，编号为 1 的个案与第三步聚类中形成的 C 合并为 1 类，记为 D(标注在 1 和 C 水平联接线的中点)。至此，全部个案均包含在最后一步形成的大类 D 中。

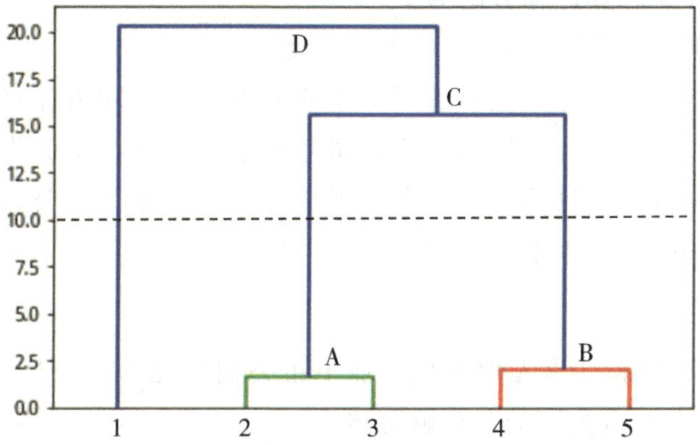

图 5-2　谱系图

2. 节点和距离

在图 5-2 中，A、B、C、D 这 4 个点，因为分别都是从 2 个点引出的线的交点，因此又称为节点，代表 4 个聚类阶段所形成的类。节点距离水平轴的高度，为该节点合并的 2 个类别之间的距离。

在图 5-2 中，A 节点高度最小，约为 1.5，代表个案 2 与个案 3 的距离；B 节点其次，高度约为 2，代表个案 4 和个案 5 之间的距离；C 节点的高度约为 15，代表 A 类和 B 类之间的距离；D 节点高度约为 20，代表 C 类与个案 1 之间的距离。

此外，也可以用联接 2 条竖线的水平线代表聚类阶段，每条水平联接线距离坐标轴的高度都表示该聚类阶段中 2 个被合并的类别之间的距离。谱系图从下到上，依次有 4 条不同高度的水平联接线，分别代表 4 个聚类阶段。

3. 最佳类别数的选择

在谱系图上画水平线，该水平线与竖线交点的个数，为类间距离大于该水平线所处高度的类别数。在图 5-2 中，高度为 10 的水平线，与竖线有 3 个交点，代表这一阶段(第二阶段执行完毕)数据分为 3 个类别，这 3 个类别两两之间的距离均大于 10。

在实践中，比较所有节点与其前一节点的高度差的大小，其中具有最大高度差的节点的前一节点所处聚类阶段的类别数，为经验上聚类效果较好的类别数。在图 5-2 中，D 节点与 C 节点的高度差，C 节点与 B 节点的高度差，B 节点与 A 节点的高度差，以及 A 节点的高度，在这 4 个值中，显然 C 节点与 B 节点的高度差最大。因此，B 节点所处的阶段，即第二阶段聚类的结果为较好的分类结果。这一阶段执行完毕后，数据分为 3 类。

2.2 实战：对 A 股卫生行业上市公司作层次聚类分析

2.2.1 案例介绍与分析

三博脑科(深市代码 301293)于 2023 年 5 月在深圳证券交易所上市，属于卫生行业。为了评估该证券上市之后的价格是否被高估，某投资者计划采用市盈率估值法对该公司股票进行估值。市盈率估值方法的关键是要找到与三博脑科比较相似的公司来作为可比公司或参照公司。

分析：寻找可比公司的方法有很多，实践中经常直接将全部同行业公司作为可比公司，并将全部同行业公司的市盈率均值作为可比公司的市盈率均值，代入市盈率估值公式进行计算。其计算方法为：

$$目标公司估值＝目标公司每股收益×可比公司市盈率 \tag{5-4}$$

这种方法虽然简单易行，但由于同行业的上市公司之间可能存在较大差异，所以将这些存在较大差异的公司作为可比公司显然不太合适，据此作出的估值会有较大偏差。因此，该投资者打算采用聚类分析法对卫生行业上市公司进行分类，然后将与三博脑科处于同一类别下的公司作为可比公司。

2.2.2 SPSS 操作步骤

打开数据文件"案例 5-1 A 股卫生行业上市公司(2022).sav"。该文件包含 A 股卫生行业板块 11 家上市公司的部分财务指标。

步骤 1：菜单栏中依次选择"分析"→"分类"→"系统分类"，在"系统聚类分析"对话窗口中，"变量"选择"净资产收益率""资产负债率"和"营业利润同比增长率"，"个案标注依据"选择"证券简称"，然后单击"确定"按钮，如图 5-3 所示。

步骤 2：在"系统聚类分析"对话窗口中，单击"系统聚类分析：图"，勾选"谱系图"，在"冰柱图"选项中勾选"无"，最后单击"继续"按钮，如图 5-4 所示。

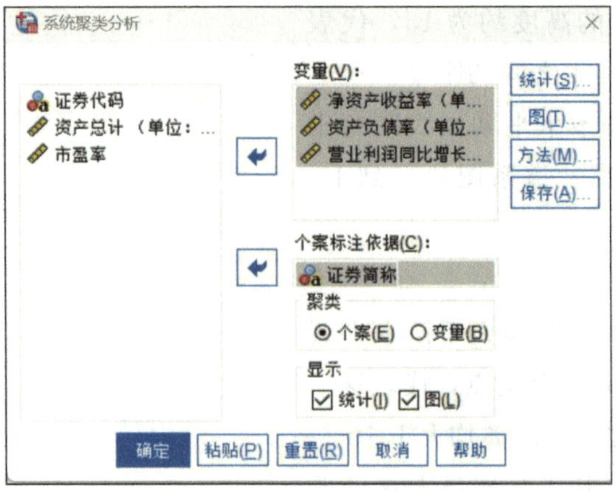

层级聚类：基本操作

实战视频

实战素材

图 5-3 "系统聚类分析"对话窗口 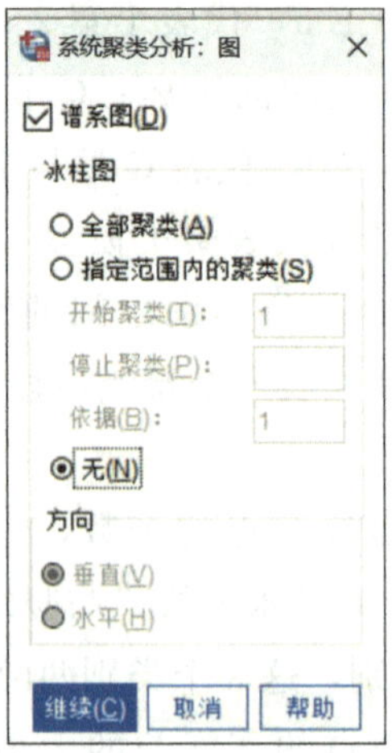　　　图 5-4 "图"对话窗口 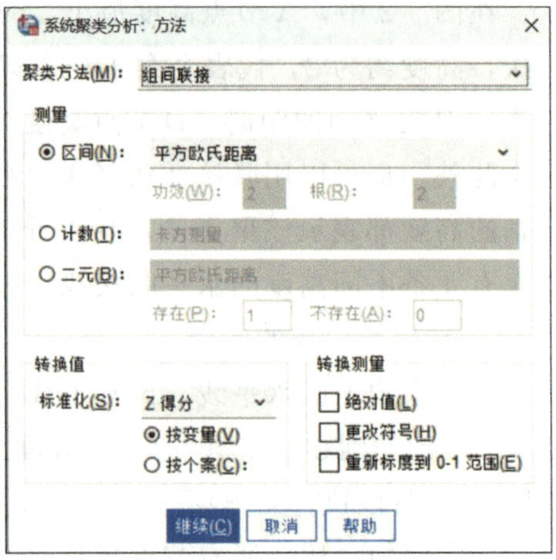　　　图 5-5 "方法"对话窗口

步骤 3：在"系统聚类分析"对话窗口中，单击"方法"。在"转换值"的"标准化"中选择"Z 得分"，最后单击"继续"按钮，如图 5-5 所示。默认的聚类方法"组间联接"为之前定义的类间平均距离。

步骤 4：在"系统聚类分析"对话窗口中，单击"确定"按钮。

实战笔记：

_____

_____

_____

_____

2.2.3　主要输出结果解读

1. 集中计划

层次聚类：结果解读

集中计划表反映了聚类的步骤。本案例中，共 10 个个案，因此在第一阶段开始前，将数据分为 10 类，个案依次为类别 1，类别 2，……，类别 10。每次仅合并 2 类，合并完之后，删除原来的 2 个类别，并将其中 2 个类编号中的较小编号作为新类的编号。集中计划表中的聚类 1 和聚类 2，表示每个阶段都要合并的 2 个类。

实战视频

在阶段 1 中，即聚类的第一阶段中，类别 3（个案 3）和类别 10（个案 10）合并，合并之后作为新的类别 3，替换掉原来的类别 3，删除排序靠后的类别 10 和原来的类别 3。下一个阶段列取值为"3"，意味着新的类别 3 下一次将在第三阶段出现。

在阶段 3 中，即聚类的第三阶段中，类别 3 与类别 8 合并，首次出现聚类的阶段中聚类 1，取值为"1"，表示聚类 1 来自第一阶段，即类别 3 来自第一阶段；聚类 2 取值为"0"，表示聚类 2 是原始个案，即类别 8 就是原始的个案 8；合并之后，新的类编号为 3；下一个阶段列取值为"5"，意味着新的类别 3 下一次将在第五阶段出现。

集中计划表中的系数为类间距离。随着聚类的进行，合并的 2 个类的类间距离越来越大。

表 5-1 中最后 1 列是在 SPSS 输出结果中的"集中计划表"上新增加的列。

$$系数增加量 = 当前阶段的系数 - 前一阶段的系数 \tag{5-5}$$

系数增加量即类间距离增加量，可以用来确定最佳类别数。一般情况下，类间距离增加量最大的阶段的前一阶段的类别数为分类效果较好的类别数。假定样本容量为 N，系数增加量最大值所处的阶段为 k，则前一阶段为 $k-1$，该阶段执行完毕之后的类别数为 $N-k+1$，这就是经验上的最佳类别数。

表 5-1　集中计划

阶段	组合聚类		系数	首次出现聚类的阶段		下一个阶段	系数增加量
	聚类 1	聚类 2		聚类 1	聚类 2		
1	3	10	0.164	0	0	3	
2	1	6	0.221	0	0	4	0.057
3	3	8	0.556	1	0	5	0.335
4	1	9	0.775	2	0	5	0.219
5	1	3	2.134	4	3	6	1.359
6	1	7	2.580	5	0	10	0.446
7	2	4	2.924	0	0	9	0.344
8	5	11	4.851	0	0	9	1.927
9	2	5	6.587	7	8	10	1.736
10	1	2	9.219	6	9	0	2.632

由表 5-1 可知，系数增加量最大取值的阶段为第十阶段，而样本容量为 11。因此，最佳类别数为 2(11－10＋1)。此外，系数增加量较大的阶段还有第八阶段(系数为 1.927)和第九阶段(系数为 1.736)。其前一阶段对应的类别数分别为 4 和 3，可以将这 2 个类别数作为备选。类别数 2、3 和 4 可以统称为较优聚类数或较优类别数。

2. 谱系图

与图 5-2 谱系图的坐标轴不同，因为个案数据较多，所以 SPSS 层次聚类的谱系图的纵坐标一般用来表示个案，而横坐标则表示重新标度后的距离。在本案例中，类间距离(系数)的最大值为 9.219，因此将该最大值在新坐标中标度为 25，原始标度(刻度)下的"1"在新的距离标度中代表 $\frac{25}{9.219}$，然后将其他阶段的距离据此重新标度。比如，第九阶段的系数为 6.587，在新的刻度上为 $6.587 \times \frac{25}{9.219} \approx 17.863$，在图 5-6 中为右边第 2 条联接线与纵轴之间的水平直线的距离。

通过集中计划表计算系数增加量，虽然可以确定聚类效果相对较好的类别数，但并不能直观地看出相应类别数下包括哪些个案，而谱系图却能比较容易地做到这一点。

经过横坐标为 20 的虚线与水平线有 2 个交点，意味着数据分为 2 个类别，上方的类别包括三博脑科在内有 7 家公司，下方的类别有 4 家公司。通过横坐标为 10、15 的虚线则与水平线分别有 4 个和 3 个交点，意味着相应阶段分别将数据分为 4 类和 3 类。进一步观察可以发现，3 类和 4 类划分下，三博脑科所在的类别与仅分为 2 类的情形相比没有变化，该类下包含 7 家公司。对于本案例而言，因为关注对象仅仅是三博脑科所处的类别，因此，无论是将数据划分为 2 类、3 类还是 4 类，其结果都是一样的。

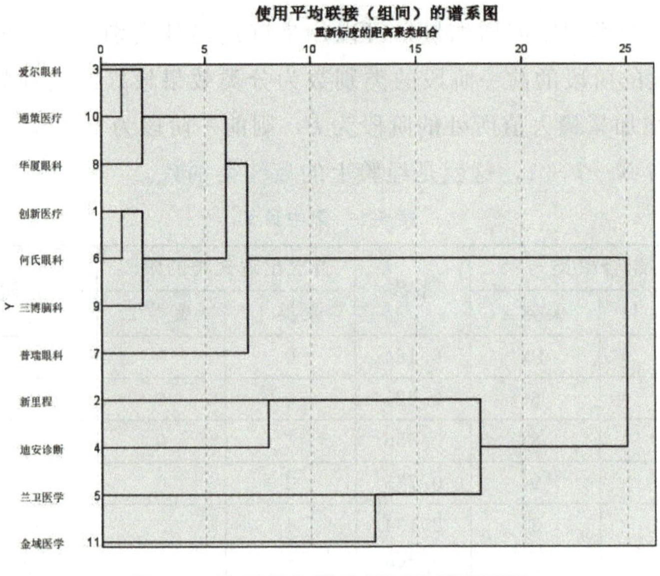

图 5-6　使用平均联接(组间)的谱系图

3. 聚类成员

虽然从图 5-6 中可以直观地观察到每个阶段各类别中的成员，即聚类成员，但如果想将聚类成员保存在数据文件中，以便作进一步分析，还需要进行以下操作。

在"系统聚类分析"对话窗口中，单击"保存"按钮，在"聚类成员"下，勾选"单个解"，"聚类数"中填写"2"，然后单击"继续"按钮，如图 5-7 所示。回到"系统聚类分析"对话窗口，单击"确定"按钮，最后将数据文件另存为"A 股卫生行业上市公司（2022）聚类分析.sav"。

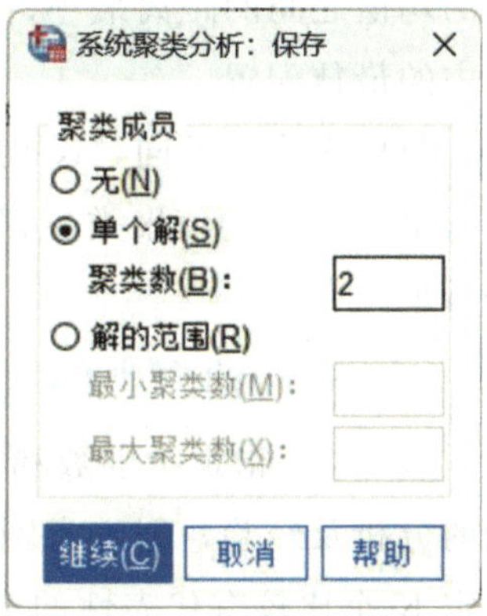

打开数据视图，可以看到数据中增加了 1 个名称为"CLU2_1"的名义变量，该变量表示类别的编号，因为数据仅分为 2 类，所以该变量取值仅为"1"和"2"，分别代表 2 个类别，三博脑科数据为类别 2。

将文件依据"CLU2_1"进行拆分，然后作描述统计，结果如表 5-2 所示。可见三博脑科所在的类别 2

图 5-7 "系统聚类分析：保存"对话窗口

的净资产收益率、资产负债率、营业利润同比增长率的最小值、最大值、平均值都小于类别 1。可见 2 个类别之间的差异是比较大的。在这种情况下，将同行业的全部公司作为可比公司来进行市盈率法估值，显然会产生较大的偏差。

表 5-2 分组描述统计

类别	采用平均联接（组间）距离的层次聚类	N	最小值	最大值	平均值	标准差
类别 1	净资产收益率	4	9.500%	36.863%	25.494%	12.559%
	资产负债率	4	36.110%	68.711%	49.759%	15.057%
	营业利润同比增长率	4	20.544%	197.628%	104.515%	81.779%
类别 2	净资产收益率	7	−3.797%	18.042%	7.933%	8.810%
	资产负债率	7	16.476%	43.771%	27.473%	9.479%
	营业利润同比增长率	7	−52.805%	11.618%	−24.491%	23.857%

根据聚类的结果，计算与三博脑科同类别公司的平均市盈率，代入市盈率法估值公式，即可以得到对三博脑科公司股票的估值。

实战笔记：

2.3 理论：K-均值聚类的基本原理与具体步骤

2.3.1 K-均值聚类的基本原理

K-均值聚类的基本原理：先设定类别数和类的中心，然后计算每个个案与各类的中心之间的距离，并将个案划分到与其距离最近的类中心所在的类中。通过不断迭代计算并移动个案，最终使得每个类别内的个案与该类别的中心，即类中所有个案的均值之间的距离最小，而与其他类中心的距离相对较大，从而达到了个案在各类中的最佳配置。

与层次聚类不同，K-均值聚类仅适用于对个案进行聚类，并且仅能对连续数据进行聚类。K-均值聚类过程相对简单、计算量不大、耗时较短，适合对大规模数据进行聚类。

2.3.2　K-均值聚类的具体步骤

步骤 1：指定类别数和初始类中心。类别数的指定依照数据分析人员对具体案例的分析及经验，假定类别数为 K。初始类中心可以由分析人员自行设置，如可以指定 K 个比较有代表性的个案为初始类中心。SPSS 中的初始类中心可以由程序自行设定。

步骤 2：计算每个个案与初始类中心之间的距离，并根据计算结果，将个案划分到与其最近的类中心所在的类中。

步骤 3：计算每个类中所有个案的均值，作为新的类中心。计算每个个案与新的类中心之间的距离，并根据计算结果，将个案划分到与其最近的类中心所在的类中。

步骤 4：不断重复上述步骤，直到达到某一事先规定的迭代次数，或者新的类中心与上一步的类中心之间的移动距离都等于 0，或者小于某一事先给定的阈值时，迭代终止。

2.3.3　类别数的设置

K-均值类别数的设置多依赖于具体所分析问题的需要或者数据分析人员的经验。在 K-均值聚类过程中，个案经常会在不同的类别之间移动；而在层次聚类中，个案所属的类别是固定的。因此，对于相同的类别数，K-均值聚类的效果比层次聚类要更好。现实中的一个经验法则：先将在层次聚类中得到的最佳类别数，设置为 K-均值聚类的类别数，再进行 K-均值聚类。

2.4　实战：对 A 股卫生行业上市公司作 K-均值聚类分析

2.4.1　案例介绍与分析

均值聚类：二分类
聚类基本分析

实战视频

实战素材

采用层次聚类对 2022 年 A 股卫生行业上市公司进行聚类分析，目的是寻找三博脑科（深市代码 301293）的可比公司，从而为三博脑科的股票进行估值。

分析：采用层次聚类对卫生行业上市公司进行聚类分析，最终得出比较合适的类别数分别是 2 类、3 类或 4 类，并且这 3 种分类下三博脑科所处的类别都是相同的，包含有 7 家公司。但是，仔细对 7 家公司进行观察，发现其中有些公司显得比较异常，如爱尔眼科和华夏眼科的营业利润同比增长率为正数，而另外 5 家公司该变量均为负数，因此该分类可能不是很恰当。

对于相同类别数的聚类，由于 K-均值聚类允许个案在不同类别之间移动，因此其结论比层次聚类更加可靠，有必要采用 K-均值聚类再次对 A 股卫生行业上市公司进行聚类分析。

2.4.2　SPSS 操作步骤

打开数据文件"案例 5-1 A 股卫生行业上市公司（2022）聚类分析. sav"。

步骤 1：菜单栏依次选择"分析"→"分类"→"K-均值聚类"，在"K-均值聚类分析"对话窗口中，"变量"选择"净资产收益率""资产负债率"和"营业利润同比增长率"，"个案标注依据"选择"证券简称"，"聚类数"默认为"2"，如图 5-8 所示。

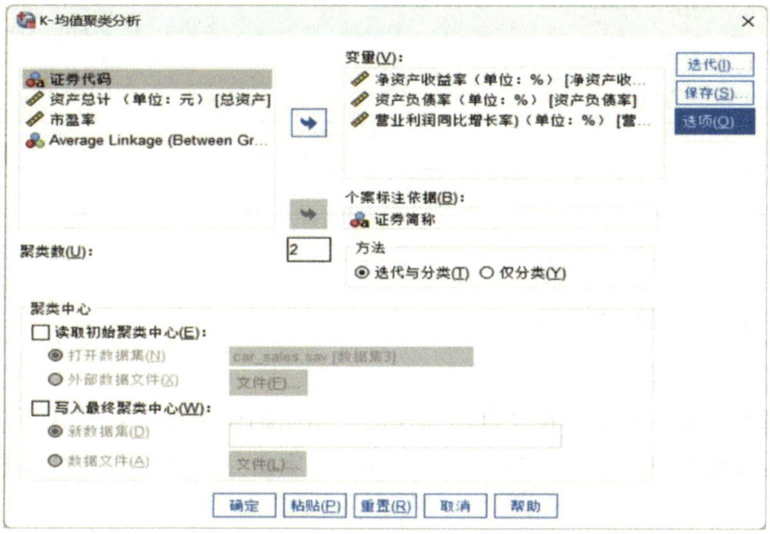

图 5-8　"K-均值聚类分析"对话窗口

步骤 2：在"K-均值聚类分析"对话窗口中，单击"保存"按钮，在新弹出的"K-均值聚类：保存新变量"对话窗口中，勾选"聚类成员"和"与聚类中心的距离"，单击"继续"按钮，如图 5-9 所示。

步骤 3：在"K-均值聚类分析"对话窗口中，单击"选项"按钮，然后在"K-均值聚类：选项"对话窗口中，勾选"初始聚类中心"和"ANOVA 表"，并选择"成列排除个案"，最后单击"继续"按钮，如图 5-10 所示。

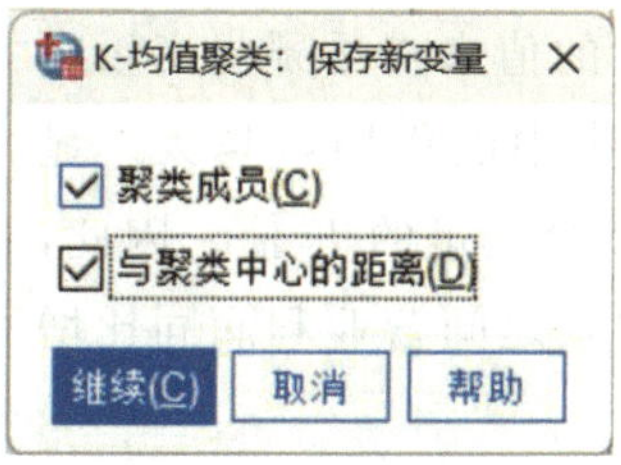

图 5-9　"K-均值聚类：保存新变量"对话窗口

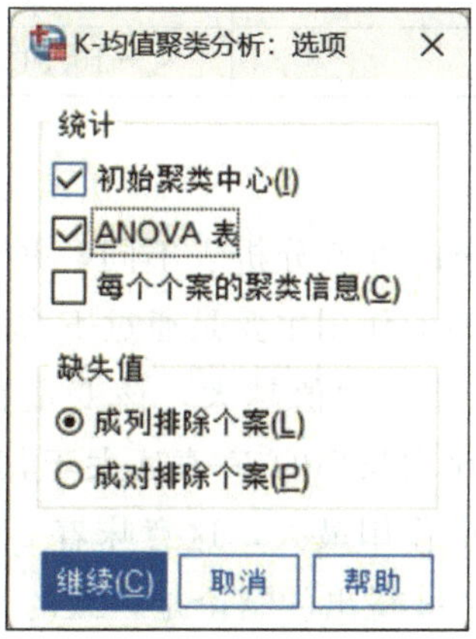

图 5-10　"K-均值聚类分析：选项"对话窗口

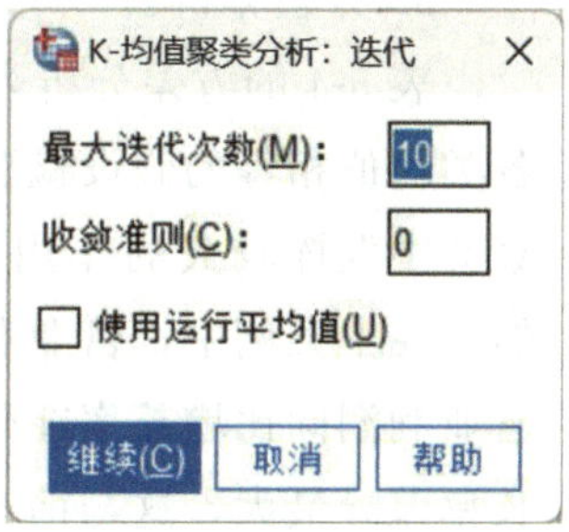

图 5-11　"K-均值聚类分析：迭代"对话窗口

步骤 4：回到"K-均值聚类分析"对话窗口，单击"确定"按钮。

需要注意的是，如果数据中个案数量较多（超过 1 000 个样本），那么还需要设置迭代参数。具体来说，在"K-均值聚类分析"对话窗口中单击"迭代"，在"K-均值聚类分析：迭代"对话窗口中将"最大迭代次数"修改为更高的数值，如图 5-11 所示。SPSS 规定此数值需要范围为 1～999。当收敛准则无法满足时，迭代次数达到最大值，将停止迭代。有时由于达到默认收敛准则"0"耗时太久，还需要将收敛准则改为比"0"稍大的小数，如"0.02"，表示如果迭代过程中任何聚类中心移动的距离小于任意初始聚类中心之间最小距离的 2%，则迭代停止。本案例中个案数量较少，因此采用默认的迭代参数，不作任何修改。

2.4.3 主要输出结果解读

1. 初始聚类中心与迭代历史记录

初始聚类中心表记录了程序自动选择的、初始的聚类中心，迭代历史记录表记录了每次迭代聚类中心的移动距离。本案例中个案数量较少，仅迭代 1 次就达到了收敛准则。

2. 最终聚类中心

表 5-3 中记录了 2 个类别中各变量的均值，发现 2 个类别的营业利润同比增长率之间差距最大。

表 5-3 最终聚类中心

变量	聚类	
	类别 1	类别 2
净资产收益率	12.664%	21.765%
资产负债率	31.477%	54.027%
营业利润同比增长率	−10.813%	171.971%

3. 方差分析表

表 5-4 的方差分析表与传统的方差分析表不同，并不能根据显著性水平来进行各类均值相等的假设检验。该表的作用主要是通过 F 统计量的值来查看哪些变量在聚类中发挥较大的作用。F 统计量的值越大，该变量在聚类中的作用就越大。显然，在本案例中，营业利润同比增长率的 F 值远大于其他 2 个变量的 F 值。因此，营业利润同比增长率在聚类中的作用最大，这意味着 2 个类别之间营业利润同比增长率差异最大，这与前面由表 5-3 得出的结论是一致的。

表 5-4 方差分析表(ANOVA)

变量	聚类		误差		F	显著性
	均方	自由度	均方	自由度		
净资产收益率	135.524%	1	176.478%	9	0.768%	0.404%
资产负债率	832.049%	1	183.491%	9	4.535%	0.062%
营业利润同比增长率	54 671.027%	1	1 241.139%	9	44.049%	0.000%

注：由于已选择聚类以使不同聚类中个案之间的差异最大化，因此 F 检验只应该用于描述目的。实测显著性水平并未因此进行修正，所以无法解释为针对"聚类平均值相等"这一假设的检验。

4. 每个聚类中的数目

表 5-5 显示类别 1 中有 9 个个案，而类别 2 中仅有 2 个个案，这与层次聚类的结果有很大不同。采用层次聚类，当聚类数为"2"时，2 个类别中分别有 7 个和 4 个个案。

表 5-5　每个聚类中的个案数目

聚类		有效	缺失
1	2		
9	2	11	0

在数据视图中进一步检查数据。此时数据中新增了 2 个变量"QCL_1"和"QCL_2"，前者表示个案聚类的编号，后者表示个案与类中心的距离。为了便于分析，将数据"QCL_1"升序排列(原数据是按照公司代码升序排列)。三博脑科在第 1 类，并且与类中心的距离较近，约为 14；而其他同属第 1 类的部分个案，如迪安诊断和普瑞眼科，与类中心的距离较远，分别约为 69 和 45。这意味着该类划分的效果还不太好，可以进一步划分。

5. 进一步划分

由于设置聚类数为"2"时，聚类效果并不太好，因此尝试将聚类数设置为"3"和"4"，再次对数据实施 K-均值聚类。

K-均值聚类：三、四分类聚类拓展分析

将数据按照公司代码升序排列，然后将聚类数设置为"3"，重复 K-均值聚类过程。聚类后，新生成 2 个变量"QCL_3"和"QCL_4"。将数据按照"QCL_3"升序排列。三博脑科在第 1 类，该类下个案数为 5，并且每个个案与类中心的距离都较近，最大距离约为 23。

实战视频

重新将数据按照公司代码升序排列，再将聚类数设置为"4"，重复 K-均值聚类过程。聚类后，新生成 2 个变量"QCL_5"和"QCL_6"。将数据按照"QCL_5"升序排列。三博脑科此时在第 1 类，并且该类中的个案数与聚类数为"3"时的类别 1 完全一致。这反映了无论聚类数设置为"3"还是设置为"4"，三博脑科所处的类别都比较稳定，可以将该类别下的其他公司作为可比公司，对三博脑科股票进行估值。

实战笔记：

_____

_____

_____

_____

2.5　理论：两步聚类法的基本原理与具体步骤

2.5.1　两步聚类法的基本原理

两步聚类法又称二阶聚类法，是近些年来随着大数据和人工智能技术发展起来的一种新型聚类方法。两步聚类法大致上通过两步即可实现聚类，因此而得名。第一步是对所有个案进行预分类，第二步是进一步分类并找出最佳聚类数。

　　两步聚类法应用起来非常方便灵活,可以同时对连续数据和分类数据进行聚类,还可以自动选择最佳聚类数,常作为聚类的首选方法。

　　两步聚类法要求数据的个案相互独立,并且数据中的连续变量服从正态分布,而分类变量服从多项分布。但是,经过实践验证,即使数据不符合独立性假定和正态分布假定,两步聚类法的结果依然具有较高的稳定性。

2.5.2　两步聚类法的具体步骤

　　步骤 1:预分类。该过程的主要任务是构建聚类特征树。特征树由树根、树叶、树枝等构成。树根表示起始点;树叶表示 1 个类别;树枝则是用来联接树叶,反映了树叶之间的关系。靠近树根的树枝上生出第一片新的叶子,然后将第一个个案放入该叶子中。对于后续的个案,根据其与已有叶子的距离远近,来决定是否放入已有的某一叶子中。如果与已有的叶子距离都较远,那么就另外生出一片新的叶子,将该个案放入。最后所有的个案都放入了聚类特征树的叶子里。

　　步骤 2:再分类并寻找最佳聚类数。以上一步生成的所有叶子为初始的分类,采用层次聚类法进一步分类,生成多种可能的分类结果。根据贝叶斯信息准则(Bayesian information criterion,BIC)或者赤池信息准则(Akaike information criterion,AIC)来判定最佳的聚类数。

模型选择的利器——BIC 与 AIC

　　BIC 与 AIC 是统计模型选择中常用的准则,旨在寻找 1 个既能较好拟合数据又不过度复杂的模型。BIC 倾向于选择更简洁的模型,适用于样本量较大的情形,AIC 相对而言倾向于选择拟合较好的模型,适用于样本量较小的情形。

　　二者基本原理均是在衡量模型拟合优良性的同时,通过引入惩罚项来避免过度拟合,选择 BIC 与 AIC 值最小的模型作为最优模型。

2.6　实战:对个人信用贷款客户数据作两步聚类分析

2.6.1　案例介绍与分析

　　某银行计划发起一场营销活动,开发新的优质个人信用贷款客户。该银行已经积累了很多个人信用贷款客户的数据资料,其中多数客户是优质客户,能够按时还款,但有些客户发生过违约。相对于优质客户群体,违约客户群体有哪些明显不同的特征?如果能回答这个问题,将有助于该银行确定重点发展的优质客户人群,也为即将进行的营销活动指明了方向。

　　分析:银行掌握的个人信用贷款客户数据量较大,其中既包含"性别""婚姻状况"等分类变量,又包含"年收入"等连续变量,因此无法使用层次聚类和 K-均值聚类。两步聚类模型的聚类速度快,能对同时包含连续变量与分类变量的数据进行聚类,并且能自动确定最佳聚类数,非常适合本案例的聚类需求。

2.6.2　SPSS 操作步骤

　　打开数据文件"案例 5-2 个人贷款违约记录.sav"。此文件中包括该银行个人贷款客户的性别、年龄、违约记录等数据。

两步聚类:基本操作

实战视频

实战素材

步骤 1：在"二阶聚类分析"对话窗口中，依次选择"分析"→"分类"→"二阶聚类"。在"二阶聚类分析"对话窗口中，"分类变量"选择"性别""教育层次"和"婚姻状态"，"连续变量"选择"年龄"和"年收入"，如图 5-12 所示。

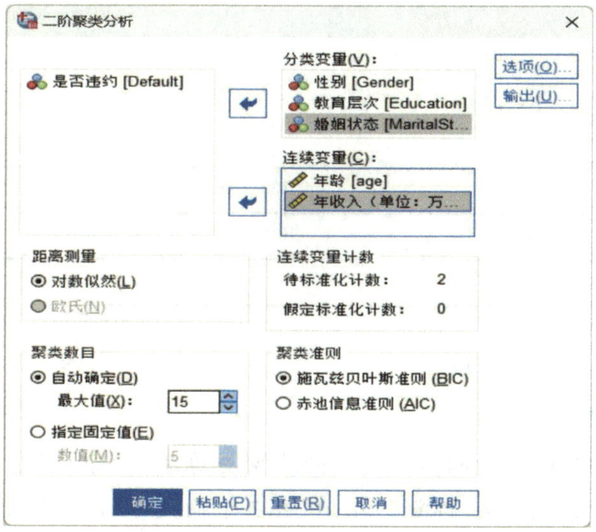

图 5-12　"二阶聚类分析"对话窗口

步骤 2：在"二阶聚类分析"对话窗口中单击"输出"按钮"图表和表"，然后在弹出的"二阶聚类：输出"对话窗口中，"评估字段"选择"是否违约"，并勾选"创建聚类成员变量"，最后单击"继续"按钮，如图 5-13 所示。"评估字段"中的变量不用于创建聚类模型，而是用来评估聚类效果。

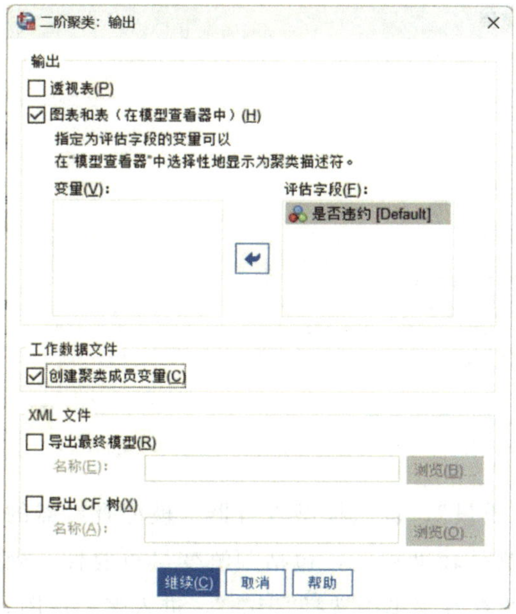

图 5-13　"二阶聚类：输出"对话窗口

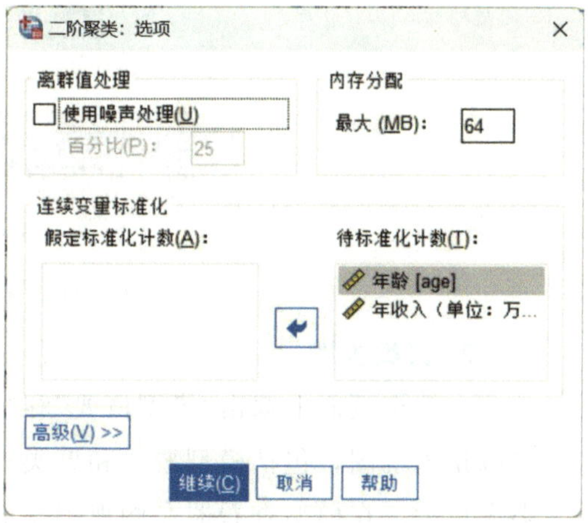

图 5-14　"二阶聚类：选项"对话窗口

步骤 3：在"二阶聚类分析"对话窗口中单击"确定"按钮。

需要注意的是，SPSS 二阶聚类程序默认所有的连续变量都未进行标准化，在聚类开始时会对这些变量进行标准化。因此，在聚类前，这些未标准化的连续变量都属于待标准化变量。本案例中 2 个连续变量"年龄"和"年收入"均未进行标准化，属于待标准化变量。SPSS 二阶聚类程序在聚类前会自动将这 2 个变量标准化。

如果数据中某些连续变量已经标准化，那么还需要进一步设置。在"二阶聚类分析"对话窗口中，单击"选项"按钮，然后在"二阶聚类：选项"对话窗口中，将已经标准化的连续变量移入"假定标准化计数"空白框内，最后单击"继续"按钮，如图 5-14 所示。

实战笔记：

_____

_____

_____

_____

两步聚类：结果解读

[二维码]

实战视频

2.6.3 主要输出结果解读

1. 模型概要和聚类质量

模型概要中的"算法"为两步，表示两步聚类算法；"输入"为 5，表示模型输入的变量有 5 个，本案例中为"性别""年龄"等 5 个输入变量；"聚类"为 5，表示最终的聚类数，即类别数为 5。

聚类质量采用 Silhouette 系数（轮廓测量系数）来衡量。该系数的取值范围为 $-1\sim1$，-1 聚类效果最差，1 聚类效果最好。聚类质量可以分为差（poor）、尚可（fair）、良好（good）3 个等级，如图 5-15 所示。本案例中的聚类质量达到了尚可，表明两步聚类的质量虽然没有达到最好，但还是可以采用的。

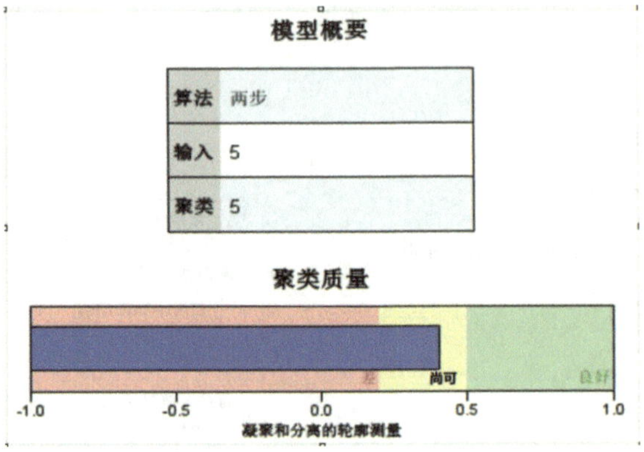

图 5-15 模型概要和聚类质量

2. 聚类视图

在输出页面上双击"模型概要"和"聚类质量"，进入模型查看器。模型查看器的左侧是主视图，包括模型概要和聚类；右侧是辅助视图，包括预测变量重要性、聚类大小等。在模型查看器左侧视图左下角的查看菜单中选择"聚类"，进入聚类视图，如图 5-16 所示。

"聚类"视图中从左至右，按照样本量从大到小依次排列 5 个类别，分别是第 1、第 4、第 2、第 3、第 5 类。在"大小"栏，展示了 5 个类别的样本数量及频率百分比。5 个类别样本的分布差异并不很大，最大的类别的个案占 23.8%，最小的类别占 14.7%。

5 个输入变量从上至下，按照重要性由大到小的顺序排列，依次是"婚姻状态"

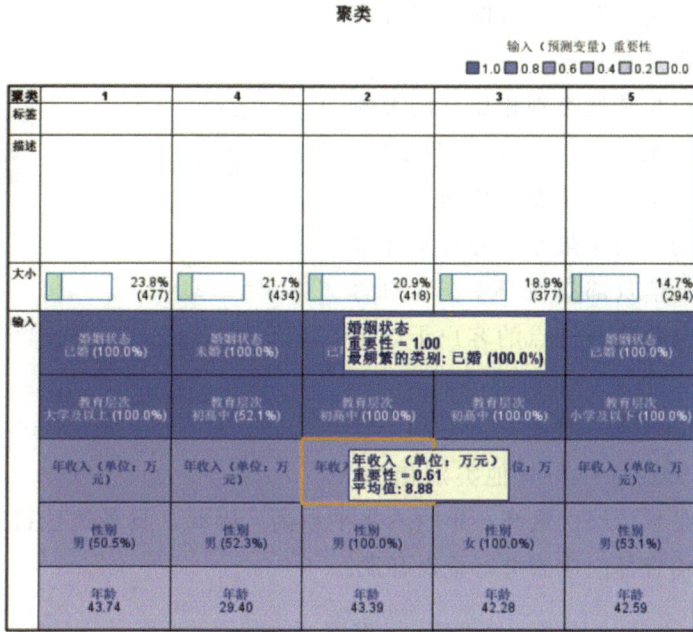

图 5-16　"聚类"视图

"教育层次""年收入""性别"和"年龄"。越重要的变量，颜色相对也越深。重要性值的取值范围为 0～1，"1"表示最重要，"0"表示完全不重要。

当鼠标悬停在输入栏"聚类"列的单元格上时，会显示该单元格所代表的变量的摘要，包括标签和重要性值。此外，对于连续变量，还会显示所在类中该变量的均值；对于分类变量，显示最频繁的类别及该类别的频率百分比。在图 5-16 中，将鼠标停在"年收入"单元格，显示该变量的重要性为 0.61，均值为 8.88 万元；若将鼠标移在"婚姻状态"单元格，则显示该变量的重要性是"1"，最频繁的类别是"已婚"，并且"已婚"样本占比为 100%。

通过对聚类视图各单元格的查看和比较，可以得到各聚类的主要特点。

第 1 类客户的特点：已婚，教育层次高，年收入高，男女人数平衡，年龄较大。

第 2 类客户的特点：已婚，教育层次中等，年收入较高，全男性，年龄较大。

第 3 类客户的特点：已婚，教育程度中等，年收入较高，全女性，年龄较大。

第 4 类客户的特点：未婚，教育程度中等，年收入较低，男女人数平衡，年龄较小。

第 5 类客户的特点：已婚，教育程度低，年收入较低，男女人数平衡，年龄较大。

一般情况下，大多数人认为收入是影响是否违约的重要原因，因此推测年收入水平较低的第 4、第 5 类客户是违约可能性较高的客户群体；而第 1、第 2、第 3 类客户是违约可能性较低的客户群体；尤其是第 1 类客户，属于优质客户群体。

3. 评估聚类结果

在模型查看器下方的"工具"栏中单击"输出"，在弹出的"输出"对话窗口中勾选"评估字段"，其他默认选项不变，然后单击"确定"按钮，如图 5-17 所示。

此时，聚类视图新增了 1 行，表示评估字段，如图 5-18 所示。检查各类别中评估字段的摘要，发现第 4 类守约个案占比最低，低于 90%，仅为 87.1%，而其余 4 个类别守约个案占比都在 99% 左右。这表明对于本案例的应用目的而言，两步聚类较好地区分出了违约客户，有助于银行信贷部门制订客户开发方案。

第 4 类客户与其他类别相比，最大的特点是未婚、年轻，并且收入水平较低。在所有 5 个类别中，第 4 类客户的平均年收入最低、平均年龄也最小，并且全部未婚。因此，银行信贷部门在开发新客户的过程中，应对具备这些特点的客户予以特别关注。

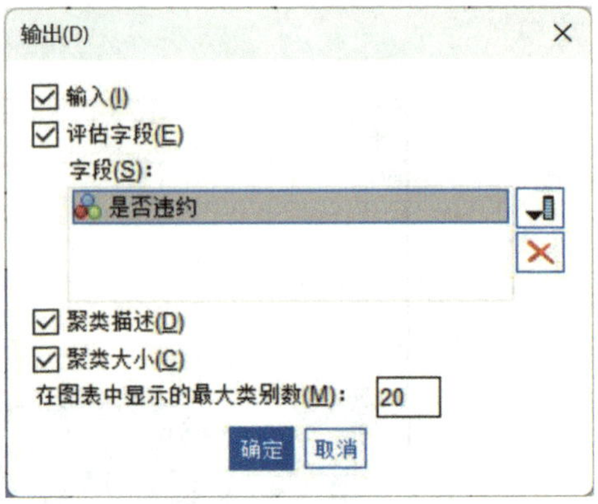

图 5-18 还表明第 1 类客户的守约个案占比最高。该类别客户与其他类别相比，最主要的特点是教育层次最高、年收入水平最高。因此，具备这些特点的人属于优质客户，银行信贷部门应当进行重点开发。

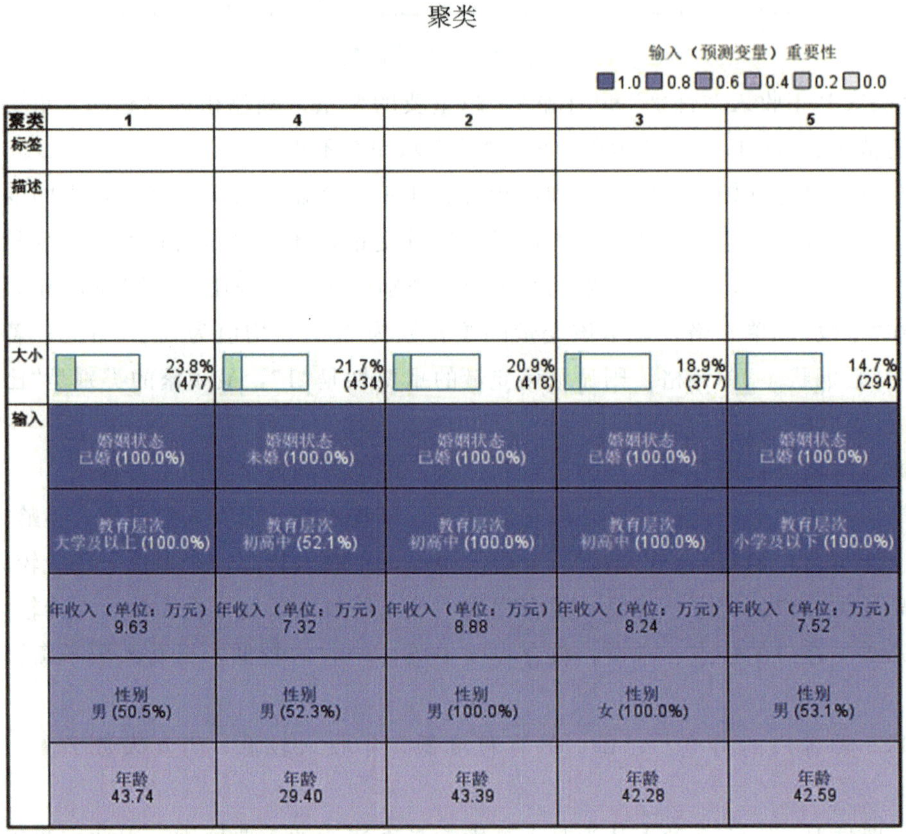

图 5-17 "输出"对话窗口

聚类

图 5-18 包含"评估字段"的"聚类"视图

实战笔记：

与时俱进：中国经济区划的演变

素养案例

自 1978 年以来，中国经济步入了新的发展阶段，宏观调控成为经济发展的关键。1986 年发布的"七五计划"，根据经济技术水平和地理位置，将全国划分为东部、中部、西部三大经济地带。东部沿海地带涵盖 11 个省(自治区、直辖市)，重点发展传统工业和技术改造；中部地带包括 9 个省(自治区、直辖市)，致力于能源和原材料产业的开发；西部地带则涵盖 9 个省(自治区、直辖市)，重点发展农林牧业、交通运输业及能源、矿产资源的开发。

20 世纪 80 年代，市场化改革导致中西部生产要素大量流向东部，地带间发展差距逐渐扩大。为应对此问题，"九五"计划开始考虑解决地区差距，将全国划分为 7 个跨省经济区域，旨在统筹规划、合理分工、加强协同、共同发展。

进入 21 世纪，中国更加重视区域经济发展。2001 年的"十五计划"明确提出实施西部大开发战略，加快中西部发展。2003 年，国家发布关于振兴东北地区等老工业基地的意见。2004 年的《政府工作报告》中强调，要坚持推进西部大开发，振兴东北老工业基地，促进中部崛起，鼓励东部加快发展。

目前，东部地区包括河北、天津、北京、山东、江苏、上海、浙江、福建、广东、海南，共 10 个省、直辖市，总人口和地区生产总值均占全国较大比重；中部地区包括山西、河南、湖北、湖南、江西、安徽，共 6 个省，是连接东西、承接南北的重要区域；西部地区包括内蒙古、陕西、甘肃、宁夏、新疆、青海、西藏、四川、重庆、贵州、云南、广西，共 12 个省、自治区、直辖市，地域辽阔，资源丰富；东北地区包括黑龙江、吉林、辽宁 3 个省，是我国重要的工业基地。这一经济区划的演变，体现了中国在不同发展阶段对经济布局和区域协调发展的深刻思考和实践探索，旨在实现全国经济的均衡、协调、可持续发展。

(资料来源：根据中国大百科全书第三版网络版相关词条整理)

解析：适应我国区域发展不平衡的现状，将全国各地依据经济发展水平和地理位置划分为不同的区域，以便分区域制定和实施不同的经济政策和发展战略，是推动区域经济协调发展的必然要求。

素养训练

党的二十大报告提出："在充分肯定党和国家事业取得举世瞩目成就的同时，必须清醒看到，我们的工作还存在一些不足，面临不少困难和问题。主要有：发展不平衡不充分问题仍然突出，推进高质量发展还有许多卡点瓶颈……城乡区域发展和收入分配差距仍然较大。"

请从国家统计局网站上收集 2024 年我国(除港澳台外)各省、自治区、直辖市的地区生产总值、地方财政一般预算收入、地方财政一般预算支出、全体居民人均可支配收入这 4 个指标的数据，然后完成以下任务。

(1)分别应用层次聚类、K-均值聚类、两步聚类，对各地区进行聚类分析，选择最合理的聚类结果。

(2)根据最终聚类结果，对各类分别进行描述统计，然后据此对各地区之间的经济发展不平衡情况作出评价。

AI 田地

仅以本项目的内容为例，学会向 AI 工具恰当地提问。扫描二维码，查看如何使用"豆包"辅助学习本项目的重难点。

豆包

▶▶▶ 学以致用：客观题测试、综合实训

客观题测试

　　1. 对数据文件"A 股卫生行业上市公司（2022）聚类分析. sav"中的个案进行随机排序，然后进行层次聚类，比较聚类结果与原始排序的层次聚类结果之间是否有差异。

　　2. 对数据文件"A 股卫生行业上市公司（2022）聚类分析. sav"中的个案进行随机排序，然后进行聚类数分别为"2""3""4"的 K-均值聚类，比较聚类结果与原始排序的 K-均值聚类结果之间是否有差异。

　　3. 对数据文件"个人贷款违约记录. sav"中的个案进行随机排序，然后比较聚类结果与原始排序的两步聚类结果之间是否有差异。

　　4. 任选 1 个 A 股行业或板块，采集行业/板块内反映偿债能力、盈利能力、成长能力、营运能力的指标各 1 个，然后分别采用层次聚类、K-均值聚类、两步聚类进行聚类，比较聚类结果，并阐述各类别的含义。（提示：K-均值聚类数可以采用两步聚类法获得的最佳聚类数，也可以采用层次聚类法获得的较优聚类数）

项目 6　因子分析与 SPSS 实战

教学前哨：导学地图、教学目标

导学地图

任务 1 **因子分析** **理论知识**	1.1 理论：因子分析的相关概念	关键术语： 因子载荷、变量共同度、因子旋转、方差贡献率、因子得分
	1.2 理论：因子分析的类型与比较	关键术语： 探索性因子分析、验证性因子分析
任务 2 **因子分析** **SPSS 实战**	2.1 理论：因子分析的基本步骤	关键术语： KMO 检验、巴特利特球形度检验、因子提取、主成分分析法
	2.2 实战：对全国各地区的综合发展情况作因子分析	关键技能： ①因子分析 SPSS 操作 ②因子分析结果解读

教学目标

1. 知识目标

(1)了解因子分析的背景与基本思想。

(2)掌握因子分析的基本原理与方法。

2. 能力目标

(1)运用 SPSS 具体操作因子分析。

(2)对因子分析的结果进行解读。

3. 素质目标

(1)初步养成应用因子分析解决实际经济问题的能力。

(2)培养用数据说话、实事求是的意识。

▶▶ 任务驱动：任务1、任务2

任务1　因子分析理论知识

人们在认识、理解某事物或者某种现象时，往往会通过多个维度的指标对其进行评估测量。比如，要了解某地区的综合发展情况，可以通过人均地区生产总值、房地产开发固定资产投资、社会消费品零售总额、高等教育在校生人数、医疗卫生机构数量、农村居民人均可支配收入等指标进行衡量。从这些指标中，可以更深入地了解分析对象，获取丰富的信息，但在一定程度上增加了数据采集的工作量。更重要的是在大多数情况下，许多变量之间可能存在相关性，这意味着表面上看起来彼此不同的变量并不能从各个侧面反映事物的不同属性，而恰恰是事物同一种属性的不同表现。

从众多相关的指标中找出少数几个综合性指标来反映原始指标所包含的主要信息，需要进行因子分析(factor analysis)。因子分析是用少数几个因子来描述许多指标或因素之间的联系，即用较少几个因子反映原始数据的大部分信息的统计方法。

1.1　理论：因子分析的相关概念

因子分析是指研究从变量群中提取共性因子的统计技术，最早由英国心理学家C. E. 斯皮尔曼提出。他发现学生的各科成绩之间存在着一定的相关性，一科成绩好的学生，往往其他各科成绩也比较好，从而推想是否存在某些潜在的共性因子，或称某些一般智力条件影响着学生的学习成绩。因子分析可在许多变量中找出隐藏的具有代表性的因子，将相同本质的变量归入1个因子，可以减少变量的数量，还可以检验变量间关系的假设。

因子分析是一种常用的统计分析方法，主要基于降维的思想。通过探索变量之间的相关系数矩阵，根据变量的相关性大小对变量进行分组，使同组内变量之间的相关性较高，不同组变量之间的相关性较低。代表每组数据基本结构的新变量称为公共因子。也就是说，因子分析就是在尽可能不损失或者少损失原始数据信息的情况下，将错综复杂的众多变量聚合成少数几个独立的公共因子，这几个公共因子可以反映原来众多变量的主要信息。这在减少变量个数的同时，又反映了变量之间的内在联系。

1.1.1　因子载荷

因子载荷是统计学中的一个概念，主要用于描述变量间的关系。具体来说，因子载荷是每个原始变量和每个公共因子的相关系数，反映了变量对公共因子的重要性。通过因子载荷值的大小，能够获取变量在对应公共因子中的重要程度，从而理解公共因子的实际含义，有利于因子的命名。因子载荷值的绝对值越大，该因子与原有变量的关系就越强。

因子载荷的值的范围通常为 $0 \sim 1$，值越大，表明变量对因子的依赖性越强。当因子载荷大于 0.4 或 0.5 时，被认为是具有显著意义的。因子载荷的符号提供了关于变量和因子之间关系的信息。正的因子载荷意味着随着因子得分的增加，该变量的观测值倾向于增大；而负的因子载荷则相反，当因子得分增加时，变量观测值倾向于减小。

1.1.2　变量共同度

变量共同度也称公共因子方差，即某一原变量在所有公共因子上载荷的平方和。变量共同度表示各变量所含信息能被所提取主成分解释的程度，反映所有公共因子对该原变量的方差（变异）的解释程度，取值范围为 0～1。其取值越大，说明该变量能够被因子解释的程度越高。如果因素分析结果中大部分变量共同度都大于 0.8，说明提取的公共因子已经反映了原变量 80% 以上的信息，因子分析效果较好。

1.1.3　因子旋转

因子旋转是因子分析中的一种数据处理手段。通过对因子载荷矩阵进行线性变换，在不改变因子模型对原始变量总方差解释程度的前提下，调整因子与变量间的关联程度，使因子结构更清晰，各因子对变量的贡献更明确，从而便于对因子的实际意义进行合理且有效的解释。

因子分析的结果需要每个因子都有实际意义。如果每个公共因子的含义都不清楚，就不便于使用这些因子对实际问题进行解释。因此，在原始变量和因子系数可能无法明显地表达因子的含义时，就需要旋转因子载荷矩阵，使原始变量和因子之间的关系更加突出。也就是说，每个变量仅在 1 个公共因子上有较大的载荷，而在其他公共因子上的载荷较小。

1.1.4　方差贡献率

方差贡献率是指单个公共因子引起的变异占总变异的比例，说明此公共因子对因变量的影响程度。累计方差贡献率是所有公共因子引起的变异占总变异的比例，说明所有公共因子对因变量的合计影响程度。

方差贡献率常作为抽取的公共因子对变量影响大小的指标。方差贡献率越大，抽取的公共因子对变量的影响越大。

1.1.5　因子得分

因子得分可以用来评价每个个案在每个公共因子上的分值。该分值包含了原始变量的信息。需要注意的是，原始变量的数值是可以直接观测的，但因子得分只能通过计算原始变量与因子之间的关系得到。

因子得分的作用：一是代替原始变量进行其他统计分析，如回归分析（将因子得分作为自变量，与对应的因变量进行回归）、聚类分析；二是进行综合评分，综合评分主要以各公共因子所对应的方差贡献率的比例为权重来计算。

$$综合得分＝各因子方差百分比÷总方差百分比×因子得分 \tag{6-1}$$

1.2　理论：因子分析的类型与比较

1.2.1　因子分析的类型

因子分析分为探索性因子分析和验证性因子分析。

1.　探索性因子分析

探索性因子分析就是一般所说的因子分析，也称传统因子分析。在进行因子分析时，这个公共因子的定义是不知道的，需要建立模型来探索，然后进行定义和命名，所以称为探索性因子分析。

2. 验证性因子分析

验证性因子分析是指影响原始变量的公共因子已经定义，只不过不知道它们的影响系数，需要建立因子分析模型来求解和验证系数。验证性因子分析是结构方程模型的一种特殊形式。

1.2.2　因子分析类型的比较

1. 基本思想不同

因子分析的基本思想是要寻找公共因子，以达到降维的目的。

探索性因子分析主要是为了找出影响观测变量的因子个数，以及各个因子和各个观测变量之间的相关程度，试图揭示变量之间的内在结构。探索性因子分析有一些基本的假设，包括所有公共因子都相关（或都不相关）、所有公共因子都直接影响所有观测变量、特殊因子之间相互独立等。

验证性因子分析的主要目的是检验事前定义的因子模型与观测数据的一致性，即检验观测变量的因子个数和因子载荷是否与基于预先建立的理论一致。指标变量是基于先验理论选出的，因子分析是用来验证是否与预期一致。

2. 应用前提不同

探索性因子分析没有先验信息，而验证性因子分析有先验信息。

探索性因子分析是在事先不知道影响因子的基础上，完全依据样本数据，利用统计软件，以一定的原则进行因子分析，最后得出因子的过程。在进行探索性因子分析之前，不必知道要用几个因子，以及各因子和观测变量之间的关系。在进行探索性因子分析时，由于没有先验理论，只能通过因子载荷凭感觉推断数据的因子结构。数学模型中的公共因子数在分析前并未确定，而是在分析过程中视中间结果而决定，各个公共因子统一地规定为均影响每个观测变量。在管理研究中，如仅仅从数据出发，很难得到科学的结果，甚至可能与已有的理论或经验相悖。因此，探索性因子分析更适合于在没有理论支持的情况下对数据进行试探性分析，这就需要用验证性因子分析来作进一步检验。

验证性因子分析是基于预先建立的理论，要求事先假设因子结构。其先验假设是每个因子都与 1 个具体的指示变量子集对应，以检验这种结构是否与观测数据一致。也就是在数学模型中，先根据先验信息判定公共因子数，同时还要根据实际情况将模型中某些参数设定为某一定值。这样，验证性因子分析也就充分利用了先验信息，在已知因子的情况下检验所收集的数据资料是否按事先预定的结构方式产生作用。

3. 理论假设不同

探索性因子分析的假设主要包括：①所有的公共因子都相关（或都不相关）；②所有的公共因子都直接影响所有的观测变量；③特殊（唯一性）因子之间相互独立；④所有观测变量只受 1 个特殊（唯一性）因子的影响；⑤公共因子与特殊（唯一性）因子相互独立。

验证性因子分析克服了探索性因子分析假设条件约束太强的缺陷。其假设主要包括：①公共因子之间可以相关，也可以无关；②观测变量可以只受 1 个或几个公共因子的影响，而不必受所有公共因子的影响；③特殊因子之间可以相关，还可以出现不存在误差因素的观测变量；④公共因子与特殊因子之间相互独立。

4. 分析步骤不同

探索性因子分析的步骤：①收集观测变量，通常采用抽样的方法，按照实际情况收集观测变量数据；②构造相关矩阵，根据相关矩阵可以确定是否适合进行因子分析；③确定因子个数，根据实际情况事先假定因子个数，也可以按照特征根大于1的准则或碎石准则来确定因子个数；④提取因子，可以根据需要选择合适的因子提取方法，如主成分方法、加权最小平方方法、极大似然法等；⑤因子旋转，由于初始因子综合性太强，难以找出实际意义，因此一般都需要对因子进行旋转（常用的旋转方法有正交旋转、斜交旋转等），以便于对因子结构进行合理解释；⑥解释因子结构，可以根据实际情况及负载大小对因子进行具体解释；⑦计算因子得分，可以利用公共因子来作进一步的研究，如聚类分析、评价等。

验证性因子分析的步骤：①定义因子模型，包括选择因子个数和定义因子载荷，因子载荷可以事先定为"0"，或者其他自由变化的常数，或者在一定的约束条件下变化的数（如与另一载荷相等）；②收集观测值，根据研究目的收集观测值；③获得相关系数矩阵，根据原始资料数据获得变量协方差阵；④拟合模型，选择一种方法（如极大似然估计、渐近分布自由估计等）来估计自由变化的因子载荷；⑤评价模型，当因子模型能够拟合数据时，因子载荷的选择要使模型暗含的相关矩阵与实际观测矩阵之间的差异最小，常用的统计参数有卡方拟合指数、比较拟合指数、拟合优度指数和估计误差均方根；⑥修正模型，如果模型拟合效果不佳，应根据理论分析修正或重新限定约束关系，对模型进行修正，以得到最优模型。

5. 主要应用范围不同

探索性因子分析的主要应用范围：①寻求基本结构，解决多元统计分析中的变量间强相关问题；②数据化简；③发展测量量表。

验证性因子分析允许研究者将观察变量依据理论或先前假设构成测量模式，然后评价此因子结构和该理论界定的样本资料间符合的程度。因此，验证性因子的主要应用范围：①验证量表的维度或面向性，决定最有效的因子结构；②验证因子的阶层关系；③评估量表的信度和效度。

探索性因子分析和验证性因子分析的正确用法

探索性因子分析和验证性因子分析都是因子分析不可分割的重要组成部分。在管理研究的实际应用中，二者不能截然分开，只有结合运用，才能相得益彰，使研究更有深度。

在发展理论的过程中，应先通过探索性因子分析建立模型，再用验证性因子分析检验和修正模型。探索性因子分析提供了发现模型以验证假设的概念和计算工具，其提供的结果为验证性因子分析建立假设提供了重要的基础和保证。两种因子分析缺少任何一个，因子分析都将是不完整的。

一般来说，如果研究者没有坚实的理论基础作为支撑，有关观测变量内部结构一般先用探索性因子分析，产生1个关于内部结构的理论，再在此基础上用验证性因子分析，这样的做法是比较科学的，但这必须要用2组分开的数据。如果研究者直接把探索性因子分析的结果放到统一数据的验证性因子分析中，研究者就仅仅是拟合数据，而不是检验理论结构。如果样本容量足够大，可以将数据样本随机分成 2 份，合理的做法就是先用其中 1 份数据做探索性因子分析，然后把分析取得的因子用在剩下的 1 份数据中做验证性因子分析。如果验证性因子分析的拟合效果非常差，那么还必须用探索性因子分析来找出数据与模型之间的差别。

任务 2　因子分析 SPSS 实战

2.1　理论：因子分析的基本步骤

步骤 1：评估变量是否适合做因子分析。因子分析的目的是从众多的原有变量中综合选出少数具有代表性的因子，但前提条件是原有变量之间应具有较强的相关关系。如果原有变量之间不存在较强的相关关系，就无法从中综合选出能够反映某些变量共同特性的几个较少的公共因子。因此，一般在因子分析时需要先对因子分析的条件即原有变量是否相关进行研究。通常可采用以下几种方法。

（1）计算相关系数矩阵。计算原有变量的简单相关系数矩阵并进行统计检验。观察相关系数矩阵。如果相关系数矩阵中的大部分相关系数值均小于 0.3，即各个变量间大多为弱相关，那么原则上这些变量是不适合进行因子分析的。

（2）计算反映像相关矩阵。反映像相关矩阵（Anti-image correlation matrix）是关于负的偏相关系数和抽样充分性测度（Measure of sample adequacy，MSA）的矩阵。偏相关系数是在控制了其他变量对 2 个变量影响的条件下计算出来的净相关系数。如果原有变量中确实能够提取出公共因子，那么在控制了这些影响后，偏相关系数必然很小。

反映像相关矩阵第 i 行对角线上的元素为变量 x_i 的抽样充分性测度统计量，其数学定义为：

$$\text{MSA}_i = \frac{\sum_{j \neq i} r_{ij}^2}{\sum_{j \neq i} r_{ij}^2 + \sum_{j \neq i} p_{ij}^2},\tag{6-2}$$

式中：r_{ij} 为变量 x_i 和其他变量 $x_j (j \neq i)$ 之间的简单相关系数，p_{ij} 为变量 x_i 和其他变量 $x_j (j \neq i)$ 在控制了剩余变量下的偏相关系数。由式（6-2）可知，变量 x_i 的 MSA_i 统计量的取值范围为 0～1。当它与其他所有变量之间的简单相关系数平方和远大于偏相关系数平方和时，MSA_i 的值接近 1。MSA_i 的值越接近 1，意味着变量 x_i 与其他变量间的相关性越强。当它与其他所有变量间的简单相关系数平方和接近 0 时，MSA_i 的值接近 0。MSA_i 的值越接近 0，意味着变量 x_i 与其他变量之间的相关性越弱。

观察反映像相关矩阵，如果反映像相关矩阵中除主对角线元素外，其他大多数元素（负偏相关系数）的绝对值均较小，且对角线上元素的值较接近 1，说明这些变量的相关性较强，适合进行因子分析。

（3）巴特利特球形度检验。巴特利特球形度检验（Bartlett test of sphericity）以原有变量的相关系数矩阵为出发点，其原假设 H_0 是"相关系数矩阵是单位阵"，即相关系数矩阵为对角阵(主对角元素不为 0,非对角元素均为 0)且主对角元素均为 1。

巴特利特球形度检验的检验统计量根据相关系数矩阵的行列式计算得到,且近似服从卡方分布。如果该统计量的观测值比较大,且对应的 p 值小于给定的临界概率水平,则应拒绝原假设,认为相关系数矩阵不太可能是单位阵,原有变量适合做因子分析;反之,如果检验统计量的观测值比较小,且对应的 p 值大于给定的临界概率水平,则不能拒绝原假设,可以认为相关系数矩阵与单位阵无显著差异,原有变量不适合做因子分析。

(4)KMO 检验。KMO(Kaiser-Meyer-Olkin)检验是用于比较变量间简单相关系数和偏相关系数的指标,数学定义为:

$$\text{KMO} = \frac{\sum_i \sum_{j \neq i} r_{ij}^2}{\sum_i \sum_{j \neq i} r_{ij}^2 + \sum_i \sum_{j \neq i} p_{ij}^2}, \tag{6-3}$$

式中:r_{ij} 为变量 x_i 和变量 x_j 之间的简单相关系数,p_{ij} 为变量 x_i 和变量 x_j 在控制了剩余变量下的偏相关系数。KMO 检验将相关系数和偏相关系数矩阵中的所有元素都加入平方和的计算中。由式(6-3)可知,KMO 检验统计量的取值范围为 0~1。当所有变量之间的简单相关系数平方和远大于偏相关系数平方和时,KMO 值接近 1。KMO 值越接近 1,意味着变量之间的相关性越强,原有变量越适合做因子分析。当所有变量之间的简单相关系数平方和接近 0 时,KMO 值接近 0。KMO 值越接近 0,意味着变量之间的相关性越弱,原有变量越不适合做因子分析。

常用的 KMO 度量标准

(1)当 KMO 值在 0.9 以上,表示数据非常适合进行因子分析,变量之间的相关性较强,能够通过较少的公共因子较好地解释原始变量的信息。

(2)当 KMO 值在 0.8~0.9(含),说明数据很适合进行因子分析。

(3)当 KMO 值在 0.7~0.8(含),表明数据比较适合进行因子分析。

(4)当 KMO 值在 0.6~0.7(含),表示数据勉强可以进行因子分析。

(5)当 KMO 值小于 0.6(含),通常认为数据不太适合进行因子分析。在这种情况下,变量之间的偏相关性较弱,意味着变量之间的共同因素较少,通过因子分析可能无法有效地提取出有意义的公共因子来解释原始变量。

如果数据不适合进行因子分析,可能会导致分析结果的可靠性和有效性较低,得到的公共因子难以合理地解释变量之间的关系,也难以准确地反映数据的内在结构,从而影响对研究问题的深入理解和结论的准确性。

步骤 2:因子提取。因子分析的关键是根据样本数据求解因子载荷矩阵。因子载荷矩阵的求解方法有基于主成分模型的主成分分析法、基于因子分析模型的主轴因子法、极大似然法、最小二乘法、α 因子提取法等。在因子分析中占有主要地位且使用最为广泛的是主成分分析法。

主成分分析法基于相关系数矩阵,通过正交变换,将原始变量转换为新的变量(即主成分)。这些主成分按照方差从大到小的顺序排列,常选择方差较大的前几个主成分作为因子。

通常采用特征值法、碎石图和解释性准则来确定提取因子的数量。

（1）特征值法。通常选择特征值大于 1 的因子。特征值反映了因子对原始变量方差的贡献程度。当特征值大于 1 时，意味着该因子解释了比单个变量更多的方差。

（2）碎石图。碎石图是一种图形工具，用于显示因子特征值随因子数量增加的变化趋势。在碎石图中，通常会有 1 个明显的拐点。拐点之前的因子被认为是重要的，而拐点之后的因子则可能不太重要。

（3）解释性准则。根据因子的实际解释意义来确定因子的数量。有时，即使特征值小于 1，但如果因子具有明确的解释意义，也可能选择保留该因子。

步骤 3：因子旋转。观察因子载荷矩阵，如果因子载荷 a_{ij} 的绝对值在第 i 行的多个列上都有较大的取值（通常大于 0.5），表明原有变量 x_i 与多个因子同时有较强的相关关系。也就是说，原有变量 x_i 的信息需要由多个因子来共同解释。如果因子载荷 a_{ij} 的绝对值在第 j 列的多个行上都有较大的取值，则表明因子 f_j 能够同时解释许多变量的信息。因子 f_j 不能典型代表任何一个原有变量 x_i。在这种情况下，因子 f_j 的实际含义是模糊不清的。实际分析工作中人们总是希望对因子的实际含义有比较清楚的认识。为了解决这个问题，可以通过因子旋转的方式使 1 个变量只在尽可能少的因子上有比较高的载荷。最理想的状态是使某个变量 x_i 在某个因子 f_j 上的载荷趋于 1，在其他因子上的载荷趋于 0。这样，因子 f_j 就能够成为某个变量 x_i 的典型代表，因子的实际含义也就清楚了。

> 因子旋转就是将因子载荷矩阵 $\boldsymbol{A}$ 右乘 1 个正交矩阵后得到 1 个新的矩阵 $\boldsymbol{B}$。因子旋转并不会影响变量 x_i 的共同度 h_i^2，却会改变因子 f_j 的方差贡献 s_j^2。因子旋转通过改变坐标轴，能够重新分配各个因子解释原始变量方差的比例，使因子更易于理解。

步骤 4：计算因子得分。因子得分是因子分析的最终体现。在因子分析的实际应用中，当因子确定以后，便可计算每个观测在各因子上的具体取值。这些取值称为因子得分，形成的变量称为因子得分变量。在后续的分析中就可以用因子得分变量代替原有变量进行数据建模，或利用因子得分变量对样本进行分类或评价等研究，进而达到降维和简化问题的目的。

计算因子得分的途径是用原有变量来描述因子得分变量，第 i 个观测在第 j 个因子上的取值可表示为：

$$F_{ji}=\bar{\omega}_{j_1} x_{1i}+\bar{\omega}_{j_2} x_{2i}+\bar{\omega}_{j_3} x_{3i}+\cdots+\bar{\omega}_{j_p} x_{pi}, \quad j=1,2,3,\cdots,k \qquad (6-4)$$

式中：x_{1i}，x_{2i}，x_{3i}，$\cdots$，x_{pi} 分别是第 1，第 2，第 3，$\cdots$，第 p 个原有变量在第 i 个观测上的取值；$\bar{\omega}_{j1}$，$\bar{\omega}_{j2}$，$\bar{\omega}_{j3}$，$\cdots$，$\bar{\omega}_{jp}$ 分别称为第 j 个因子和第 1，第 2，第 3，$\cdots$，第 p 个原有变量之间的因子值系数。可见，因子得分是原有变量线性组合的结果，是各变量值的加权平均，权数的大小表示变量对因子得分变量的重要程度。可得：

$$F_j=\bar{\omega}_{j_1} x_1+\bar{\omega}_{j_2} x_2+\bar{\omega}_{j_3} x_3+\cdots+\bar{\omega}_{j_p} x_p, \quad j=1,2,3,\cdots,k \qquad (6-5)$$

式（6-5）称为因子得分函数。由于因子个数 k 小于原有变量个数 p，式（6-5）中方程的个数少于变量的个数。对因子值系数通常采用最小二乘意义上的回归法进行估计。可将式（6-5）看作因子得分变量 F_j 对 p 个原有变量的线性回归方程（其中常数项为 0）。可以证明式（6-5）中回归系数的最小二乘估计满足：

$$W_j \mathbf{R} = S_j \tag{6-6}$$

式中：$W_j = (\bar{\omega}_{j1}, \bar{\omega}_{j2}, \bar{\omega}_{j3}, \cdots, \bar{\omega}_{jp})$；$\mathbf{R}$ 为原有变量的相关系数矩阵；$S_j = (s_{1j}, s_{2j}, s_{3j}, \cdots, s_{pj})$，是第 1，第 2，第 3，…，第 p 个变量与第 j 个因子的相关系数，是不可见的。虽然 S_j 不可见但当各因子正交时，有 $S_j = A_j' = (a_{1j}, a_{2j}, a_{3j}, \cdots, a_{pj})$，$a_{1j}, a_{2j}, a_{3j}, \cdots, a_{pj}$ 为第 1，第 2，第 3，…，第 p 个变量在第 j 个因子上的因子载荷。可得：

$$W_j = A_j' \mathbf{R}^{-1} \tag{6-7}$$

式中：$\mathbf{R}^{-1}$ 为相关系数矩阵的逆矩阵。

根据式(6-7)可计算出因子得分变量 F_j 的因子值系数，再利用式(6-5)可计算出各个观测在第 j 个因子上的因子得分。

步骤 5：计算因子综合评价得分。

$$F = F_1 \times \omega_1 + F_2 \times \omega_2 + F_3 \times \omega_3 + \cdots + F_n \times \omega_n \tag{6-8}$$

式中：F 为综合得分，F_1 为因子 1 得分，ω_1 为因子 1 的权重。

因子综合得分可以在各个独立因子变量的基础上，综合不同维度的信息，分配不同的权重，重新构造出 1 个总得分变量，用于样本综合评价。因子得分变量是现成的，确定各因子的权重是构造因子总得分变量的关键。权重的确定是基于每个因子在综合评价中的重要程度。权重的分配可以基于经验判断、统计分析或者专家意见。常见的权重分配方法有层次分析法、主成分分析法等。这些方法可以根据因子的方差贡献率、相关性等因素来确定每个因子的权重。

2.2 实战：对全国各地区的综合发展情况作因子分析

2.2.1 案例介绍与分析

收集 2021 年我国(不含港澳台)31 个省、自治区、直辖市的人均地区生产总值、房地产开发固定资产投资、社会消费品零售总额、高等教育在校生人数、医疗卫生机构数量、农村居民人均可支配收入数据(数据来源：国泰安数据库)，对以上地区的综合发展情况进行研究。具体数据在文件名为"各省市综合发展情况.sav"的压缩包中。

分析：在此案例数据中，某地区综合发展情况由人均地区生产总值、房地产开发固定资产投资、社会消费品零售总额、高等教育在校生人数、医疗卫生机构数量、农村居民人均可支配收入这 6 个指标进行衡量。利用因子分析，找出这 6 个指标的共性，以聚合为更少的分析维度，更简要地评估该地区的综合发展情况。

2.2.2 因子分析操作步骤

步骤 1：打开"因子分析"对话窗口，添加变量。依次单击"分析"→"降维"→"因子"，将要进行分析的 6 个变量添加到"变量"窗口中，出现如图 6-1 所示的窗口。

步骤 2：选择统计量。单击"描述"按钮，打开"因子分析：描述"对话窗口，选择"初始解""KMO 和巴特利特球形度检验"，用于生成评估变量是否适合做因子分析的统计指标，如图 6-2 所示。

步骤 3：提取因子分析。单击"提取"按钮，打开"因子分析：提取"对话窗口，在"方法"下拉框中选择"主成分"，这是最常用的用于提取因子的方法。再选择"碎石

因子分析

实战视频

实战素材

图"，用于辅助判断因子个数，其他保持系统默认状态，如图 6-3 所示。

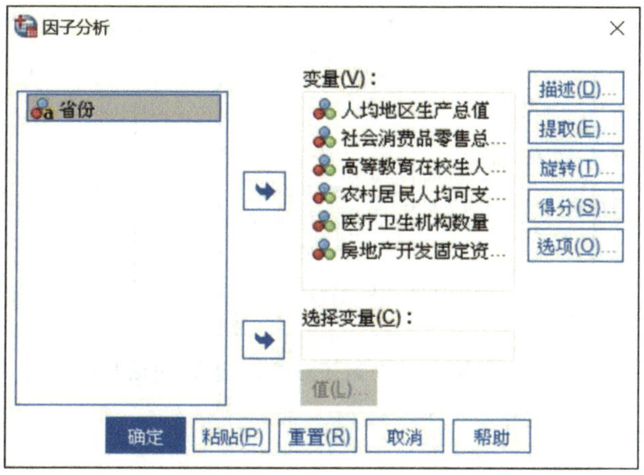

图 6-1　"因子分析"对话窗口

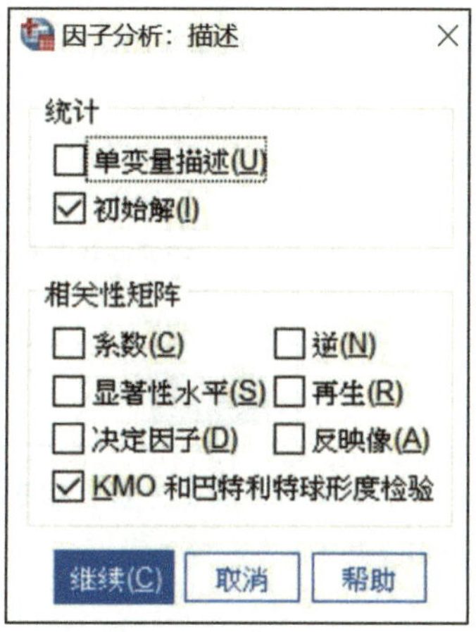

图 6-2　"因子分析：描述"对话窗口

步骤 4：单击"旋转"按钮，弹出"因子分析：旋转"对话窗口。在"方法"中选择"最大方差法"，这是最常用的因子旋转的方法。其他的项目保持系统默认，如图 6-4 所示。最大方差法可以使每个变量尽可能在 1 个因子上有较高的载荷，而在其他的因子上载荷较小，从而使因子更好地解释因子所包含的意义。

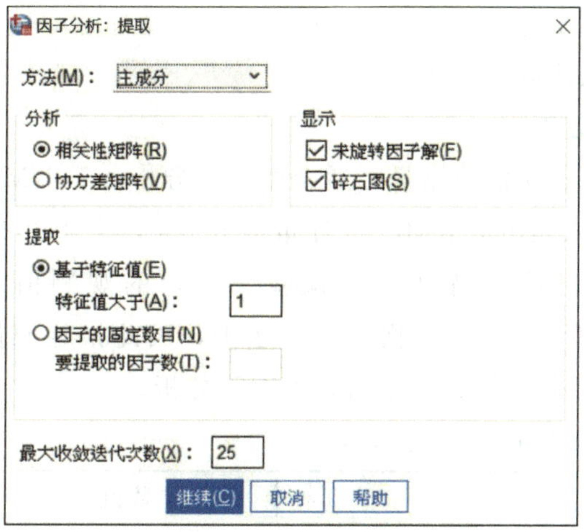

图 6-3　"因子分析：提取"对话窗口

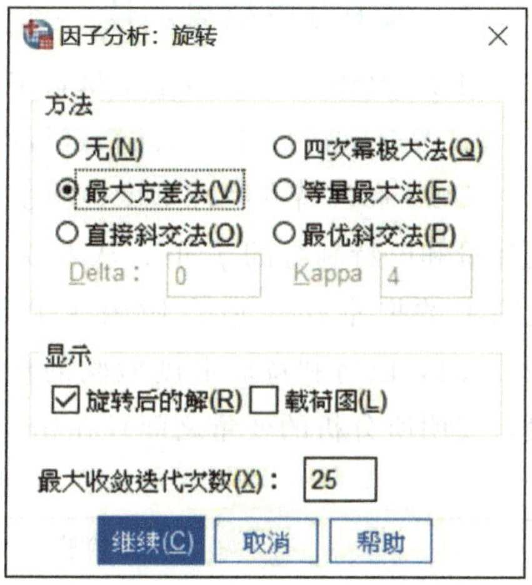

图 6-4　"因子分析：旋转"对话窗口

步骤 5：单击"得分"按钮，打开"因子分析：因子得分"对话窗口，选择"保存为变量"和"回归"，用于保存计算得到的因子得分，如图 6-5 所示。

步骤 6：单击"选项"按钮，打开"因子分析：选项"对话窗口，选择"按大小排序"和"禁止显示小系数"，表示将变量按照因子载荷值大小从高到低进行排序；在"绝对值如下"框中输入"0.40"，表示只输出高于 0.4 的因子载荷，以方便因子的解释和命名，如图 6-6 所示。

至此完成了因子分析的全部操作，单击"确定"按钮，SPSS 将按照指定要求自动进行因子分析，并将结果输出到查看器窗口。

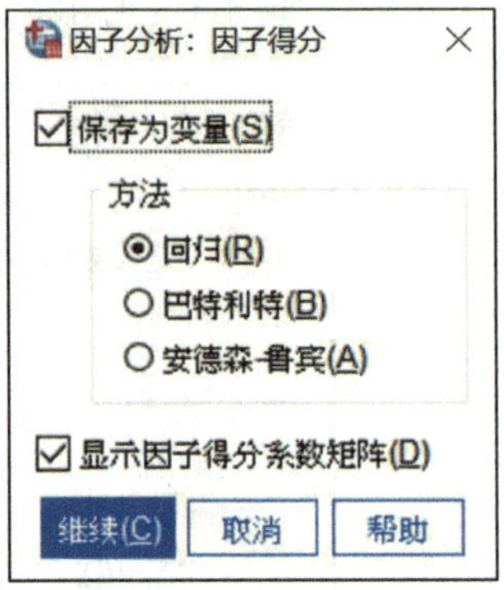

图 6-5 "因子分析：因子得分"对话窗口 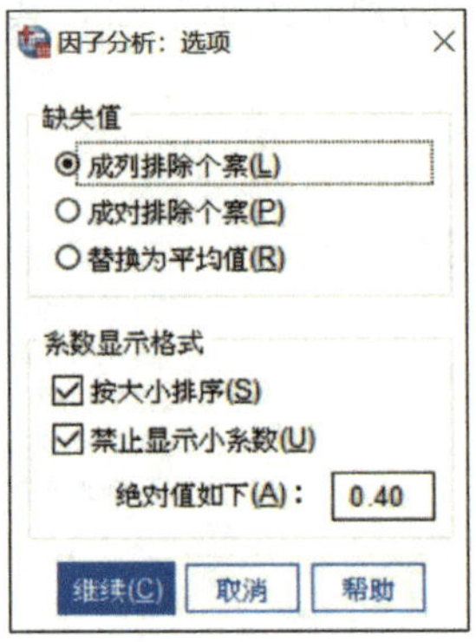　　图 6-6 "因子分析：选项"对话窗口

实战笔记：
_____
_____
_____
_____

2.2.3　因子分析结果解读

对于 SPSS 输出的多个结果，主要关注以下几个。

1. 考查原有变量是否适合进行因子分析

KMO 和巴特利特球形度检验主要用于评估数据是否适合做因子分析，看 KMO 统计量和巴特利特的 p 值。从表 6-1 结果可知，KMO 统计量为 0.650，大于 0.5，说明本数据集比较适合做因子分析；巴特利特球形度检验统计量的观测值为 224.031，巴特利特球形度检验的概率值为 0，小于临界概率水平，因此拒绝原假设，说明所分析的变量之间存在相关关系，有相关性则适合做因子分析。

表 6-1　KMO 和巴特利特球形度检验

检验		数值
KMO 取样适切性量数		0.650
巴特利特球形度检验	近似卡方	224.031
	自由度	15.000
	显著性	0.000

2. 提取因子

此案例中采用最常用的主成分分析法提取因子，并选取"特征值大于 1"；选择"碎石图"，用于辅助判断因子个数，具体操作如图 6-3 所示，结果如表 6-2 所示。

表 6-2　因子分析中的变量共同度

公共因子方差

变量	初始	提取
人均地区生产总值	1.000	0.937
社会消费品零售总额	1.000	0.954

续表

变量	初始	提取
高等教育在校生人数	1.000	0.954
农村居民人均可支配收入	1.000	0.913
医疗卫生机构数量	1.000	0.853
房地产开发固定资产投资	1.000	0.909

从表 6-2 的结果来看，表中的"提取"列的值均大于 0.85，表示所有原始变量被公共因子解释的程度均超过了 0.85，提取的公共因子能够反映各原始变量 85% 以上的信息，各个变量的信息丢失较少。公共因子的解释能力很强，因子提取的总体效果很理想。

3. 解释的总方差(方差贡献度)

表 6-3 显示了通过分析所提取到的因子数量，以及所提取的因子对所有原始变量的总方差贡献率(累计方差贡献率)。一般情况下，总方差贡献率大于 60%，说明因子对原始变量的解释能力尚可接受；大于 80%，则说明因子对变量的解释能力很好。

表 6-3　因子解释原有变量总方差的情况

总方差解释

成分	初始特征值			提取载荷平方和			旋转载荷平方和		
	总计	方差百分比	累计	总计	方差百分比	累计	总计	方差百分比	累计
1	3.51	58.44%	58.44%	3.51	58.44%	58.44%	3.23	53.90%	53.90%
2	2.01	33.55%	91.99%	2.01	33.55%	91.99%	2.29	38.09%	91.99%
3	0.29	4.85%	96.84%						
4	0.11	1.82%	98.66%						
5	0.06	1.02%	99.68%						
6	0.02	0.32%	100.00%						

提取方法：主成分分析法。

在表 6-3 中，左侧部分为初始特征值，中间部分为旋转前的主要因子结果，右侧部分为旋转后的主要因子结果。其中，"总计"为因子的特征值，"方差百分比"表示该因子特征值占总特征值的百分比。因为设定的因子提取标准是因子特征值大于 1，所以从表 6-3 中的数据来看，只有特征值大于 1 的前 2 个因子被成功提取。

旋转以后首个因子的方差贡献为 3.234，解释原有 6 个变量总方差的 53.90%，累计方差贡献率为 53.9%；后一个因子的方差贡献为 2.286，解释原有 6 个变量总方差的 38.09%，累计方差贡献率为 91.99%，说明前 2 个因子对变量的解释能力非常好。因此，提取前 2 个因子作为主因子。

4. 碎石图

碎石图能够辅助判断最佳因子个数。通常选取处在曲线较陡斜率所对应的因子为主因子，因为处在平缓斜率上的因子对变量的解释力非常小。从图 6-7 结果来看，只有前 2 个因子处在陡坡上，后面的曲线变得平缓。因此，选择前 2 个因子为主因子。

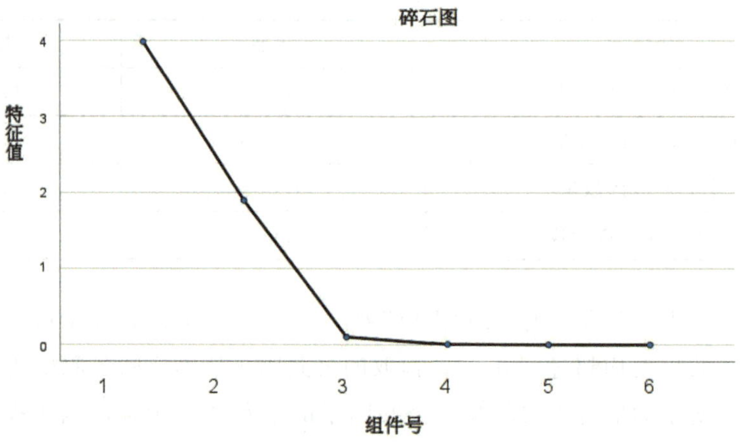

图 6-7　碎石图

对于提取因子的数量，并不是一种绝对客观的选择，而是带有一定的主观性。比如，提取因子的特征值标准可以根据研究情况进行自定义。但一般来说，因子的提取个数可以基于以下几个标准进行确定：一是初始特征值大于 1 的因子个数；二是累计方差贡献率达到一定水平（一般为 60%）的因子个数；三是碎石图中处于陡峭斜率所对应的因子个数；四是根据对研究对象的理解指定因子个数。后面的成分矩阵和因子得分结果，主要是针对提取的 2 个因子进行分析。

5. 因子的命名解释

成分矩阵表有 2 个，分别是旋转前的矩阵表和旋转后的矩阵表。

表 6-4　因子载荷矩阵

成分矩阵[a]

变量	成分	
	1	2
社会消费品零售总额	0.977	—
房地产开发固定资产投资	0.953	—
高等教育在校生人数	0.873	−0.438
医疗卫生机构数量	0.674	−0.631
人均地区生产总值	0.445	0.860
农村居民人均可支配收入	0.480	0.826

提取方法：主成分分析法。

a. 提取了 2 个成分。

表 6-4 为旋转前的因子载荷矩阵。从数据来看，"医疗卫生机构数量"这个变量在 2 个因子中的载荷比较接近，难以对因子进行明确定义，即难以判断该变量应该由哪个因子进行解释，因此需要进行因子旋转。

表 6-5 是旋转后的成分矩阵。由表 6-5 可知，前 4 个变量在因子 1 中的载荷值都比较大，而后 2 个变量在因子 2 中的载荷比较大，说明变量与其对应的因子的相关程度较高。此结果说明因子有了明确定义，能够很好地代表其所包含的变量意义。

表 6-5　旋转后的因子载荷矩阵

旋转后的成分矩阵ª

变量	成分	
	1	2
高等教育在校生人数	0.976	—
医疗卫生机构数量	0.879	—
社会消费品零售总额	0.877	0.431
房地产开发固定资产投资	0.855	0.421
人均地区生产总值	—	0.967
农村居民人均可支配收入	—	0.952

提取方法：主成分分析法。

旋转方法：凯撒正态化最大方差法。

a. 旋转在 3 次迭代后已收敛。

通过以上的因子分析可以得出：衡量地区综合发展情况的 6 个指标可以分为 2 类公共因子：一类是高等教育在校生人数、社会消费品零售总额、房地产开发固定资产投资、医疗卫生机构数量，命名为"社会发展因子"；另一类是农村居民人均可支配收入、人均地区生产总值，命名为"经济发展因子"。

6. 因子得分

此案例中采用回归法估计因子得分系数，并输出因子得分系数，结果如表 6-6 所示。

表 6-6　因子得分系数矩阵

成分得分系数矩阵

变量	成分	
	1	2
人均地区生产总值	−0.068	0.440
社会消费品零售总额	0.249	0.126
高等教育在校生人数	0.318	−0.091
农村居民人均可支配收入	−0.052	0.430
医疗卫生机构数量	0.308	−0.201
房地产开发固定资产投资	0.242	0.123

提取方法：主成分分析法。

旋转方法：凯撒正态化最大方差法。

组件得分。

在操作 SPSS 时，选择了将因子得分"保存为变量"的选项，SPSS 会自动计算 2 个因子的得分，这一结果可以在数据集中看到，即新增"FAC1 _ 1"和"FAC2 _ 1" 2 个变量，就是提取出的社会发展因子和经济发展因子的得分，如图 6-8 所示。

7. 各地区综合发展情况评价

采用计算因子加权总分的方法对各地区综合发展情况进行综合评价。其中，权重的确定是关键。通常的做法是根据实际问题，由专家组研究确定。此处仅从单纯的数量上考虑，以 2 个因子的方差贡献率为权重。计算公式为：

$$F = 0.54/(0.54+0.38)F_1 + 0.38/(0.54+0.38)F_2 \qquad (6-9)$$

省份	人均地区生产总值	社会消费品零售总额	高等教育在校生人数	农村居民人均可支配收入	医疗卫生机构数量	房地产开发固定资产投资	FAC1_1	FAC2_1
北京	183980	14868	616978	33303	10699	4139	-.85617	2.47124
天津	113732	3770	583353	27955	6076	2770	-1.06858	1.11002
河北	54172	13510	1704330	18179	88162	5024	1.03034	-.95974
山西	64821	7747	890774	15308	41007	1945	-.24643	-.67007
内蒙古	85422	5060	506809	18337	24948	1234	-.78996	-.07305
辽宁	65026	9784	1178402	19217	33051	2901	-.15215	-.32463
吉林	55450	4217	755552	17642	25344	1541	-.60915	-.53252
黑龙江	47266	5543	879107	17889	20578	936	-.60894	-.59859
上海	173630	18079	548733	38521	6308	5035	-.84407	2.79747
江苏	137039	42703	2110805	26791	36448	13477	1.43574	1.61494
浙江	113032	29211	1210296	35247	35120	12389	.64140	1.82700
安徽	70321	21471	1504991	18372	29554	7263	.45268	-.06981
福建	116939	20373	1023362	23229	28693	6196	.00910	.86826
江西	65560	12207	1348666	18684	36764	2529	.00505	-.39179
山东	81727	33715	2429912	20794	85715	9820	1.96358	-.14767
河南	59410	24382	2686440	17533	78536	7874	1.74181	-.77845
湖北	86416	21561	1699723	18259	36529	6122	.53419	.00850
湖南	69440	18597	1596103	18295	55677	5428	.66362	-.40438
广东	98285	44188	2539779	22306	57964	17466	2.28536	.72522

图 6-8　社会发展因子和经济发展因子的得分

地区综合发展得分较高的有广东、江苏、浙江、山东、河南、上海、四川、北京、福建等，多属于经济文化中心或东南沿海地区；地区综合发展得分较低的地区有新疆、海南、甘肃、宁夏、西藏、青海等，多为内陆或西北边远地区。

▶▶▶ 与时俱进：因子分析的发展及蕴含的中国古代哲学思想

素养案例

因子分析最早由英国心理学家 C. E. 斯皮尔曼提出。后来众多统计学家投入对因子分析的研究之中，先后提出 10 多种因子分析方法，并逐步将这些方法应用到市场营销、产品管理、金融投资、财务分析等众多领域。随着计算机技术的进步，因子分析方法得到了更广泛的应用，并在数据挖掘、机器学习和人工智能等领域发挥了重要作用。

因子分析的作用是从众多变量中找到隐藏的具有代表性的因子，并将相同本质的变量归入 1 个因子，以减少变量数目。因子分析的思维方法蕴含着关于世界整体性与关联性的哲学思想。中国古代哲学家老子在《道德经》中提到的"道生一，一生二，二生三，三生万物"，就反映了老子对世界万事万物存在共性的认识。

解析：当今正处于数据大爆炸的时代，因子分析作为一种化繁为简的、重要的降维方法，得到了广泛的应用。我国古代哲学家对世界整体性的认识与因子分析思想有着内在的一致性。

素养训练

党的二十大报告中提出："高质量发展是全面建设社会主义现代化国家的首要任务。发展是党执政兴国的第一要务。没有坚实的物质技术基础，就不可能全面建成社会主义现代化强国。"

请从国家统计局网站收集我国（除港澳台外）各省、自治区、直辖市的 2020—2024 年的地区生产总值、人均地区生产总值、全体居民人均可支配收入、全体居民人均消费支出、地方财政一般预算收入、地方财政税收收入、地方财政一般预算支出、地方财政一般公共服务支出、社会消费品零售总额这 9 个指标的数据，然后完成以下任务。

（1）分别计算各指标的年均增长速度。

（2）以 9 个指标的年均增长速度作为反映发展质量的指标进行因子分析，并对各地区的经济发展质量进行综合评价。

AI 田地

仅以本项目的内容为例，学会向 AI 工具恰当地提问。扫描二维码，查看如何使用"通义千问"辅助学习本项目的重难点。

通义千问

学以致用：客观题测试、综合实训

客观题测试

下载我国 2024 年的如下指标：国内生产总值、工业总产值、固定资产投资、货物周转量、居民消费水平、职工工资水平、消费价格指数、商品零售价格指数。

要求：先对数据做标准化处理，然后基于标准化数据进行以下操作。

1. 给出原始变量的相关系数矩阵。

2. 用主成分分析法求公共因子，公共因子的提取按照默认提取（特征值大于 1），给出公共因子的方差贡献度表。

3. 给出共同度表，并进行解释。

4. 给出因子载荷矩阵，分析提取的公共因子的实际意义。如果不好解释，请用因子旋转（采用正交旋转中最大方差法）给出旋转后的因子载荷矩阵，然后分析旋转之后的公共因子，要求给各个公共因子赋予实际含义。

5. 利用提取的每个公共因子，分别对各省、自治区、直辖市进行排名并作简单分析。再构造 1 个综合因子，计算各省、自治区、直辖市的综合因子的分值，进行排序并作简单分析。